# 适合发展

## 小学数学智慧教学的理论与实践

王九红 著

丛书顾问 周洪宇
丛书主编 刘大伟

生活·实践教育系列成果

南京教育文库

顾明远题

南京出版传媒集团
南京出版社

图书在版编目（CIP）数据

适合发展：小学数学智慧教学的理论与实践 / 王九红著. -- 南京：南京出版社，2025. 1. --（南京教育文库）. -- ISBN 978-7-5533-5114-8

Ⅰ. G623.502

中国国家版本馆CIP数据核字第2024J7M720号

丛 书 名　南京教育文库
丛书顾问　周洪宇
丛书主编　刘大伟
书　　名　适合发展：小学数学智慧教学的理论与实践
作　　者　王九红
出版发行　南京出版传媒集团
　　　　　南 京 出 版 社
社　　址　南京市玄武区太平门街53号
邮　　编　210016
联系电话　025-83283873、83283864（营销）　025-83112257（编务）

策划统筹　朱天乐　王晓晨
责任编辑　冯雪含
装帧设计　张　森
责任印制　杨福彬

排　　版　南京新华丰制版有限公司
印　　刷　江苏凤凰通达印刷有限公司
开　　本　787 毫米 × 1092 毫米　1/16
印　　张　22.5
字　　数　320千
版　　次　2025年 1 月第 1 版
印　　次　2025年 1 月第 1 次印刷
书　　号　ISBN 978-7-5533-5114-8
定　　价　60.00元

# 总　序

## 不忘本来　吸收外来　面向未来

南京作为六朝古都，历史悠久，底蕴深厚，自古以来就是东南一带的政治、经济、文化中心。南北朝时期，宋文帝首开中国古代教育分科先河，在南京开设儒学馆、史学馆、文学馆和玄学馆，以分科的形式传经授道；梁代的五经博士以考试选拔人才，为隋唐科举制的实施奠定了基础。南京教育在明代更是达到了一个巅峰，不仅全国最高学府国子监设立于鸡鸣山下，且乡试、会试考场也设置于秦淮河畔的夫子庙，“天下文枢”也因此而闻名宇内。与官学相颉颃，私学在南京也有着悠久的传统，宋代的明道书院，明代的江干书院、新泉书院、崇正书院，清代的钟山书院、惜阴书院等，为学术思想的传承、学术流派的形成打下了扎实的基础。

民国以来，南京成为中西方教育思想汇聚的交融地，一大批本土教育家和海归教育家以南京为基点，加入了绘制中国近现代教育改革的蓝图大业中。张謇、沈恩孚、江谦、袁希涛、黄炎培、郭秉文、陶行知、陈鹤琴、邰爽秋、吴贻芳、俞子夷等一批学贯中西的教育家致力于南京教育的改革与发展，“生活教育”“活教育”等教育思想在南京萌芽、丰富与完善，铸就了传承至今的晓庄学院、鼓楼幼儿园等一批教育实践的典型代表。这些源于南京的教育思想与实践以中国基本国情为基础，对西方教育思想与实践进行了创造性转化与创新性发展，走出了一条独具中国特色的教育改革发展之路，一改民初

"仪型他国"的社会风气，也为随后很长一段时间的中国教育改革与发展指明了方向。如果说，北京是近现代中国思想变革的策源地，那么南京一定是近现代中国教育思想变革的策源地，也是中国式教育现代化的起源地。

"敢探未发明的新理，敢入未开化的边疆"，这是我对南京教育的一个直观看法。这既有陶行知、陈鹤琴等教育先辈们对我的影响，也有我与南京教育人交往后的感触。早在1982年，我因为编撰《陶行知全集》，就多次来到南京市晓庄师范学校、南京大学、南京图书馆查找资料，认识了一批南京教育界的朋友。近年来，由于工作的关系，我常常有机会参加南京的基础教育活动，也因此与南京教育届的各位人士结下了深厚的友谊，对新时代以来南京教育的高质量发展有了深厚的感悟。在学前教育普惠优质发展方面，南京普惠性幼儿园覆盖率达89%，优质园覆盖率达92%，率先全市域创成"江苏省学前教育改革发展示范区"；在义务教育优质均衡发展方面，南京义务教育优质资源覆盖率达98.6%，学校标准化率保持在100%，率先全市域通过"全国义务教育发展基本均衡县（市、区）"评估；在高中教育多样特色发展方面，南京整体规划和建设学术型、特色型、综合型普通高中，实施高中布局优化行动计划，全市达省定三星级以上的公办普通高中比例达95.5%；在特殊教育融合优质发展方面，南京建立了特殊教育工作联席会议制度，建立起从学前教育到高等教育全纳性的现代特殊教育体系，实现了全市所有街（镇）学前、义务教育阶段学校融合教育资源中心全覆盖。

南京教育能够取得如此优异的成绩，既有教育行政部门在方向上的正确指引，也有每一位普通南京教育人在岗位上的默默付出，因而我们既要关注教育宏观问题，也要关注微观上每一位教师、每一件事、每一个孩子。2022年1月，我的学生大伟从南京晓庄学院调任南京市教育科学研究所主持日常工作，我建议他既要在宏观上发挥市教科所作为教育智库的功用，也要关注到学校的内涵发展，更要关注到每一位教师的专业发展，因为教师的发展是学校发展的基础，只有教师发展好了，学校才能发展，而最终指向的必然是孩子的发展。因此我提议他能否整理出版一套“南京教育文库”，通过文库工作推动一批专家型教师梳理提炼教学主张、教育理念和学术思想，以时代为观照，立足南京教育实际，解决中国教育问题，推进南京教科研在知识创新、理论创新和方法创新上不断传承与发展。大伟很快邀请了南京一批名特优教师参与“南京教育文库”的编写工作，并规划了持续长达8—10年的发展计划，其中包括了写作指导、出版、评奖、宣传等全方位的保障体系建设。这一宏大体系建设还得到了顾明远先生的肯定与点赞，并欣然赐予墨宝“南京教育文库”六字。

“南京教育文库”的提出与推进，对于基础教育界具有非同寻常的意义，具体我认为有以下几点价值：

第一，独特性。毋庸置疑，每一个城市的教育发展都有独到之处和自身特点，但南京的教育发展与其他城市相比，其特点更加明显、风格更加独特。在江苏提出率先实现教育现代化的进程中，南京确立了“加快建设现代化教育强市、以高质量教育支撑高质量发展”这一战略目标，更加自觉地坚持教育优先发展、科学发展、创新发展。南京教育的主要发展指标已达到或超过OECD（经济合作与发展组织）发达国家和地区的平均水平，教育现代化水平连续六年获江苏省第一，在省对设区市政府履行教育职责考评中连续三年位居江苏省前列。可以说，南京教育在江苏省甚至全国都具有标杆性的独特作用。而如何将这种独特价值展现出来，“南京教育文库”的编撰正好起到了这一作用。这套丛书通过挖掘梳理南京教育的内涵，将南京教育的独特做法与经验理论化和系统化，既是对南京教育光辉历史过往的追溯与总结，也是对南京教育未来的期待与展望，更是可以成为中国教育改革与发展的地方样本。

第二，人本性。人的发展是教育的出发点和归宿，人的活动是教育的核心和关键，这是我近些年来提出的教育活动史的一个重要观点。教师是教育发展中的人，我们各级教育行政部门应该给予他们更多的关注与关心，特别对于一批具有典型性和代表性的教师，我们应该提供各种条件帮助他们总结、凝练、宣传、推广他们的教育理论与实践。就我所知，目前国内还尚未有类似的丛书出版。南京市教科所率全国之先，关注教育活动中的人，为教师的研究提供物质保障和学术指导，帮助他们在研究中发展，在实践中成熟，在推广中完善，可谓真正地将教师置于教育活动的中心地位，实现了以人为本的目的。

第三，开放性。对于这套丛书的设计与出版，我跟大伟提议，除了考虑名特优教师的教育思想总结与凝练外，还要在未来考虑对青年教师的支持，特别是要支持一批“学带”“优青”等具有基础的青年教师。南京教育近年来提出了如“宁教杰青”等一系列教师培育计划，我想我们的工作在未来还要吸收这样的教师参加“南京教育文库”的编写工作，加快对青年教师的培养速度。在学段上，我建议他要综合考虑各学段人员的配置，中学、小学、幼儿园各学段教师都要涉及，还要考虑在教师发展中心、教研室、教科所等单位工作的人员，更要考虑在学校管理岗位有丰富经验的教育管理者，这样就可以让我们这项工作更加开放、更加多元。

第四，持续性。南京教育的发展历史是一个整体，我们要做到不忘本来，吸收外来，面向未来，既要思考南京教育从哪里来，也要想好往哪里去，更要做好走向的持续性。因而对于这套丛书我还是有一个期待的，期待这套丛书能够持久地做下去，做成制度，做成系列，做成品牌，让更多的教师参与其中，享受到教育改革发展的红利，并在这项工作中得到发展、得到进步。我还希望将来“南京教育文库”能够借鉴“教育智库与教育治理50人圆桌论坛”的思路，形成一支队伍、一项制度、一套丛书、一个论坛、一个品牌的“五个一”发展思路，为南京教育的高质量发展注入持续不断的动力。当然，我也知道为了这套丛书的出版，大伟费尽了心思，他跟我说他要以陶行知办学的事迹为榜样，四处化缘筹措出版经费，找寻出版社确保进度，策划高级别平台宣传，以及筹划、参与各级各类评奖。我希望他能够保持这种工作激情的持续性，将这项工作一直做下去，实现陶公所说的“为一大事来，做一大事去”的理想目标。

合抱之木，生于毫末；九层之台，起于累土；千里之行，始于足下。“南京教育文库”的出版在不久的将来必然会成为中国教育界重要的一棵“合抱之木”、一座“九层之台”。我也衷心希望参与到文库编写工作的同志们千里之行，永不停歇！

是为序。

周洪宇

2022年11月22日

于武昌东湖

（作序者系第十三届全国人大常委会委员、湖北省人大常委会副主任，中国教育学会副会长、中国教育发展战略学会副会长、长江教育研究院院长、华中师范大学国家教育治理研究院院长，博士生导师）

# 目　录

## 第二部分　案例解析

# 适合发展、智慧教学：王九红老师的关键词

杨九俊

“关键词”，顾名思义有要点、核心的意思。指能体现一篇文章或一部著作的中心概念的词语。指检索资料时所查内容中必须有的词语。在论文写作中关键词提炼了论述的核心问题。推而及人，人也是可以有关键词的，它往往是人的成就或风格的标识。当代江苏教育界的几位大先生说，童心母爱之于斯霞，情境教育之于李吉林，尝试教学之于邱学华，都是他们教育人生的关键词。王九红也是有着关键词的一位名师，他的“适合发展：小学数学智慧教学实践与研究”获得省基础教育教学成果特等奖，国家级基础教育教学成果二等奖。“适合发展”“智慧教学”成了他教育人生的关键词。

## 一、情怀，关键词的生成动力

萨乔万尼在论述校长道德领导力时，曾把心（情怀）、脑（品格）、手（本领）作为相互作用的三要素，而情怀是动力源。笔者深以为人之为人，在于追求生命的意义，而意义人生则源自情怀和使命感。王九红老师“适合发展”的“智慧教学”，就来自作为教育人的情怀。这种情怀凝聚在他对自己的身份认定：作为一名教师，一名数学教师，一名同时主政学校的教师，学生、学科、学校，“三学一体”构成了他全部的教育生活。

学生，对于为师者的王九红头等重要。我多次看到他在聊到学生时，自然而然地露出笑意，眼睛几乎笑得眯了起来，欣喜、怜爱之情令人动容。他说，学生走进学校，家长、社会都是期待他们朝真善美发展的。学校、老师要做的就是实现全社会的这份“初心”，而我们的社会也会因此更加

美好。他说，很多孩子的身上洋溢着灵慧之气，教育要做的不是扼杀它、磨灭它，而是要保护和成全它，这就需要师者养灵慧之气，做灵慧之人。从而才可能灵慧地教学，育灵慧的学生。他还说，春兰、秋菊，各有其芳，用一个标准，一个模子“套”学生，只能是破坏性的。教育要贴着学生走，让每一个学生的个性得到美好的发展。是否“适合”应当成为衡量教师是否优秀的重要指标。显然，王九红以发现、研究、引导、创造的姿态拥抱他所爱的学生们。

学生的学习往往是通过对学科的认知进行的，作为一名数学教师，王九红对自己任教的学科充满了感情。他以波澜壮阔的基础教育课程改革为深层背景，对小学数学教学进行了贯通性的研究。我听他介绍过教学改革的大趋势：第一阶段是从 2001 年的《基础教育课程改革纲要（试行）》开始，以激发学生主体性为主要特征，在生活化、活动化方面下功夫。第二阶段以《义务教育数学课程标准（2011 年版）》为标志，以体现完整性和内在平衡为特征。提出 10 个数学的核心概念，与“过程与方法”相互支撑达到内在平衡。对知识和能力的理解，从“双基”（基础知识、基本技能）到“四基”（基础知识、基本技能、基本活动经验、基本思想方法），从“两能”（能分析问题、能解决问题）到“四能”（能发现问题、能提出问题、能分析问题、能解决问题）。第三个阶段以《义务教育数学课程标准（2022 年版）》为标志，培育核心素养成为主要特征，也就是学生要在数学学习中掌握“三会”，即会用数学的眼光观察现实世界，会用数学的思维思考现实世界，会用数学的语言表达现实世界。“文章合为时而著”，我们不难看到他的数学教学改革与课改的深化是同频共振的。我和王九红老师一起讨论过课程知识的结构化，在我们看来，每一门学科的老师都应当想象出任教学科“房子”的样子。带学生学习，就是作为向导引导学生走进学科的大门，探其奥秘，进而启发学生搭建具有个性化知识特征的学科“房子”。王九红向我介绍，总体上，数学学科的房子是由“数与代数”“几何与图形”“统计与概率”三个房间组成的，其上还有“综合与实践”这个二层楼。就一节课内容而言，“房子”主体是核心内容——例题、公式、定理、法则等（知识是什么，学习如何展开）。还要有走进来的通道——引入的情境（知识从哪来，为什么要学习），打开走出去的一道门——运用（知识去往何处，学了有什么用）。王九红描述的小学数学“房子”，其立体性、循序性、开放性给我留下了很深的印象。我曾经向王九红老师请教过数学思维进阶的问题，王九红不假思考，向我介绍从多元表征看学生数学思维的跃升。比如小学数学学习大都经过动作、图示、表象、符号等从具象到抽象的学习阶段。而讨论一些具体教学案例时，王九红则让人感觉到，所教知识在他那里是通体透明的。恰如帕克·帕尔默在《教学勇气：漫步教师心灵》中表达的对学科教师的期待：在个人意义上出神入化地理解学科。

王九红又是一位南京市天正小学的校长，他自然而然地把学生、学科、学校联系起来思考。他和同事们对天正小学文化的建构和阐释，表达了他们对教育的理解。天正小学建校伊始就以“童心即天，爱心至正”为教育信念，以“敬天正人”作为校训。我在和王九红校长讨论时谈到何谓“天”时，我说，一提到“天正”，我想到的是康德的名言“我常对两种事物惊叹不已——我们头上的灿烂星空和我们内心的道德法则。”天者，大自然之统称也。“天正”就是要遵循大自然的规律，在教育情境中就是要尊重儿童成长的规律，尊重每个学生独特的个性。所以说“童心即天”是站得住的。而“天正”之“正”，是形容词，表示结果形态；也是动词，表示过程形态。他们所说的“敬天正人”就表达了这两重意思。《义务教育数学课程标准（2011 年版）》《义务教育数学课程标准（2022 年版）》都提出“人人都能获得良好的数学教育，不同的人在数学上得到不同的发展”。落实课标精神，落实学校文化，在数学学科上去做适合发展的数学智慧教学，就是很自然的一件事情了。

**二、观念，关键词的思想内涵**

明确身份定位，践行“三学一体”，就逐步形成了自己的教育理解，形成了自己的教育观念。王九红团队的成果名称《适合发展：小学数学智慧教学实践与研究》，就凝聚了他们的观念系统，其中“发展”“适合”“智慧”三个关键词熠熠生辉。

发展是第一位的。王九红老师和他的同事们反复琢磨过“发展”的题中之义。他们认为，要从教育情境中思考发展，“教育”是正向的词汇，规定着真善美的朝向；要从时代情境中思考“发展”“有理想、有本领、有担当”是对时代新人的明确要求；要从儿童情境中思考“发展”，要顺应天性，引导儿童自然而然地成长；要从地域情境中思考发展，这个地域包括所在城乡、具体地域和特定学校，天正小学的学生当然要烙上“天正”的印记。

“发展”落到具体的教育对象，就有了“适合”的话题。“适合”的提出，有着鲜明的问题意识。现代教育制度的组织形态，以班级授课制为重要特征。它的前提来自一种假设：同一年龄段的儿童发展水平和认知能力是差不多的。无论是对日常经验的感受，还是科学研究的证据，都说明这种假设是不成立的。于是，在集体性教学的体制安排下，怎么面对每一个具体的学生就成为一个经典的话题，一个需要突破的难题，以至于这一轮课改仍然把“因材施教”作为关键词之一（其他关键词有核心素养、学科实践、综合学习、学业质量等）。“适合”的提出，基于自觉的学科立场。王九红老师在梳理《义务教育数学课程标准（2001 年版）》《义务教育数学课程标准（2011 年版）》《义务教育数学课程标准（2022 年版）》的变化时，注意到有一条不变的理念“不同的人在数学上得到不同的发展”。他们认为，这一条落实了，新版课标“人人都能获得良好的数学教育”才可能实现。他们因此明确了数学教学改革的基本方向就是“适合发展”。“适合”的提出，也源于超越一般化的教育学理解。人们在讨论差异教学、因材施教时，大都是只见“差”而忽视“异”的。于是我们看到问题解决的方向都是基于认知水平、认知能力的“差”。王九红老师关注到，学生的学习风格的“异”对学习的影响也很大，比如代数和几何，学生的学业会表现出很大的不同，这就与学生心智的偏好有关。教育扬长避短，才能事半功倍。他们还关注到“适合”还要有节律的意识，学生在某个年龄学段的时间节点上，会出现分化、变异的现象。重视衔接，重视如三年级这样的关键期，也都是“适合”应有的意思。

在现有的学习组织形态下，“适合发展”当然需要“智慧”，怎么做才是“智慧”的呢？从王九红老师的实践看：

一是引导学生主动学习。学习的根本力量来源于学习者自身的内驱力，学习应当成为生命成长的自觉表现。王九红老师在“激活”上下足功夫，着力培养学生的主体精神。

二是引导学生完整性学习。传统教学关注的是符号性知识、关注的是知识点，而知识是完整的存在。在符号性知识的里层是思维的、逻辑的、结构性的知识，内层则是学科的基本思想、基本价值。王九红老师提出文化化，显然是关注到了学科知识的整体性，期待学科育人得到落实。

三是引导学生进阶式学习。数学是思维的体操，在王九红团队的课堂上，我们看到的正是学生拾级而上，思维登山的景象。

四是引导学生“好玩”性学习。在天正小学的数学课堂里，情境任务有内在的吸引力，召唤学生参与数学活动；学习方式具有游戏化特征，数学学习就是全身心乐在其中的探究性活动；设有专门的“玩数学”校本活动板块，让学生在课程“特区”释放玩的天性，在玩中学。

五是引导学生个性化学习。他们通过“适合发展课堂”和“个性化学与教”双重融合的教学设计，努力把面对全体与关照个性统一起来，把“面向全体”落实到每一个鲜活的个体。

王九红老师用“顶天立地”来表达他对个性化发展的理解，“顶天”就是充分地激活、充分地扬长、充分地发展；“立地”就是“一个也不能落下”。因为“顶天”“立地”，所以才有水涨船高的发展情境。这种想法，我习惯表述为上不封顶，下要保底。“不封顶”在于潜能的充分激活，“保底”是“基于标准”、是“每一个”的合格性。

## 三、师能，关键词落地的主要抓手

智慧教学的落地关键在教师，王九红的团队把提高师能作为主要抓手。

一是对数学学科的整体理解。他们认为要统整文化化（数学知识、文化价值）、儿童化（儿童学习基本规律）、结构化（部分与整体的联结、内容与方法的整合）这“三化”，建构教师们对数学教学的完整知识。（图 1）

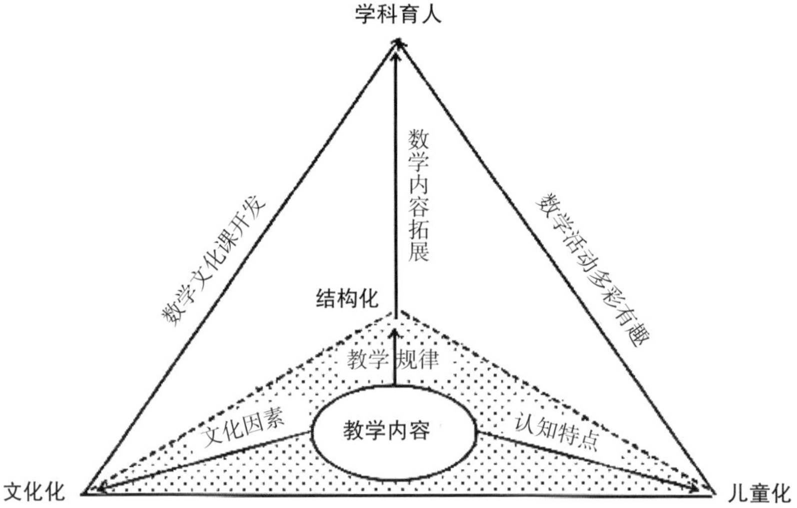


图 1

二是对数学课程知识转换成学生学习知识加工策略的把握。从课程知识到学生生成属于自己的个性化知识，需要教师不断进行加工转换，而这种加工转换，在他们那里又必须融合“班”“个”学情，兼顾预设与生成的相互关系。

三是对“适合发展”智慧教学操作的研究。具体教学总是一种实操，是一种图式化的运动，有时甚至要一丝不苟。在动作规范、不变形的前提下，才能去追求有规则的自由。他们研发了适合发展教学的操作系统，从中可以清晰地看到教学实施的“六要素”操作要领。（图 2、图 3）

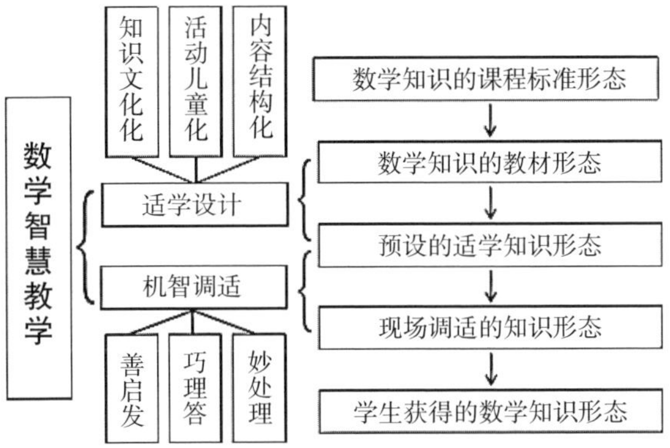


图 2

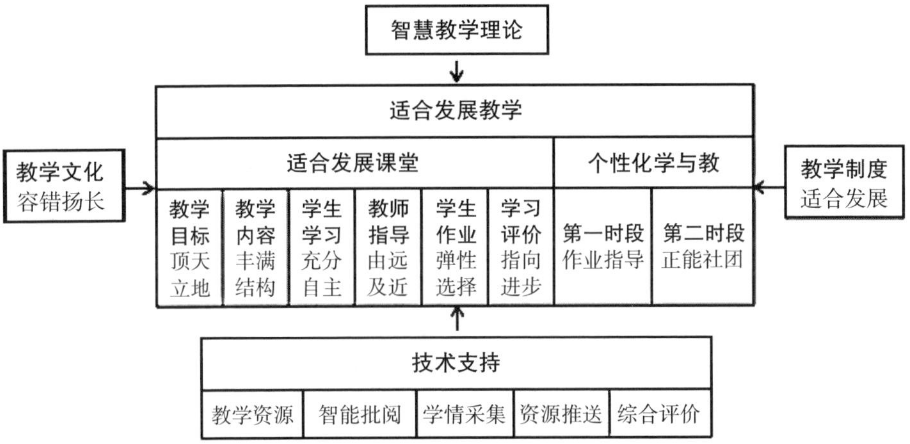


图 3

四是对“适合发展”智慧教学评价工具的研发。王九红老师的团队设计了智慧教学评价表，采取封闭评价与开放评价相结合，质性评价与量性评价相结合的方式，将教师在“适合发展课堂”上智慧教学的表现分为“学科育人价值体现、教学活动创意设计、教学现场机智互动、课堂文化氛围建设”4个维度。每个维度分为3个二级指标，如“学科育人价值体现”分为“工具性价值、方法性价值、精神性价值”，每个二级指标又分为2个三级指标，如“工具性价值”分为“知识理解”和“能力发展”，由24个三级指标构成评价的主要内容。评价表的应用，对“适合发展”的“智慧教学”起到很好的保障作用。

五是对智慧教学生成机理进行研究。王九红老师的团队不仅在意知其然，而且关注知其所以然。从学理层面上明白智慧教学行为是如何发生的，从而使智慧教学成为自觉的教学行为。（图 4、图 5）

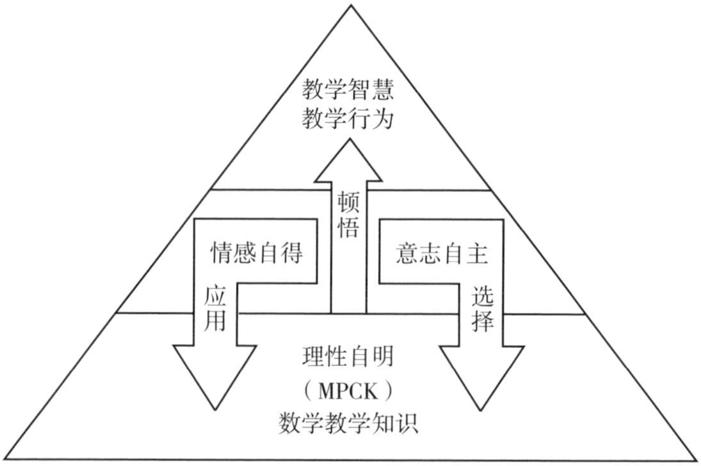


图 4

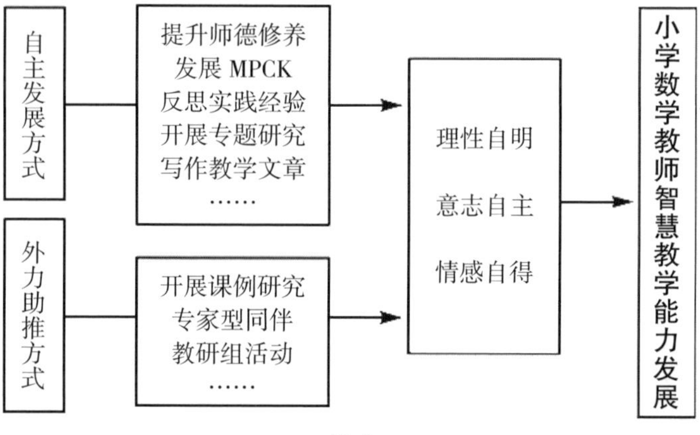


图 5

六是基于对“适合发展”“智慧教学”的研究，提炼教师教学能力发展的基本策略。形成了从此时到彼时、从数学学科到其他学科教师专业发展的基本经验，使他们的成果更加具有被推广的价值。

（作者系江苏省教育科学研究院研究员，江苏省教育学会名誉会长，江苏省特级教师）

# 适合发展：一个教育命题的智慧实践

喻　平

王九红博士的又一本新书《适合发展：小学数学智慧教学的理论与实践》出版了，他可谓笔耕不辍、著作等身，但他功成名就之后并没有“躺平”，他还在思索，还要进取。他是一位真正热爱做教育的老师，他是一位真正热爱做学问的学者。

王九红博士的新著，并不是在重复昨天的故事，“智慧教学”始终是一条脉络连通着昨天和今天。从《教育智慧的生长：L小学教师校本培训的个案研究》到《小学数学教学智慧研究》《转识成智：基于小学数学教师PCK发展研究》，再到《适合发展：小学数学智慧教学的理论与实践》，可见他对“智慧教学”的爱是一见钟情，更是不离不弃。当然，随着他对问题研究的深入和其哲学思辨的成熟，智慧教学的含义也在不断完善，事实上，从教学智慧到智慧教学，这不是一个词语的简单翻转，而是一次思维的升华过程。

再论智慧教学，前提变了，以“适合发展”作为“智慧教学”的前提，因而有了新的含义。

## 一、适合发展：一个复合创新的教育命题

适合发展当然是适合学生的发展，更准确地说，我们的教育要适合学生的发展。这是教育的一个永恒的命题，但它不像数学命题那样，一旦被证实便亘古不变。如何适合？发展什么？它们都是变量，因此它又是一个与时俱进的命题。

王九红博士在本书中指出：“从字面上看，‘适合发展’的理解只

关乎‘适合’和‘发展’两个词，但深入地看，它关联并指向着‘学生’和‘社会’等因素，表示教育教学的方式与目的，所以具有很大的解读空间。”下面我们从多方面来分析“适合发展”。

第一个维度：构造适合的环境来促进学生群体发展。其实，历代的教育家、教育心理学家都力图证明这个命题，即采用什么适合的教育教学方式可以促进学生的发展。“发展”是围绕目标开展的，它受到教育目标的规制，“适合”为“发展”设定，考虑实现发展的策略问题。行为主义把学习的目标定为习得知识，学生的发展用掌握基础知识、形成基本技能来衡量，适合学生学习的方式就是教师应当遵循准备律、效果律、练习律等学习律来开展教学；认知主义把发展学生的学科能力添加在知识习得的基础上形成新的学习目标。为了实现这个目标，布鲁纳提出发现学习，力图用学生发现问题的方法提升个体能力；奥苏伯尔提倡有意义接受学习，以完善个体的认知结构来推动自身能力的发展；加涅建构了累积学习理论，用学习的进阶解释能力的发展；建构主义以知识建构观念替代知识拷贝的客观主义学习倾向，通过建构知识来发展学生的认知能力。这些理论都是在从不同视角寻找适合学生学习的方式，它们的共同点都是面对全体学生来思考和设计的。

第二个维度：构造适合的环境促进学生个体发展。上述的若干理论都是在群体层面考虑“适合”，而孔子的“因材施教”思想则是从个体差异角度切入的。孔子教人，各因其材。孔子认为，人与人相比存在着多方面的差异，如“柴也愚，参也鲁，师也辟，由也喭”，即高柴愚笨，曾参迟钝，子张偏激，子路鲁莽，四人性情各异，差异明显，因而应采用不同方式教之。在教育实践中，要注意分析每个人的特点，根据每个人的不同特点，进行有针对性的教育。因材施教，就是要根据人的差异选用不同的教学方式。

第三个维度：不同类别的人应选择适合自己的环境获得发展。霍华德·加德纳从心理学角度考察人的智能，认为个体身上存在相对独立的、与特定的认知领域和知识领域相联系的八种智能：语言智能、节奏智能、数理智能、空间智能、动觉智能、自省智能、交流智能和自然观察智能。他认为，个体智能的发展受到社会环境、自然环境和教育条件的极大影响与制约，其发展方向和程度因环境和教育条件不同而表现出差异。尽管各种环境和教育条件下的人们身上都存在着八种智能，但不同环境和教育条件下人们智能的发展方向和程度有着明显的区别。他的多元智能理论表明，每个人都有自己的才能，只要有合适的环境、合适的教育，个体的才能都能得到展现。

王九红博士对自己提出的“适合发展”作出了解释：“适合”的意思是指要遵循学生的身心发展规律，采用符合学生的方式方法进行教学。将“适合发展”理解为“适合地发展”和“适合的发展”。前者就是采用适合学生的方式促进学生的发展，后者是学生发展的结果是合适的。简言之，“适合发展”的含义为：一是面向全体，人人都发展，不同人得到不同的发展；二是关注个体，每个人都得到全面又个性的发展。显然，这里的“适合发展”界定涉及了前述的三个维度，事实上是前述的三个维度的整合。因此，王九红博士倡导的“适合发展”是一个复合组建的教育命题，是一个创新的教育命题，这也是本著作的第一个创新之处。

## 二、智慧教学：一条适合发展的实现路径

王九红博士先前用的词是“教学智慧”，后改用“智慧教学”，这种词语的交换本质上是思维的进阶。

教学智慧指教学中教师表现出来的智慧，给人的感觉是在教学过程中教师能随机应变、因势利导，当然教学智慧的含义并不是如此单一，它包含教学实施和教学设计中的智慧。教学智慧是在一定前提下教师的行为表现。智慧教学指教师智慧地教学，如果说教学智慧主要是指“如何把一种方案及实施做得更好”，那么智慧教学则是“能够在多种方案中选择最优方案，并能解释学理”，这大概是两种提法差异的最简单解释。

我们对教学科学观与科学教学观作过辨析。教学科学化是指为了实

现某种教学目标，在教学方式上力求建构一些科学模式的认识倾向；科学的教学指以科学的态度和方式看待和处理教学过程的认识倾向，两者是不相同的教学认识信念。在教学科学观视角下，教学论的追求就是以知识学习为中心，以寻求教学的基本规律为旨趣，以自然科学研究的逻辑为准绳，构建具有一般指导意义的教学理论框架和具有共性的教学模式、程式、方法和策略等结构体系。以“物性化”为前提，追求教学规则的“通性”是教学科学观的基本价值取向。科学教学观就是要以科学的态度和方式看待和处理教学。科学教学观的理念是以人为本，教学目标是着眼学生的素质发展，教学过程应理解为：在顺应教学的科学性基础上，融知识教学与文化教学、教学模式与教学智慧于一体，根据教学的具体内容、具体情境，根据学生的实际认知水平、情感态度，教师采用与之相适宜的教学指导思想进行教学设计，在教学操作中能对生成性知识采用灵活多样的策略来修正教学目标和教学程序，采用有伸缩空间的教学评价标准和形式多样的教学评价方式。在这里想表明的是，王九红老师界定的智慧教学，与科学教学观异曲同工、殊途同归。

“适合发展”是理念、是目的，“智慧教学”是策略、是手段。通过智慧教学实现适合发展，这是本著作的第二个创新之处。如前所述，历史上大量的教育家都在寻求适合发展的实施策略，各个时代的教育目的有变化和发展，因此围绕新目标的适合发展教育教学研究层出不穷，而且大多是关照群体开展研究的。当下的新课程把发展学生核心素养作为课程目标，从以知识为重变为知识与素养并重，要建立新型教学模式和评价方略。“适合发展”瞄准这个目标来定位，寻求适合发展学生核心素养的实施策略和路径。王九红博士把“智慧教学”推向前台，扮演了新课程背景下“适合发展”的抓手角色。具体的学理框架建构和实施策略设计落实到了数学学科教学上。

第一，建构了由数学知识文化化、学习活动儿童化、教学内容结构化组成，共同支撑学科育人目标的一个三棱锥结构模型。将数学学科的科学属性、文化属性以及儿童的认知规律作为一个整体看待，沟通三者之间的联系。培养学生的数学核心素养，离不开数学知识的教学。知识是学科核心素养生成的本源，知识结构化是优良认知结构滋生的条件，而优良的认知结构又是关键能力生长的基础，逻辑关系环环相扣。培养学生的数学核心素养，离不开数学文化的滋润。科学使人聪明，文化使人智慧，脱离文化的数学是冰冷的数学，令人望而生畏；融入文化的数学是充满情愫的数学，使人赏心悦目。培养学生的数学核心素养，离不开对儿童学习心理的深度认知。小学学习阶段正处于一个人思维发展的最关键的年龄阶段，教师要充分认识儿童思维的发展规律，才可能把握“适合”的力度，才可能充满智慧地教学。总之，这个框架为智慧教学建立了一个坚实的理论基础。

第二，提出教学目标、教学内容、学生学习、教学指导、作业安排和学习评价等六个方面的操作要领。教学目标：顶天立地，“顶天”就是让学优生努力达到所能达到的最高水平，“立地”就是让待发展生达到国家课程标准规定的基本水平。教学内容：丰富饱满，内容适度拓展，提倡内容自助式学习。学生学习：充分自主，培养学生学会学习，做到思想无疆，行止有章；教师指导：由远及近。依据学生的“最近发展区”，实行目标分层，由远及近地实现目标；学生作业：弹性选择。设计基本作业、综合作业、拓展作业，满足不同学生的不同需要；学习评价：指向进步。守住对学生评价的底线，让学生获得成功的情绪体验，避免学生产生挫败感。这六个方面的策略，为智慧教学提供了操作指南。

第三，建立了由学科育人价值体现、教学活动创意设计、教学现场机智互动、和合课堂文化建设等四个维度组成的“适合发展课堂”智慧教学评价框架，设计出评价量表，为教学质量检测提供了工具。

理论框架、操作策略、评价体系，再加上“接（接好话）化（妙化解）发（善启发）”的机智调适，共同支撑起“智慧教学”。智慧教学的实践框架如图 6 所示。

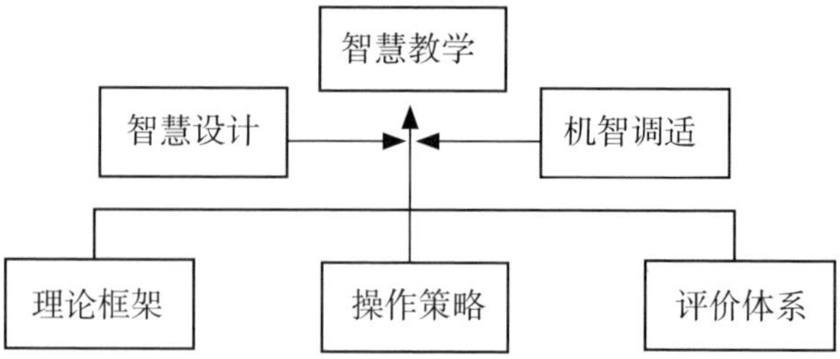


图 6

## 三、学科实践：一组印证理论的生动课例

先来解析书中的一个教学案例：百分数的认识。

教学目标：第一个目标，知道百分数的产生、理解百分数的意义、会正确读写百分数。第二个目标，认识到百分数与十分数、千分数、万分数具有共同的性质，它是表示占比的一类统计量，在生活中会被恰当运用。第三个目标，能画图表示百分数与分数的关系。

解析：第一个目标是理解基础知识，体现“立地”；第二个目标是形成基本技能，注重知识迁移，培养学生的数感、运算能力和应用意识，体现“顶天”。

教学内容：知识从何而来（修改教材例题，增加“根据比赛的投篮情况，你觉得球队哪一场表现好一些？理由是什么？”），知识是什么（百分数的概念），知识向何而去（百分数的应用）的全部过程，体现出内容的丰满。

作业设计：基础作业，在教材题目的基础上，补充两道与应用相关的题目；综合作业，一道数学表达题目，一道现实生活问题，加强知识的迁移应用；拓展作业，以“××× 百分数 ×××”为题写一篇数学小短文。要求：①字数不少于 300 字；②文体不限，说明文、记叙文、议论文、诗歌都可以。这种作业设计，涉及了对知识理解、知识迁移、知识创新数学核心素养三级水平的考查，直接指向发展学生的数学核心素养。

现场机智调适：引入、探究、强化各个环节，教师提问、学生回答，教师评价，师生交流，表现出强烈的知识建构色彩，学生以参与者的身份加入学习，教师充满智慧的适时启发，使整个课堂充满活力。

这个案例全面地表达了适合发展理念、智慧教学策略。仔细阅读，细心体味，书中这一组教学案例一定会使读者体悟到何为“适合”，何为“智慧”。

设计并实践教学案例，特别是一些名师的课例一直受到教师的钟爱，这当然无可厚非，毕竟榜样的力量是巨大的。但必须要明确的是，课例设计要有理论基础、特定目标、教学模式、教学策略、教学评价，要有证据支持效果，要有严格的研究规范，而不是随心所欲。书中一组印证理论的生动课例，给课例研究作出了一个表率。

（作者系南京师范大学教授，博士生导师）

# 自 序

## 一

《义务教育课程方案（2022 年版）》指出，随着义务教育全面普及，教育需求从“有学上”转向“上好学”。[①]“上好学”是当前乃至今后相当长时期教育工作的中心和奋斗目标。

怎样才能满足人民群众“上好学”的需要呢？我们可以从“吃好饭”受到启发。“吃好饭”意味着三个满足：一是所有人都有饭吃且吃得饱；二是饭菜有营养且味道可口；三是满足不同人的不同需要，这种不同包括生理、心理和文化方面的差异性。底层标准是数量，满足生存条件；中层标准是质量，满足身体营养；高层标准是关爱，满足不同人的幸福需要。

基于上述“吃好饭”的认识，满足人民群众“上好学”的课程与教学可以概括为“促进学生适合发展”。

“适合发展”既是教学的目标，也是实践的方式。作为方式可表述为“适合地发展”，即要遵循学生身心发展规律，采用适合学生的教育教学方式，激发学生的内在积极性，促进学生自主发展。作为目标可表述为“适合的发展”，即这种发展兼顾了学生个体发展和社会发展的需要，同时在发展程度上既不缺位也不越位。从学生群体角度看，既要立地——让所有学生发挥其最大的潜能，努力达到国家课程标准。又要顶天——让优秀的学生更卓越。从学生个体角度看，既要促进每一位学生的德智体美劳全面发展，又要扬长补短，发展个性。

① 中华人民共和国教育部 . 义务教育课程方案（2022 年版）[M]. 北京：北京师范大学出版社，2022.

“适合发展”是我和团队的教学主张，其提出有着教育政策和课程教学理念的背景。

《国家中长期教育改革和发展规划纲要（2010—2020年）》首次明确提出“尊重教育规律和学生身心发展规律，为每个学生提供适合的教育”。2017年中共中央办公厅、国务院办公厅《关于深化教育体制机制改革的意见》要求“大力宣传普及适合的教育才是最好的教育”。“适合的教育”是中国教育发展到较高水平提出的发展理念和目标，其实施是一项复杂的系统工程，需要社会各方协力共为。政府要发展“适合的教育”，学校要提供“适合的教育”，学生与家长要选择“适合的教育”，社会要支持和参与“适合的教育”。

就教育系统内部看，课程与教学是“适合的教育”实施的重要路径与方式。《义务教育数学课程标准（2011年版）》和《义务教育数学课程标准（2022年版）》都提出“使得人人都能获得良好的数学教育，不同人在数学上得到不同的发展”的理念。

综合“适合的教育”与“不同的发展”，我们提出了“适合发展”的教学主张。

## 二

促进学生数学素养的“适合发展”需要教师的智慧教学行动。

我自2003年开始“智慧教育”研究与实践，硕士和博士论文分别是《教育智慧的生长——L小学教师校本培训的个案研究》和《小学数学教学智慧研究》。同时，所在学校也分别立项了教育部重点课题和省教育规划重点课题《小学智慧教育实践研究》《小学数学教学智慧研究》《适合的教育理念下教师教学智慧发展研究》。“智慧”这一研究主题不变，内容则由“教育”收缩为“教学”和“数学教学”。

作为一名小学校长，采用理论与实践互动共进的方式，指向实践改进的目的，是我的立场与方法论。所以，“教学智慧”与“智慧教学”两个词语在我的话语中反复切换，两者关注的都是“教学”和“智慧”。但是，前者是教师教学方面的素养——一种高级的综合性素养，后者是教师的行动方式——一种恰当而正当的行动。两者相辅相成，前者是后者的内因，后者是前者的外显与目的，反思后者而获得前者。

2012 年，我担任南京市天正小学的校长和书记，“智慧教学”研究与实践由此进入“适合的教育”阶段，提出了“适合发展”教学主张。先后进行了《适合的教育理念下的学校童心文化建构的实践研究》《适合的教育理念下教师教学智慧发展研究》《“双减”背景下适合发展教学系统的建构与实践》等多项省级教育规划课题研究。

十二年的实践与研究有许多收获。首先，教师教学方式得到学生高度认同。在 2020 年江苏省学业质量综合评价中，师生关系指数和教师教学方式指数分别达到了 93.6 和 98.7，高出省均 21 个和 31 个百分点。学生品德行为、身心健康、劳动意识、和学习动力和抗压能力指数全部高于省、区、市水平。

其次，学生学业水平较高。语文、数学和英语三科综合学业成绩标准达成指数为 98.3。高层次思维能力指数为 82.6，高出省均 26 个百分点。学生体质健康指数高，2022 年合格率、良好率和优秀率分别为 99.30%、90.28% 和 58.2%，位居省、市前列。

再次，办学成绩丰硕，成果影响广泛。学校先后荣获江苏省教学成果特等奖和国家教学成果二等奖，相关成果在国际数学教育大会展示，立项为江苏省前瞻性教改实验项目在全省进行培育推广，被《中国教育报》、学习强国 App 等媒体报道。数学家丘成桐来校演讲并题词“天地立心，正身厚德”。学校连续三届荣获江苏省文明校园，作为热点学校，连续 10 年进行电脑派位招生，是人民群众心目中的好学校。

## 三

2022 年，《适合发展：小学数学智慧教学实践研究》立项为江苏省教育前瞻性教改实验项目。（项目编号 2022JSQZ0206）为了进一步完善并推广成果，我们决定编写本书。

书名为《适合发展：小学数学智慧教学的理论与实践》，表明了我们写这本书目的，即帮助一线教师更好地“智慧教学促进适合发展”，让他们不仅知道怎么做，还理解这样做的道理。所以本书在体例上分为理论建构与案例解析两部分。

第一部分是理论建构，共8章。逻辑关系为：先分别论述“适合发展”教学主张和“智慧教学”，再综合论述“智慧教学促进适合发展”的实施。具体如下：

第一、二、三章论述“适合发展”教学主张。第一章论述“适合发展”教学主张的提出、意义与理解、实践与成效；第二章论述“适合发展”教学主张理论依据，包括中国因材施教的传统、习近平总书记关于教育的重要论述、多元智能理论和生态农业理论。第三章是“适合发展”教学系统建构，在总述后重点论述了教学文化、研管制度和支持服务系统。

第四章是“智慧教学”理论阐述，主要包含“智慧教学”文化传统与现实意义、“数学智慧教学”概念理解与表现形式和小学数学“智慧教学”的特点。

第五章至第八章综合论述了智慧教学促进适合发展。第五章论述“三化”设计策略：数学知识文化化、学习活动儿童化、教学内容结构化。第六章论述“六要素”操作要领：教学目标，顶天立地；学习内容，丰满结构；学生学习，充分自主；教师指导，由远及近；生作业，弹性选择；学习评价，指向进步。第七章论述“接化发”机智调适：接得住、能化解、善启发。第八章谈促进适合发展的智慧教学课堂评价。

第二部分是案例解析，分两部分，共8章。第一部分为“适合发展课堂”案例与解析，包括第九、十、十一、十二章。分别选取“数与代数”“图形与几何”“统计与概率”和“综合与实践”四大知识领域15个典型课例，展示“智慧教学设计”和“现场机智调适”，在此基础上进行“智慧教学解析”。目的是让一线老师们看得见做法，理解其道理，受到其启发。

其中，“智慧教学设计”选取了教学内容、教学目标和学生作业三个方面，体例如下：

“教学内容丰满结构”从“知识从何而来”“知识如何展开”和“知识向何而去”三方面阐述。

“教学目标顶天立地”包括“立地目标”和“顶天目标”两方面。

“学生作业弹性选择”分为“基本作业”“综合作业”和“拓展作业”三个层次。

第十三章从练习课、复习课、讲评课三种课型视角阐述智慧教学促进适合发展的策略。

## 四

本书写作时间处于新课标颁布而新教材没有出版阶段。所以，实践编的课例除自编外都来自苏教版教材。以新课标精神引领“旧”教材教学，这是本书写作的一个定位。这实质上是要正确处理好新课标的追新与承续关系。然而当前无论是理论界还是一线教师，大家存在着一种风气，那就是热衷于追新。把眼光、时间和精力都聚焦、投入于新东西。例如，数学核心素养、数与运算的一致性、尺规作图等。追新固然必要，然而承续也很重要。

首先，追新要看到变化背后的深层次的原因。《义务教育数学课程标准》至今已经有三版，三版课标之间既体现着与时俱进的改革，又有着密切的联系。

2001 年实验稿较之于之前的教学大纲是一次革命性的变革。它提倡“自主、合作、探究”的学习方式，提出“知识与技能、过程与方法（包括数学思考和问题解决）、情感态度价值观”三维目标。这是对此前知识中心、教师中心、强调传授和训练教学方式的变革。

2011 年版课标最大的变化是将“双基”（基础知识、基本技能）变成了“四基”（基础知识、基本技能、基本活动经验、基本思想方法），“两能”（能分析问题、能解决问题）变成了“四能”（能发现问题、提出问题、能分析问题、解决问题），提出了 10 个“核心概念”。[①] 显然这些新增

① 郑毓信 .《数学课程标准（2011）》的“另类解读”[J]. 数学教育学报，2013，22（01）.

内容就是对2001年实验稿课标中的“过程与方法”的进一步强调，其原因是十年的课改还没有将重结果轻过程的弊端克服，今后还要继续努力。



《义务教育数学课程标准（2022年版）》修订的要点包括：落实立德树人根本任务；实现“学科融合”的教育要求；把“四基”“四能”与核心素养有机结合；增加代数推理，加强几何直观；体现数学的一致性等。可见《义务教育数学课程标准（2022年版）》保留《义务教育数学课程标准（2011年版）》的合理内核①，修改集中于“素养导向”与“三会”。②“核心素养”指的是学生应具备的适应终身发展和社会发展需要的正确价值观念、必备品格和关键能力。“三会”，即会用数学的眼光观察现实世界，会用数学的思维思考现实世界，会用现实的语言表达现实世界。

《义务教育数学课程标准（2011年版）》的创新是在三维目标的“过程与方法”（数学思考和问题解决），而《义务教育数学课程标准（2022年版）》的变革在于强调“知识与技能、过程与方法”的同时强化了“情感态度价值观”，进而对三者进行整合，形成“核心素养”和“三会”的新表达。

其次，在追新的同时要关注那些一直没变的内容。我们必须认识到课标修订是一个“常态化”工作③，所有变革都是基于既有的历史条件，指向问题的解决，是变与不变的调和统一。新课标中那些保持没变的东西意味着更为重要，需要继续做下去。具体而言，三版课标中相同的一句话——不同的人在数学上得到不同的发展（如前所述，我们将其简约表达为“适合发展”），对将教育需求转向“上好学”的今天更为重要，这一点我在前文已论述过。

秉持这样的观点，本书无论是在理论阐述上还是在课例展示上，都力求体现新课标的精神，紧扣核心素养和11个“核心概念”。

① 史宁中.数学课程标准修订与核心素养[J].教育研究与评论，2022（05）.

② 郑毓信.《义务教育数学课程标准（2022年版）》的理论审思[J].数学教育学报，2022，31（06）.

③ 郑毓信.《义务教育数学课程标准（2022年版）》的理论审思[J].数学教育学报，2022，31（06）.

## 五

本书由我和团队伙伴共同完成，他们是丁维虎、仇学春、孟兆飞、张曼、蔡小倩、张婷、谢逸羚、陈丽、潘柯琪、张皓。伙伴们对书的框架与体例提出了完善建议，撰写了第一部分中的3小节和第二部分中的10个课例及其解析，我以脚注的方式注明了他们具体所写的内容。第十五章的数学节日和第十六章的线上资源推送分别由张曼和潘柯琪撰写。全部书稿由我统整并修改完善，有些稿件修改了六次之多。

写作中我们遇到了许多问题，“双减”后“适合发展”课堂教学如何与课后服务一体化建设？“双新”（新课程方案，新课程标准）精神如何更好地落实？如何充分利用数字技术帮助教师智慧教学，促进学生适合发展？这是其中三个最主要的问题，需要我们今后系统思考，深入研究。还有许多小的问题也须抓紧深入研究，例如“玩数学”社团主题内容开发和活动方式、策略问题、资源如何建设和推送等。

这些问题促使我们思考和学习了很多，我们阅读了新课程方案和新课标及其解读材料、适合的教育和教学智慧理论书籍、课例的设计与执教杂志等。我在写《奇妙的计数法》时就查阅了：霍华德·伊夫斯（Howard Eves）的《数学史概论（第六版）》，伍鸿熙的《数学家讲解小学数学》，张景中、曹培生的《从数学教育到教育数学》，郜舒竹、罗王晓、王璐佳的《十进制：计数，还是记数？》等。在写作的过程中，我体会到写作真是促进学习的好办法。

问题最终只能通过“做”来解决。今后，我们要聚焦问题，用课题和项目的方式来做。理论建构和实践探索双向互动，在专家指导下，调动工作室伙伴、天正小学教师的乃至联盟校教师的积极性，大家一起行走在“智慧教学促进学生适合发展”的大道上。

尽管我们对于本书的写作倾力而为，但水平有限，书中的问题还是很多，恳请大家批评指正。

# 第一部分　理论建构

# 第一章 “适合发展”教学主张概述

《义务教育课程方案（2022 年版）》指出，随着中国义务教育的发展，教育需求从“有学上”转向“上好学”。“上好学”的内涵非常丰富，其表达的方式也很多样。显然，促进每一位学生素养的“适合发展”是一种合适的表达。

## 第一节 “适合发展”教学主张的提出

“适合发展”教学主张作为“上好学”的一种个性化表达，其提出是多种条件共同作用的结果。中国教育发展到较高水平提出了“适合的教育”政策要求，2001 年以来中国义务教育数学课程改革倡导“不同的人在数学上得到不同的发展”理念。南京市天正小学基于自己的校情形成了“适合的教育”办学思想，“适合发展”教学是其最重要的构成和实践方式。

### 一、国家教育政策的号召

中共中央、国务院制定的《国家中长期教育改革和发展规划纲要（2010—2020 年）》（以下简称《教育规划纲要》）在第一章《指导思想和工作方针》中明确提出：“关心每个学生，促进每个学生主动地、生动活泼地发展，尊重教育规律和学生身心发展规律，为每个学生提供适合的教育。”

全文约 27000 字的《教育规划纲要》是中国进入 21 世纪以来第一个中长期教育规划纲要。其中提出了一系列具体目标，如：基本普及学前教育、巩固提高九年义务教育水平、高中阶段教育毛入学率达到 90%、高等教育毛入学率达到40%。它是2010年的后一个时期指导全国教育改革和发展的纲领性文件。联合国教科文组织给予高度评价，认为《教育规划纲要》表达了中国跻身世界最好教育行列的长远思路。

《教育规划纲要》将“适合的教育”作为中国教育2010年后十年的追求目标，是中国教育发展到较高水平的标志。自1978年改革开放以来，我国义务教育经历了波浪式的发展。从全面解决“有学上”的难题，到着力回应“不均衡”的问题，再到现在重点进行“优质均衡”的探索。从更好地推进义务教育优质均衡发展角度看，我们需要在行动理念上从“塑造教育”转向“适合的教育”。①

“适合的教育”既是中国传统“因材施教”教育原则的与时俱进，又是国家的教育新理念。中共中央办公厅、国务院办公厅在2017年印发的《关于深化教育体制机制改革的意见》中明确要求“营造健康的教育生态，大力宣传普及适合的教育才是最好的教育”。对政府来说，要发展“适合的教育”；对学校来说，要提供“适合的教育”；对学生与家长来说，要选择“适合的教育”；对社会来说，要支持、参与“适合的教育”。

“适合的教育”是面向未来的教育，它顺应了社会发展的未来趋势，符合未来社会人的发展新要求。在重视全体学生发展的前提下强调关注每个孩子的成长，在重视学生德智体美劳全面发展的前提下强调关注学生个性化的发展。

## 二、《义务教育数学课程标准》的提倡

《义务教育数学课程标准》的2001年版、2011年版、2022年版都有“不同的人在数学上得到不同的发展”的理念。

——人人学有价值的数学；

——人人都能获得必需的数学；

——不同的人在数学上得到不同的发展。

——《义务教育数学课程标准（2001年版）》

① 张新平，黄胜．波浪式推进：我国义务教育改革发展40年[J].中小学管理，2018(11)：5-7.

1. 数学课程应致力于实现义务教育阶段的培养目标，要面向全体学生，适应学生个性发展的需要，使得：人人都能获得良好的数学教育，不同的人在数学上得到不同的发展。

《义务教育数学课程标准（2011 年版）》

义务教育数学课程以习近平新时代中国特色社会主义思想为指导，落实立德树人根本任务，致力于实现义务教育阶段的培养目标，使得人人都能获得良好的数学教育，不同的人在数学上得到不同的发展，逐步形成适应终身发展需要的核心素养。

《义务教育数学课程标准（2022 年版）》

“不同的人在数学上得到不同的发展”在三版的《义务教育数学课程标准》中反复出现，我们可以这样理解：一是“不同的人在数学上得到不同的发展”是一个极其重要的理念，必须经常加以强调；二是“不同的人在数学上得到不同的发展”的理念还没有得到很好的落实，当下必须下大力气进行研究与实施。综合起来，我们在新课标的落实中，既要看到新的变化，又要不忘记对原有好且重要的东西的承继。

## 三、天正小学办学思想的表述

南京市天正小学创建于 2007 年，建校伊始就树立了“童心即天，爱心至正”的教育理念，并由此形成了一整套办学思想。我们将“敬天正人”作为校训，希望所有的天正人能够以此作为修身治学的准则。

敬天正人，可以分开来理解。敬天，就是我们每个人都要敬重天地，敬重大自然。因为人类是大自然的产物，大自然养育了我们。我们要敬畏自然，保护自然，只有这样，我们才能进一步发展。对敬天的意思还可以进一步理解，那就是要敬重我们人类的道德规范。因为人类的道德规范是从人与自然的共生中总结出来的。例如，羊有跪乳之恩，鸦有反哺之义。所以我们人有孝敬父母，尊重师长的道德规范。

敬天是为了正人，正人就是我们要做正派的人。一棵树要长得高大，需要肥沃的土壤、充沛的雨水和灿烂的阳光，然而这些还不够，还需要立的正。如果歪了，它长得越快倒得就越快。那么什么是正呢？正就是要具有社会主义核心价值观，秉持中华民族优秀文化传统。以建设“富强、民主、文明、和谐”的国家和“自由、平等、公正、法治”的社会作为我们的责任和目标，以“爱国、敬业、诚信、友善”作为品行的标准。

从教育的角度看，“敬天正人”是指教师要尊重学生的天性，按照学生身心发展的规律和学生个性特征进行教育行为，让学生成为一个正派的人。就此而言，“敬天正人”就是教育之道，与“适合发展”一脉相承。

天正小学“童心即天，爱心至正”的教育信念、“敬天正人”的校训，与《义务教育数学课程标准（2011年版）》《义务教育数学课程标准（2022年版）》“人人都能获得良好的数学教育，不同的人在数学上得到不同的发展”的理念高度契合。我们用“适合发展”对其进行简约化表达。

适合发展有三层意思：第一层，我们每个人都要发展，要努力发掘自身潜能，让自己得到最大限度的发展；第二层，我们每个人都要了解自己的特点，扬长补短，优势发展；第三层，个人的发展要与社会和国家的发展保持一致，在强国富民中实现自己的发展。

“适合发展”不仅是对学生身心发展特点和个性化需要的适应，还强调对学生发展的积极促进和向正确方向的引领，其实质是学科育人，目的是为党育人，为国育才。

2021年，“适合发展：小学数学智慧教学18实践”获得江苏省基础教育教学成果特等奖，成果经评审成为江苏省基础教育前瞻性教改实验推广项目。2023年，“适合发展：小学数学智慧教学实践与研究”荣获国家教学成果奖二等奖。

## 第二节 “适合发展”教学主张的意义与理解

### 一、“适合发展”教学主张的意义

“适合发展”教学主张的提出，目的在于解决当前教育教学发展中的问题。例如，如何摆脱“应试教育”的桎梏，如何切实促进学生核心素养的发展，如何落实学科育人的根本任务等。它体现的是“以人民为中心 ”的教育思想，宗旨是为党育人，为国育才。

随着信息技术、大数据和人工智能的飞速发展，未来人才的素养标准和培养方式都要发生巨大的改变，“适合发展”教学是一种适合的方式。

第一，传统的知识传承方式要发生变化。现在人们获取知识的通道更多、更通畅、更便捷。人们可以随时随地学习，非常自主地学习。因此，我们既有学校中教学方式必须改变整齐划一的做法，多样化地满足不同人的不同需要。

第二，在获取知识变得更为容易的情况下，教师的教学就要从传统的以知识教学为中心转向以发展学生素养为中心。现在像夸美纽斯那样立志要“把一切知识教给一切人类”已经远远不够了，如何激发和促进年轻一代创造力的发展，正在成为我们教育最为核心的任务。在教育活动中，尊重每个学生的主体地位和个性发展，支持学生的发展。① 当然，这绝不是不要知识教学、忽视知识教学，而是通过知识的教学来促进学生素养的发展。

第三，学生素养的适合发展，要在已有的教学方式基础上，增加跨学科学习、项目学习、主题研究等方式。要满足不同人不同素养发展的需要，学习内容要更加丰富、要给予学生更大的自主权，给予更大的学习活动空间。相应地，教学的目标要顶天立地，下面保底，上不封顶。

### 二、“适合发展”教学主张的理解

从字面上看，“适合发展”的理解只关乎“适合”和“发展”两个词，

① 项贤明．面向未来的“适合教育”[J]. 江苏教育，2019（49）：78-80.

但深入地看，它关联和指向着“学生”和“社会”等因素，表示教育教学的方式与目的，所以具有很大的解读空间。

第一，我们分析“适合”和“发展”的意义。“适合”的意思是指要遵循学生的身心发展规律，采用符合学生的方式进行教学。“适合”学生不是迁就学生、讨好学生。“发展”的意思是指学生身心的成长，具体为德、智、体、美、劳诸方面的成长。这种成长是学生自身因素与教学外在因素共同作用的结果，外在因素的影响通过学生内在因素发挥作用。它既符合学生自身的需要，也符合施教者的需要，是两者的统一。

第二，我们可以将“适合发展”理解为“适合地发展”和“适合的发展”。前者就是采用适合学生的方式促进学生的发展，后者就是学生发展的结果是合适的。合起来理解为：在适合学生的教学方式下，让学生发展得合适。

第三，无论“适合”还是“发展”都是关于学生的，这就涉及学生的群体和个体。学生的发展又有许多不同：从人的构成可以两分为身、心两方面的发展，也可划分为德、智、体、美、劳五方面的发展；从时间上可以分为当下发展和将来发展；从程度上可以分为不足的发展、最大的发展和适度的发展。

在以上分析的基础上，我们借用“全景”和“特写”相结合的拍摄方式来解释“适合发展”的含义。

1. 面向全体，人人都发展，不同人得到不同发展

这可理解为“顶天立地”的发展。“顶天”是指让资优生的潜能得到最大限度发掘；“立地”是指让待发展生努力达到国家规定标准。从实际操作上看，“顶天”和“立地”可以分别进行，也可以“以顶天带立地”或“以立地促顶天”。我们主张多采用“以顶天带立地”的方法，这既符合当下均衡分班的现实条件，又能够让更多的学生获得思考的机会。

2. 关注个体，每个人都得到全面而个性的发展

首先是“全面”的发展。德育为先，德、智、体、美、劳全面发展。具体到数学学科教学，就是要通过数学学科知识学习，促进学生数学素

养发展，实现学科育人目标。

其次是“扬长补短”式发展。每个学生都有自己的优势和短处，因此要扬长补短。扬长和补短可以分开做，也可以合起来做——以长带短，补短促长。以长带短是一种积极做法，要点在于发现优势，正面引导，优势发展。在优势发展的成功中增长自信、激活潜能、弥补短板。

## 第三节 “适合发展”教学主张的实践与成效

### 一、实践过程及其解决的问题

“适合发展”的研究与实践是一个与时俱进的过程，大致经历了四个相互交织，螺旋上升的阶段，分别指向当时数学教学中的主要问题。

（一）第一阶段（约 2002—2011 年）：开启智慧教学研究，揭示智慧教学的关键。

这一阶段积极落实《义务教育数学课程标准（2001 年版）》的 精神，产生了智慧教学主张，探讨为什么研究、如何研究的理论问题。

1. 提出智慧教学主张并开启研究与实践行动

针对当时普遍存在的以知识获得为目标，教师死教硬灌，学生死学学死的不良状况。《义务教育数学课程标准（2001 年版）》倡导“自主、合作和探究”的学习方式，在重视“知识与技能”的同时，强调“过程与方法”“情感态度与价值观”。以智慧观之，其实质是促进学生的智慧发展，因为智慧是个体对普遍知识内化后恰当的应用，由知识、情感和价值观构成。

学生的智慧发展需要教师的智慧教学。从实践看，随着课堂上学生自主、合作和探究学习方式的不断落实，课堂生成性不断增强，出乎教师意料的问题不断增多，这呼唤着教师智慧应对，我们由此踏上了“智慧教学”的探索之路。建构出“铺引—探究—强化”的“三段式”课堂教学模式。针对学生怕做作业问题，开展《可爱的作业：小学作业设计与批改研究》，成果荣获市首届教学成果二等奖。

随着实践的深入，大家深切感受到从自发、零散的实践经验总结要走向自觉、系统的课题研究，教师的智慧教学实践需要教学智慧理论的指导。2003 年，我们申报立项了教育部课题《小学智慧教育的实践研究》，将《教育智慧的生长：L 小学教师校本培训的个案研究》作为笔者硕士的论文题目。

2. 基于“适学化”建构智慧教学的理论框架

我国实行分科教学制，一线教师特别关注学科教学。较之于远离实践、剥离了具体学科特点的普适性教育教学理论，教师们更热衷于具体学科教学的理论和实践成果的学习。因此，智慧教学理论研究必须推进到学科教学层面。

2008 年，从提高数学教师智慧教学能力出发，申报立项了江苏省教育规划重点课题《小学数学教师教学智慧研究》（笔者博士论文）。研究揭示了智慧教学的关键在于数学知识的适学化加工，表现为适学设计与机制调适两种方式。对慧智教学概念、表现、特点、评判标准、生成机理、发展策略等进行理论上的探索，初步建构了智慧教学的理论框架。

2011 年课题结题，博士论文通过答辩，相关研究成果在《江苏社会科学》等刊物发表，出版《小学数学教学智慧研究》专著。理论研究及其成果对一线教师的智慧教学实践发挥了积极的作用，2016 年，该专著被教育部教材发行中心推荐为中小学图书馆藏书。

（二）第二阶段（约 2012—2017 年）：围绕“适合发展”，形成智慧教学操作要领

这一阶段研究主要解决小学数学智慧教学如何促进学生“适合发展”的实践问题。

1.“适合发展”概念提出背景

《国家中长期教育改革和发展规划纲要（2010—2020 年）》明确要求“尊重教育规律和学生身心发展规律，为每个学生提供适合的教育”。

2011 年，学校申请立项了江苏省教育规划课题《适合的教育理念下学校童心文化建构的实践研究》。我们发现“适合的教育”与“智慧教学”天然地契合，“人人都能获得良好的数学教育，不同的人在数学上得到不同的发展”是小学数学智慧教学研究与实践的新生长点。由此，研究与实践进入到“适合发展”课堂建构与实施阶段。

2. 促进学生适合发展的智慧教学实践

第一，围绕“适合发展”课堂对学生和教师开展问卷调查和访谈。主要从教与学内容、方式、评价等方面了解师生的观点，为“适合发展”课堂建构与实施提供依据。

第二，构建了“适合发展”课堂并进行积极实践。探索出适学设计“三化”策略（知识文化化、活动儿童化、内容结构化）和机智调适的做法（会接话、善启发、妙处理）。选取课堂六个要素（教学目标、教学内容、学生学习、教师指导、学生作业、学习评价）作为研究重点，形成“适合发展”课堂智慧教学“六要素”操作要领。在此基础上，我们编制《适合发展课堂教学评价表》，推动教师智慧教学的研究与实施。

第三，开展错题研究，让学生从错误中发展。学生学习越自主，出现的错误就越多，这些错误是一种宝贵的教学资源，必须加以利用。我们建立错题本，学生和家长收集错题，共同分析，帮助学生寻求正确解法。筛选典型错例，结集成册。设计变式题，帮助迁移和提高。

第四，开发文化课例。以《小学数学教学与数学文化融合的实践研究》（市教育规划课题）为抓手，解决学生数学学习“苦”和“怕”的问题，提供“营养又美味”的数学，让学生追溯数学之源、感受数学之美，渗透思想方法，落实数学文化育人。

（三）第三阶段（约 2017—2020 年）：落实学科育人，建构智慧教学实践与理论体系

这一阶段以学科育人为宗旨统整各项实践与研究，使之更系统、更完善，凝练为成果。

1. 拓展教学内容并进行结构化

为促进学生适合发展，对教学内容进行适当丰富和拓展。以教材内容为核心，将校本课程（文化读本、数海探航）作为第一扩展圈，将STEM项目作为第二扩展圈。按数学知识“从哪里来”“如何发展”“向何处去”逻辑关系进行结构化。通过疑趣情境、问题呈现、生活运用等方式进行适学形态转化，进而将它们分别设置在课堂的引入、探究和深化环节。

2. 以儿童“玩”的天性统整各种数学活动

遵循学生爱玩天性，以玩耍、玩赏和游玩的方式将既有的各种课后个性化学习和拓展活动，如数学社团、课后作业、数学吉尼斯、数学节、闯关游戏、STEM项目、计算考级、童心杯竞赛等统整为“玩数学”板块。

3. 围绕智慧教学开发信息技术辅助系统

一是开发智能作业批阅系统。收集学情，减少教师低端劳动量。二是开展《适合发展：小学数学拓展资源库的开发与使用研究》（市教育规划课题），通过微信、QQ向学生推送学习资源。三是开发《小能手，正成长：小学生适合发展记录册》及其操作平台。借助信息技术将学生各种数学学习及其相关活动信息收入评价系统，进行增值性评价，以评价促发展。

4. 以“学科育人”统整“适合发展”课堂与“玩”数学活动

将“适合发展”课堂和“玩”数学活动整合为智慧教学的两大实施场域，通过教师智慧教学加以实施。智慧教学的关键是对数学知识适学化加工，体现为适学设计和机智调适两种方式，落实在两大实施场域的每一个行为中。学校教学文化、教学研管制度、服务支持技术构成了三个支持系统。对“适合发展”课堂“六要素”操作要领进行扩充，使之成为“学科育人”活动的实施要领。

（四）第四阶段（约2020—2023年）：推广研究成果特色，将其转化为现实“生产力”

这阶段我们以数学学科研究成果为基础向其他学科推广，积极辐射其他地区。探索各学科智慧教学的特征、模式、操作要领等，形成了“语文单元整体教学”“部落英语教学”“美术玩中学”智慧教学等成果。出版《适合发展：学科教学智慧的时代意蕴》《学科教学智慧的课堂样态：基于“适合发展”教学的课例研究》两本专著，提高各学科教师智慧教学水平。积极利用省小学校长和学校发展专委会平台进行全省范围的展示和交流，多次与初中名师工作室开展“生长数学，适合发展”联研活动，与幼儿园结成“适合发展”研究联盟。2021 年，研究荣获省基础教育成果特等奖，作为江苏省基础教育前瞻性教改实验项目在全省推广。

## 二、实践成效与影响

1. 效果显著

（1）学生素养发展优秀

南京市天正小学是公办小学，施教区划片招生。现在已连续 11 年进行电脑随机派位招生，生源状况处于常态水平。以此为前提，《江苏省学业质量分析报告》[①] 呈现出天正小学学生数学学业质量以下的特点：

学业水平立地顶天。2018 年和 2020 年学校四年级学生数据表明，学生 D 级人数分别低于全省 4 个和 5 个百分点，A 级人数分别高于全省 40 个和 43 个百分点。整体成绩分别高出省均分（500 分）70 分和 71 分。2016 年、2018 年、2020 年的高层次思维能力发展指数分别为 76.%、75.7%、78.3%，分别高于全省平均水平 18 个、29 个、22 个百分点。

天正小学四年学生学业成绩呈正态分布，这与学校施教区学生生源和电脑派位招生实际相吻合。[②] 全省学生平均成绩标准分为 500 分，我校成绩 550 分以上人数明显高于鼓楼区平均水平。这充分体现了“适合发展”教学“立地顶天”教学目标的达成。

身心健康积极向上。学生品德行为和劳动意识指数分别达到 100 和

① 本报告由江苏省基础教育质量监测中心发布，检测数据体现了课程标准对学生知识技能和能力素养的要求，具有官方权威性。

② 南京市为了满足人民群众对优质教育资源的渴望，自 2014 年起，在全市以区为单位选取热点学校进行电脑派位招一年级新生。我校至 2024 年已连续 11 年被选取，成为人民群众高度认可的好学校。

82.7（2020年的数据，以下同）；身心发展和谐，体质和心理健康指数分别为74.2和91.2，分别高于省均12个和17个百分点。

学习自信心和内部学习动机指数分别为90.6和84.4。抗压力指数为36.7，高于南京市20个百分点。

特长发展后劲充足。在《小学生数学报》等报刊发表数学小论文100余篇，近40名同学获省市科学小院士、小博士称号。毕业生进入中学后，综合素养好，后劲足。2014届毕业生超过77%的学生考入了国内外名牌大学。

（2）教师专业发展迅猛

学生对教师教学方式认同指数达98.7%，师生关系融洽。学校被评为首批江苏省教师发展示范基地校，数学组连续三届荣获市优秀教研组称号。2012年至今，数学教师中1人被评为省特级教师、1人被评为市学科带头人，50%以上的数学教师为区级以上的教学骨干。

主持人领衔省、区、市数学名师工作室，成员先后被评为国家“万人计划”教学名师2人、苏教名家2名、省特级教师5名、正高级教师8名。

（3）研究成果较为丰硕

先后完成国家级、省级相关课题和项目10个，相关成果先后5次获省、市科研奖。“适合发展：小学数学智慧教学18年实践”获江苏省教学成果特等奖。

出版专著5部，其中《小学数学教学智慧研究》被教育部基础教育课程教材发展中心推荐为全国中小学图书馆馆藏书。发表文章200余篇，其中核心期刊文章30余篇，作为人大资料被复印转载20余篇。

2. 影响广泛

（1）开课讲座

研究团队教师在国、省、区、市开设公开课400余节，讲座500余次。《小学生如何学数学》等课例在江苏有线电视台播放，产生巨大反响。研究成果《适合发展：大班额条件下教学智慧的意蕴》先后在第十四届国际数学教育大会、江苏省第三届数学学会数学教育专委会年会和南京市数学会年上进行报告。

（2）推广辐射

《适合发展：小学数学智慧教学实践研究》获批2022年江苏省基础教育前瞻性教学改革实验项目在全省推广。我们积极向其他学科推广，分别形成了“语文单元整体教学”“部落英语”“美术玩中学”等学科智慧教学样态。积极开展与初中、幼儿园联研活动，出版两本推广专著。全国各地老师前来参观交流，获得了广泛认可。

（3）举办活动

举办国家级、省级、市级活动10余场。世界著名数学家丘成桐先生来校做报告，和师生对话，题词学校“天地立心，正生厚德”。工程院院士李鸿志题词“数学教育，适合发展”。

（4）媒体报道

在《中国教育报》、学习强国App、《新闻晨报》、江苏电视台、广播电台等媒体上多次被报道。

（图1-1是我与丘成桐先生的合影，左侧是丘成桐先生；图1-2是丘成桐先生的题词）

图 1-1

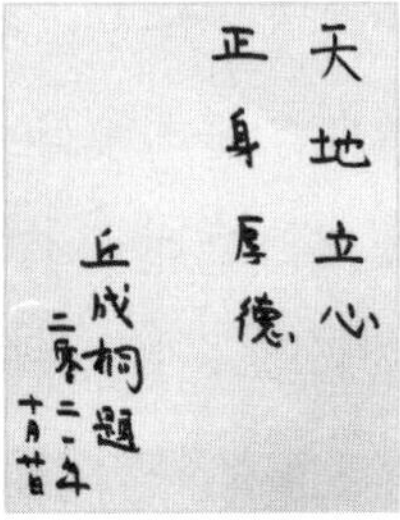


图 1-2

百年未有大变局，龙凤腾舞何人属？求得适合发展策，复兴中华天正徒。

教学内容实丰富，学习活动真自主。由远及近施指导，顶天立地大丈夫。

作业超市生自取，评价不依平均数。一堑可以长一智，成功方是成功母。

知识丰富是基础，智慧本来靠自悟。立德树人天下事，桃芬李芳我自如。

——2021年10月21日丘成桐先生来校演讲，赠书，向先生致辞汇报

# 第二章　“适合发展”教学主张理论依据

## 第一节　习近平总书记关于教育的重要论述

党的十八大以来，以习近平同志为核心的党中央高度重视教育事业在坚持和发展中国特色社会主义战略全局中的地位和作用，把教育摆在优先发展的战略位置，提出了一系列新理念、新思想、新观点，系统回答了教育工作的方向性、根本性、全局性、战略性问题，形成了习近平总书记关于教育的重要论述。[①] 为“适合的教育”和“适合发展”教学指明了方向，明确了准则。

### 一、办好人民满意的教育

习近平总书记在党的二十大报告中指出，坚持教育优先发展，办好人民满意的教育。坚持以人民为中心发展教育，加快建设高质量教育体系，发展素质教育，促进教育公平。

办好人民满意的教育，首先是要公平。教育公平指人人都享有平等受教育的权利和义务，享有相同的办学物质资源与师资队伍。每个学生在接受同等水平的教育后能达到一个最基本的标准。

教育均衡是实现教育公平的基本要求。1986 年《中华人民共和国义务教育法》公布实施，2011 年所有省（区、市）通过了国家“普九”验收，从而实现了适龄儿童少年“有学上”问题的解决。但是区域之间、城乡之间、学校之间办学水平和教育质量还存在明显差距，为此，2012 年 9 月国务院

① 教育部课题组．深入学习习近平关于教育的重要论述 [M]. 人民出版社，2019.

发布了《关于深入推进义务教育均衡发展的意见》，要求推进义务教育均衡发展，着力提升农村学校和薄弱学校办学水平，全面提高义务教育质量，努力实现所有适龄儿童少年“上好学”。经过近10年的努力，2021年底全国所有县（市、区）都通过国家义务教育基本均衡督导评估验收。[①]

办好人民满意的教育，其次是要优质。在解决了“有学上”问题后，就是要解决“上好学”问题。2023年6月，中共中央办公厅、国务院办公厅印发《关于构建优质均衡的基本公共教育服务体系的意见》，要求建立优质均衡的基本公共教育服务体系，必须大力推进基本公共服务均等化。2023年7月，教育部、国家发展改革委、财政部印发了《关于实施新时代基础教育扩优提质行动计划的意见》。要求“对有条件的、办学水平和群众认可度较高的学校，‘一校一案’合理制定挖潜扩容工作方案……因地制宜改造学校地上、地下空间，开辟学生活动场地。”要重点从课程、教学、评价、支撑及加强科学教育等方面入手，深入推进课程教学改革，促进基础教育高质量发展。

办好人民满意的教育，关键是要满意。办学物质条件和师资队伍的优质均衡，各项验收指标合格，并不意味着优质均衡教育的实现。如果人民群众不满意，这就不是真的实现。只有指标和人民群众满意度双合格，才是真正的优质均衡。

人民群众构成是多样的，包括工人、农民、知识分子、军人、商人、企业家等，他们由于自己的社会分工和社会阶层差异，对教育的需求也不一样。即使面对同样优质均衡的教育条件他们的满意度也不一样。就此而言，在公平优质教育的基础上，尽力满足不同群体和阶层的不同需求，这是更本质意义上的公平，才是更贴近习近平总书记所说的人民满意的教育。

## 二、培养全面发展的人

以人民为中心的教育必须致力于培养全面发展的人。人的素养是多

① 曾晓．县域义务教育优质均衡要先行更要突破[N]. 中国教育报，2022.05.06.

方面的，其分类常见的有二分法——身、心；三分法——仁、智、勇；四分法——知、情、意、行或德、智、体、美；五分法——德、智、体、美、劳。……习近平总书记在 2018 年的全国教育大会上，将长期以来坚持的“德智体美全面发展”发展为“德智体美劳全面发展”，并提出要努力构建德智体美劳全面培养的教育体系。“德智体美劳全面发展”是当前人的全面发展的权威表述，是新形势下与时俱进的衡量标准。①

习近平总书记在党的二十大报告中进一步指出，教育是国之大计，党之大计。培养什么人、怎样培养人、为谁培养人是教育的根本问题。育人的根本在于立德。他还强调多样化的优秀人才的培养，在报告中阐述人才强国的战略思想：

> 培养造就大批德才兼备的高素质人才，是国家和民族长远发展大计。功以才成，业由才广。……完善人才战略布局，坚持各方面人才一起抓，建设规模宏大、结构合理、素质优良的人才队伍。加快建设世界重要人才中心和创新高地，促进人才区域合理布局和协调发展，着力形成人才国际竞争的比较优势。加快建设国家战略人才力量，努力培养造就更多大师、战略科学家、一流科技领军人才和创新团队、青年科技人才、卓越工程师、大国工匠、高技能人才。②

“各方面人才一起抓”需要从基础教育做起，让不同的人得到不同的发展。各种不同的人才没有高低贵贱之分，具有共同的品行——卓越。

培养“德智体美劳全面发展”的“各方面”的卓越人才，这是“适合的教育”的宗旨，这为“适合发展”教学指明了方向。就当前语文、数学等学科教学而言，一方面要积极落实《义务教育课程方案（2022 年版）》和义务教育课程标准，积极发展学生学科素养。让每个人的潜能都得到充分发掘，人尽其才，不同人得到不同的发展。同时，要落实立德树人根本任务，通过学科知识的教学实现学科育人的目标。

---

① 教育部课题组．深入学习习近平关于教育的重要论述［M］．人民出版社，2019：104.

② 习近平．高举中国特色社会主义伟大旗帜，为全面建设社会主义现代化国家而团结奋斗：在中国共产党第二十次全国代表大会上的报告［M］．人民出版社，2022：36.

### 三、为了中华民族伟大复兴

习近平总书记在 2018 年 6 月中央外事工作会议上提出了一个重大论断，“当前，中国处于近代以来最好的发展时期，世界处于百年未有之大变局”。同年，习近平总书记在全国教育大会上强调，坚持把服务中华民族伟大复兴作为教育的重要使命。2023 年，中共中央政治局就建设教育强国进行第五次集体学习。习近平总书记强调，教育兴则国家兴，教育强则国家强。建设教育强国，是全面建成社会主义现代化强国的战略先导，是实现高水平科技自立自强的重要支撑，是促进全体人民共同富裕的有效途径，是以中国式现代化全面推进中华民族伟大复兴的基础工程。

因此，现在的教育要张扬人的个性、激发人的潜能、有教无类、因材施教、各尽其才、各显其能。各行各业的人才不是整齐划一的生产流水线式的教育所能培养出来的，培养人才势必需要一种因人而异、因势而变、优势发展、追求卓越的教育教学方式，而这正是“适合发展”的教学实质与追求。

## 第二节　因材施教传统的与时俱进

自孔子首倡因材施教，因材施教就成为中国教师教育教学的一种文化传统，成为今天教师施教遵循的原则。“适合发展”是因材施教在当下的新表达，有着超越传统意义上的新内涵。

第一，在施教对象上涵盖所有学生。孔子提出“有教无类”（《论语·卫灵公》）的主张，打破“学在官府”的局面。首开私人讲学之风，开创了学术下移和教育普及的新道路，在中国教育史上是划时代的创举。其学生来源广杂，例如：子路，卞之野人；子贡，卫之贾人；颜涿聚，盗也；颛孙师，驵也；孔子教之，皆为显士。（《群书治要》卷三十六引《尸子》）他主张“君子正身以俟，欲来者不距，欲去者不止。”（《荀子·法行》）这种教育对象的扩大，意味着社会上有文化的人增多，而人民文化素质和道德品质的提高，对建设社会精神文明和促进各民族之间的经济文化交流，都会起到积极的作用。①

作为私学，孔子的有教无类还是有前提的。“自行束脩以上，吾未尝无诲焉”（《论语·述而》）。夫子私人办学需要经费，其施教对象只能是付得起束脩的人。就此而言，他教学的对象还是有经济门槛的。这与我们现在“适合发展”的施教对象相比显然有根本的不同，我们义务教育施教的对象是所有的学生，不仅没有经济条件的限制，也无身心健康状况的区分，我们实行全纳教育、融合教育，这是更为纯粹的有教无类。

第二，在教育教学内容上凸显丰富性。孔子的教学内容主要是“六艺”，即周朝贵族教育体系中的六种技能：礼、乐、射、御、书、数。这种内容体系是与培养贵族统治者教育目标相匹配的，从孔子对“樊迟之问”的回答可以看出这一点。②“适合发展”教学的内容显然更为丰富，《义务教育课程方案（2022年版）》设置了道德与法治、语文、数学、外语（英语、日语、俄语）、历史、地理、科学、物理、化学、生物学、信息科技、体育与健康、艺术、劳动、综合实践活动等科目。这不仅超越了孔子时代的“六艺”，也是整个中国古代的中小学教育内容所不能比拟的。

第三，在教育教学方式上强调主体性。传统意义上的因材施教在方式上是以教师为主导的，这从其甲骨文字形可以看出。字的右边是一只手拿着一根教鞭（攴）；左下方是个“子”字，表示小孩，“子”上是两个交叉符号（爻），表示鞭打的痕迹；整个字形“教”表示一个人手持教鞭在教育小孩。因材施教的积极意义在于教师要根据不同的学生施以不同的教，而不是让学生被动地接受各种方式的教。

“适合发展”教学强调学生学习的主体地位，希望通过多种方式激发其内在的学习积极性。通过自主、合作、探究的学习，充分经历学习

① 中国孔子基金会．中国儒学百科全书：中国大百科全书出版社[M]，1996：359.

②《论语·子路》：樊迟请学稼，子曰：“吾不如老农。”请学为圃，曰：“吾不如老圃。”樊迟出。子曰：“小人哉，樊须也！上好礼，则民莫敢不敬；上好义，则民莫敢不服；上好信，则民莫敢不用情。夫如是，则四方之民襁负其子而至矣，焉用稼？”

的过程，主动发现、建构知识，从而达成素养的发展。

第四，在教学目标上追求全面而个性。子夏曰："仕而优则学，学而优则仕。"（《论语·子张》）可见"学"与"仕"紧密联系，互为条件和目的。"仕"是中国传统读书人"优学"的动力与目的。"学而优则仕"较之于贵族世袭制而言无疑是一种进步，然而仅将"仕"作为学的目的局限性显而易见。"适合发展"教学旨在促进学生德、智、体、美、劳全面发展的基础上让个性得到张扬，最终目的是培养社会主义建设者和接班人。

第五，在教学辅助上重视现代教育技术的应用。孔子"识才"有九征法，分别从忠、敬、能、知、信、仁、节、则、色这九个方面去识别一个人的品性能力等，进而适性"施教"，助其"发展"。而现代科技为"适合发展"的教学在识才、施教、发展三个层面中均赋能更多个性化策略，例如学情分析、智能批阅、课堂评价、社团选修等。可进一步发掘学生的个性、优势与需求，在学习的数据采集、教学资源库开发、线上学习共同体建设等方面助力学生个性化发展。

## 第三节　多元智能理论的支持

霍华德·加德纳自 1983 年起从解决问题所需要的能力出发，提出人类智能是多元的，主要由语言、逻辑、空间、运动、音乐、人际、内省、自然探索和生存（后两种为之后所加）等九种智能组成。这为"适合发展"教学理论建构和实践探索提供了支持。

### 一、以多元智能理论审视"适合发展"主张

首先，立足于多元智能理论的视角，我们发现传统教育模式在人的发展上存在片面倾向。在经济落后，教育被少数人垄断的情况下，物质条件与传统意义中所谓智力好的人才能享有受教育权。施教者在选择受教者时所看重的主要是语言、逻辑等传统意义上的智力范畴和标准。

在我国为普及九年义务教育而努力的过程中，我们重点关注的是人人都能享受到受教育的权利，都有接受教育的公平机会，同质的、忽视个体差异的整齐划一、生产“流水线”式的教学行为在所难免。

时至今日，我们已经迈过“有学上”的阶段，正在追求“上好学”的目标，那种忽视受教育者个人智能上差异的教学方式显然已经不能满足需要。要想真正实现“上好学”的目标，多元智能理论所做的智能种类划分，所提倡的善待个体差异、以“优势潜能”为基础、注重因材施教等理念，则是我们必须积极加以学习借鉴的。

秉持“适合的教育”理念，要努力创造条件，努力满足不同学生的不同需要，让不同的人得到不同的发展。就个体而言，要尊重其智能差异，发现其优势潜能所在，帮助每一个学生都能最大程度地发挥自己的潜能和特长。

其次，多元智能理论也让我们沉思并正视教育如何促进人之发展的永恒命题。现实仍存在过于追求工具理性、只注重知识传递甚至灌输、基于统一的单向度的教育实践，无视学生智能的多元性，令原本五彩缤纷的学生发展，变成统一的标准、井然的秩序和统一的模式，限制了个性的张扬、创造性的迸发。

新时代的教育期盼人文关怀，呼吁拔尖创新人才的培养，为学生提供“适合发展”的教学是适应时代发展要求、回应对人之发展的关切。作为极具人性尊严的一种教学实践，应以人的发展作为教育价值的回归，进而从各个不同的角度去了解学生，采取适合激发潜能的教学方法，创造有利的教学条件，促进每一个受教育者发展得适合，共同服务于中华民族的伟大复兴。

## 二、以多元智能理论充实“适合发展”理论建构

任何一种教育教学理论的建构，总是有其赖以溯源的理论基石。“适合发展”教学主张在理论建构上要积极吸收多元智能理论的有益成分。

第一，多元智能理论为“适合发展”教学主张提供了“适合”的依

据和借鉴。“适合发展”教学要让学生适合地发展，发展得适合，“适合”就自然地成为一种教育方式和教育目的。“适合发展”有三层含义：一是尊重学生的身心发展规律，促进每一个学生适合地发展，让每一个人的潜能都得到最大限度的发挥、顶天立地，行行出状元。二是适合不同个体的发展需求，这是承认人的发展是多方向的，从而为多元智能理论的九种划分提供了参照。每一个人都要深入自省，明白自己智能的优劣所在，扬长补短、优势发展、追求卓越。三是个人的发展要与社会和国家的发展一致，在强国富民中实现自己的发展。霍华德·加德纳曾明确指出仅仅重视开发人类的多元智能，未必一定会有益于社会的发展和世界的和平，因为同一种智能，既可以造福人类，也可能危害人类，关键在于拥有高智能的人的价值取向①。我们要持批判性吸收的态度，在社会主义核心价值观的引领下运用多元智能理论，让学生的发展始终与社会、国家的发展高度一致。

第二，多元智能理论为“适合发展”教学主张提供了“优势”的依据和借鉴。多元智能理论强调主体强项智能的发展，每个学生都有自己的优势智力领域，有自己长项的学习类型和方法。霍华德·加德纳认为，“学校教育的宗旨应该是开发多种智能并帮助学生发现最适合其优势智能特点的爱好”。而如何在大班额教学的困境中兼顾“适合”和“优势”发展需要，这考验着教师的教学智慧。为有效帮助教师开展智慧教学行动，我们凝练出“适合发展”课堂智慧教学的六大要领：课堂教学目标顶天立地，让资优生的潜能得到最大程度的发掘，也让待发展生努力达到国家规定的标准；教学内容丰满结构，兼顾不同学生的学习需求，依托教材精心拓展丰富且结构化的内容；学生学习充分自主，发挥学生主体性，让学生成为知识的主人；教师指导由远及近，相信学生潜能巨大，给予更大的学习空间；学生作业弹性选择，满足多种智能水平需要，促进不同发展；教学评价立足进步，基于个体智能水平与特点，培养综合素养，实现评价增值。操作要领的构建，旨在为教师的教学实践提供思维和行

① 沈致隆．多元智能理论的产生、发展和前景初探[J]．江苏教育研究，2009(09)：17-26.

动框架，帮助教师更好地实施“适合发展”教学。

## 三、以多元智能理论丰富“适合发展”实践路径

多元智能理论为学生“适合发展”的学习提供了多元路径。以“学习者为核心”是多元智能的基本理念，霍华德·加德纳建议为学生提供更大范围可以挑选的课程。天正小学开发“正能”社团课程60余种，学生可以根据自己的喜好通过网络自由选择。同时，由教师和专业人员挑选一些某一方面具有发展优势的学生组建较“专业一点”的集训队和团体，如管乐团、合唱团、创客集训队、校篮球队、啦啦操队等。这样普及团队供学生选择，让“专业”团队优势发展。

多元智能理论也为在学习困境中的学生提供解困路径。例如，有一些学生在数学学习上存在困难，这可能是其数理逻辑智能不发达，抽象能力还没有发展好等导致的。面对这种情况，教师可以在教学中增加动手操作的活动，多联系生活经验，采用画图策略等方式，借助动作和图像表征来帮助学生进行理解。

对于某一方面智能发展较弱的学生而言，会有一些别的智能优势。我们可以让他们充分展示优势，取得成功，从而增强自信心。这就是优势发展，以长带短。

## 四、以多元智能理论促进“适合发展”评价

当前学业水平测试是评价学生常用且主要的方式，这显然忽视了学生智能的多元性，不利于学生充分展示自己多方面的发展。在学生的成长记录中，学科的、等第性、终结性的评价方式，既无法显示出更为丰富的内容，又无法显示出利于观察学生潜在的发展优势。其评价的作用停留于“以成败论英雄”层面，不利于教师以期待的眼光看待学生，更不利于进一步地用适合学生的方法给予发展性规划和指导。

霍华德·加德纳认为，“展示”是多元智能理论中的重要评价思想。针对传统智力测验强调“标准化”而带来的“不公正”问题，他与同事创建了“光谱教室”，让儿童在与有趣、丰富而具有多种挑战性的材料

的复杂互动中，充分“展示他们各自特别拥有的智慧”[1]，进而对其进行适时的鼓励、引导。

适合发展评价要重视展示性、情景性、增值性、多元主体性，全面关注学生的知、情、意、行，不要一叶障目。偏听则暗，要借助信息技术平台发挥学校、家庭和社区多元评价的主体作用。要记录学生成长的过程，关注其中关键性事件。教师要避免因学生一次犯错而否定其一生，应给予学生不断改正、不断进步的机会，让每天进步一点点成为学生自己的信念。

## 第四节　生态农业理论的启发

### 一、生物多样性是良好生态系统的标志

2023 年，联合国教科文组织第 45 届世界遗产大会通过决议，将“普洱景迈山古茶林文化景观”列入《世界遗产名录》。这是全球首个茶主题世界文化遗产。为什么“普洱景迈山古茶林文化景观”能成为首个茶主题世界文化遗产？这与景迈山古茶林及其与人类和谐共生的独特性有关。

景迈山古茶林是在野生林中间伐一部分高大乔木，然后在乔木下栽种茶树，形成上面是高大乔木，中间是茶树，下面是草本植物的立体群落结构。这为茶树生长创造了理想的光照、温度和湿度环境，落叶腐质成为蚯蚓等小型动物的食物。而蚯蚓等小型动物不仅能疏松土壤，其排泄物则是良好的肥料。因此，这使茶树林形成一种良好的自然生态系统，各种物种之间形成食物链，控制了病虫害的大面积发展，从而可持续地生产出高质量的有机茶叶。

“普洱景迈山古茶林文化景观”由 5 片古茶林、9 个古村寨以及 3 片分隔防护林共同构成。历经 1000 多年的漫长时光，人与茶相伴，以茶为生。对自然的敬畏、与之共处的智慧，造就了景迈山“林茶共生、人地和谐”的盛景。

① 霍华德・加德纳 . 再建多元智慧 [M]. 李心莹，译 . 台北：远流出版社，2000.

实践证明，物种单一不利于良好生态的形成，单一树种的人工林较之于天然林就容易发生大面积的病虫害。我国一些单一品种的松树林、杉树林，一旦有树木感染了某种病虫害，就会在同种个体间迅速蔓延，最终危害到整片树林。而天然林形成时间比较长，里边的植物种类比较丰富，形成了比较复杂稳定的群落。当病虫害发生时，一般只有少量的树种受害，而其他种类的树种并不会受到太大的影响。

生物的多样性是良好生态形成的必要条件，师生的多样性则是良好的教育系统的必要条件。只有充分尊重师生的个性差异，教师各展其长，因材施教，"适合的教育"才能真正得到落实，学生的"适合发展"才能真正得以实现。

## 二、物种相生相克促进系统升级

多样的生物共生于一个系统中，各物种及其内部个体之间必然会相互作用。这种相互作用方式是复杂多样的，彼此既相生又相克。当物种间相互作用进入良性循环时，系统就会升级，而升级系统中的每一个物种就会从中受益。

时代楷模赵亚夫先生一生致力于农民脱贫致富，坚持把论文写在大地上。他提倡生物多样性的生态农业，在句容市天王镇戴庄进行研究与实践。他们的田地里，种着水稻、蓝莓、桃子等植物，水稻田里还藏着130多种昆虫、鸟类、蛙类等小动物。它们有的是益虫、有的是害虫，还有的无益无害，但在赵亚夫先生眼里，所有的物种都同样重要。例如，益虫吃害虫，害虫减少了，庄稼生长得就好，但如果害虫都被吃光则益虫也难以生存。因此，两者之间需要达到一种平衡，本着这种理念，当地农田生态系统不断被改善，生物多样性的保护、培育、利用的成效凸显，高端农产品不断被开发，经济效益大幅上升，农民收入翻倍增长。

在教育场景中，我们往往提倡教师之间的相互合作，同学之间的互相帮助，但很少提及彼此之间的相互竞争。合作和竞争都很重要，只有平衡好两者，学校和班级集体才能不断发展。

（图 2–1 是我与赵亚夫先生的合影，照片左侧的是赵亚夫先生）

图 2-1

## 三、良好环境有助于个体发展

蓬生麻中，不扶而直。形象地说明了教育环境对受教育者积极的影响作用。布朗芬布伦纳（U Bronfenbrenner）生态系统理论（ecological systems theory）认为，环境（或自然生态）是一组嵌套结构，就像俄罗斯套娃一样。发展的个体处在从直接环境（像家庭）到间接环境（像广泛的文化）的几个环境系统的中间，同时嵌套于其中的某（几）个环境（图 2-2 是布郎芬布伦纳生态系统理论的行为系统模型）。每一个系统都与其他系统以及个体交互作用，影响着个体发展的诸多重要方面。[①]

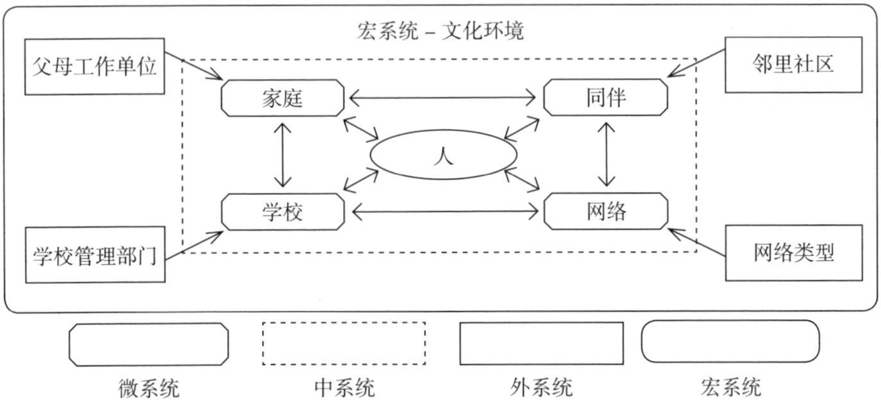


图 2-2

① 刘杰，孟会敏．关于布郎芬布伦纳发展心理学生态系统理论 [J]. 中国健康心理学杂志，2009（02）：250-252.

宏系统、外系统、中系统和微系统对个体发展的作用是叠加式的发挥，它们在对个体发展有着不同方面作用的同时，也有着作用大小的差异。从总体上看，与个体接触越多且时间越长的环境影响作用越大。从实际情况看，家庭和学校是对孩子（学生）影响最大的两个环境。

择校（班）的实质是选择良好的发展环境，所以学校要形成良好的校风，班级要有良好的班风，学习要有良好的学风。南京市天正小学以“行止有章，思想无疆”为校风，就是要培养具有创造精神又能遵守规范的人。

学生无法选择家庭，但是我们可以改进家庭教育的环境。人只要身体正常，就可以有机会成为父母，但是好家长却不是天然成就的，需要后天的学习。现在许多父母都是独生子女，他们生活、成长在是独生子女的家庭环境中，有的形成了偏狭的教育体验和理解。加之对传统家庭教育思想没有得到很好的研究、发展、传承，许多人对子女的教育在理念和行为上存在诸多问题。2022 年 1 月 1 日起施行的《中华人民共和国家庭教育促进法》，旨在发扬中华民族重视家庭教育的优良传统，引导全社会注重家庭、家教、家风，增进家庭幸福与社会和谐，培养德智体美劳全面发展的社会主义建设者和接班人。

### 四、顶端优势促进植物生长

植物主茎的顶端生长占有优势，它抑制着下面邻近的侧芽生长，使侧芽处于休眠状态，这种现象叫顶端优势。

一棵树要长得又快又高，除了要土壤肥沃、雨水充沛，日照充足，还要维护它的顶端优势，要精心呵护主干的顶端枝条，任它自由生长。可以说，顶端枝条生长的高度就是这株树的高度，顶端枝条生长的速度决定着整株树的生长速度。

对于教育教学来说，顶端优势可以让我们从中受到许多有益的启发。苏霍姆林斯基提倡教师教学中要有“第二套大纲”。不要让任何一个儿童在低于他才能的水平上学习。我们实行的原则是每一个学生在学习中都应达到他力所能及的成就。要防止差生落后的现象，就必须让天赋高、有才能的学生在他们力所能及的那些学科上和创造性活动领域里超越大纲的界限。我们深信，如果班上有几个学生在研究大纲以外的材料，那么班上就永远不会出现考不及格的学生。[①]

现在有些教育领导和教师的观念存在着一些误区。首先是“零和”思维方式。他们认为，如果重视了资优生的培养，那就会损伤待发展生的发展。前者做得越多，两极分化就会越严重，待发展生就会越差。其实，知识和智慧并不像物质资源和财富那样有总量一定的困境，只要教育教学的方式方法得当，“双赢”和“多赢”的局面就会出现，我们要做的就是秉持人人都发展，不同的人得到不同的发展理念，寻找到好的方式方法，这也是“适合发展”教学研究的重点内容。

① B.A. 苏霍姆林斯基 . 给教师的建议 [M]. 杜殿坤，译 . 北京：教育科学出版社，1984：280-281.

# 第三章 “适合发展”教学系统建构

“双减”政策使学生有了更多的在校时间，这使得个性化教与学有了更大空间。“适合发展”教学系统要统筹课堂教学和课后服务，将两者进行一体化建构。学校教学文化、教学研究与管理、教学技术支持服务和智慧教学理论等辅助系统都要围绕“适合发展教学”这个中心进行建构。

## 第一节 系统结构及其总述

### 一、“双减”促进“适合发展教学”新发展

#### （一）“适合发展教学”面临的困境

南京市天正小学“适合发展”教学在取得丰硕成果的同时也遭遇到两大困境。一是学生在校个性化学与教时间较少。“双减”之前，学生在校时间规定不得多于6小时，学生学习活动基本上是依照国家规定的课表上课，没有多余的时间进行校本的课程教学活动。而班级教学又是所有学生学习统一的内容，依照教研部门规定的统一进度进行。在班额40多人的课堂中，教师很难在40分钟内针对不同的个体，提供较多的个性化指导。二是教育评价整齐划一。在现有学校管理体制下，学生评价的标准整齐划一，评价方式、方法单一，评价主体缺少多元性。评价主要关注学生的学业成绩，忽视对德智体美劳的全面评价，更缺少对学生个体特征的关照。

#### （二）“双减”为“适合发展”教学新发展提供支持

面对以上困境，我们一直进行教学及其管理的变革，积极寻求解困之策。现在，“双减”政策的实施为“适合发展”教学脱困提供了强有力

的支持。“双减”让更专业的人做更专业的事。社会办学的教师往往直奔考分，缺少育人意识。其教学重视结果性目标达成，忽视体验、探究、合作、分享等过程性目标的达成，就此而言，学校教师更为专业。“5+2”课后服务模式为个性化学教活动提供充足时间。学校可以更加充分地为每个学生提供可选择的丰富课程。丰富的学校生活为全面而个性化地评价学生提供了丰富的内容和充分的机会。评价与反馈更加适切、开放、多元，更能推动学生的适合发展。

## 二、“双减”下“适合发展教学”系统结构

“双减”政策在为“适合发展”教学解困的同时，也对学校教育教学提出了更高要求——减负增效，即在减轻学生课业负担的同时要提高学生学习的效率，增加学习的效益。这对“适合发展”教学提出了新挑战，“适合发展”教学必须进行系统的重新建构。

### （一）“适合发展教学”系统结构

“双减”下的“适合发展”教学是一项系统工程，系统的核心是“适合发展教学”，围绕着它还有“教学文化”“教学制度”“技术支持”“教学智慧理论”四个辅助子系统。每个子系统又有自己的构成和功能定位，彼此相辅相成，统一于促进学生适合发展的理念和行为。（图 3-1）

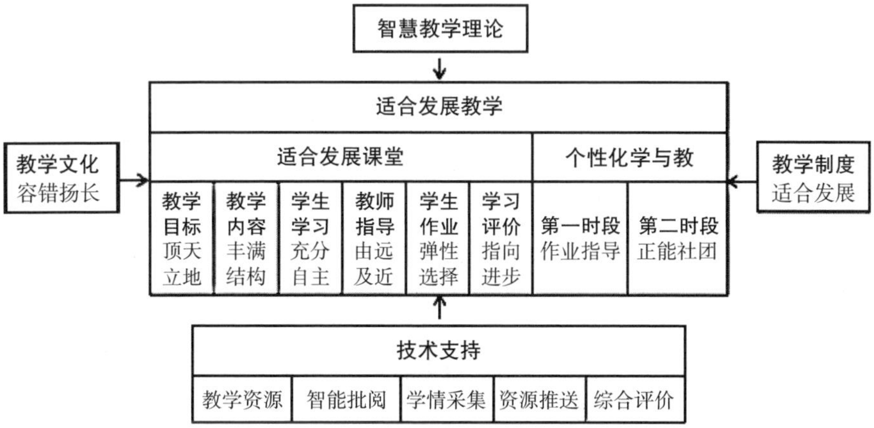


图 3-1

（二）“适合发展教学”系统核心

“适合发展教学”是系统的核心，由“适合发展课堂”和“个性化学与教”两部分构成。

“适合发展课堂”是“双减”之前重点研究与实践的内容，已经取得丰硕的研究成果。我们抽取课堂教学的六个要素，即教学目标、教学内容、学生学习、教师指导、学生作业和学习评价进行理论建构，同时通过实践进行检验和归纳，形成了“适合发展课堂”操作的“六要领”：教学目标顶天立地、教学内容丰满结构、学生学习充分自主、教师指导由远及近、学生作业弹性选择和学习评价指向进步。操作要领旨在为教师的操作提供一种思路和行为框架，每一个要领都为教师实践智慧的发挥留有广阔的空间。

“个性化学与教”主要在课后服务阶段进行，具体又分为两个阶段。第一个阶段主要是学生完成作业，教师进行指导。我们实行“双师制”策略，即一位教师坐班管理，另一位教师进班指导和批改作业，发现问题及时进行个别指导和集体讲评。第二个阶段是开展“正能社团”，目的是满足学生的个性化需要。我们将原有的60余个社团、“天正讲坛”和各种实践活动进行统整，形成课后服务第二时段的“正能社团”课程。学生自主选择，自愿参加，活动组织形式灵活多样（图3–2）。

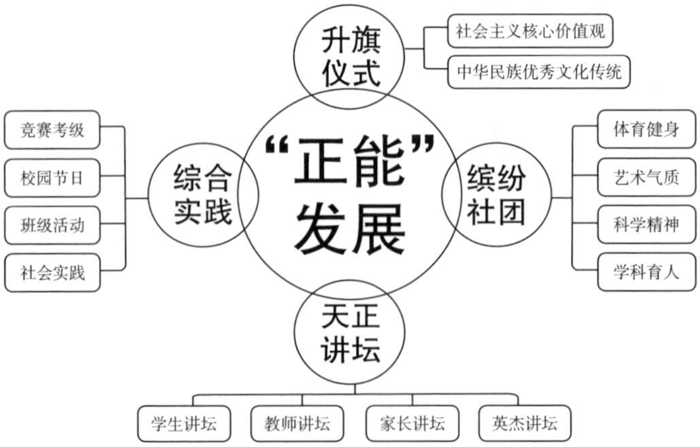

图3–2

“双减”后的适合发展教学要打通课内与课外，即“适合发展课堂”的设计与执教要与课后服务进行一体化的思考与实施。具体而言就是要做到“四多一少”：教学内容更为丰富、学习时间更加充裕、因材施教更加充分、作业形式更加多样、当堂作业时间适度减少。课后服务要紧扣课堂：第一时段要作为课堂的延续，以完成作业为主，教师可以根据具体情况进行适当的深化和拓展；第二时段的社团活动也要尽量与课堂同频，即在内容上紧扣教材，进度上保持同步。避免因学习内容杂乱加重学生的学习负担。

围绕“适合发展教学”核心系统还建构了四个辅助子系统，即“学校教学文化”“教学研管制度”“技术支持服务”“智慧教学理论”围绕“适合发展教学”这个系统的核心发挥各自的作用。“适合发展教学”系统的核心和“智慧教学理论”后面要专门阐述，本章就“学校教学文化”“教学研管制度”“技术支持服务”三个子系统进行阐述。



## 第二节　教学文化系统：容错扬长

### 一、教学文化的作用

#### （一）学校教学文化的理解

对于“教学”不同的人有不同的理解，有人认为它就是教师教的行为，有人认为它就是教师教与学生学的两种行为的共同体。就后者而言，还存在不同的理解，例如，陶行知先生认为，好的教师不是教学生，而是教学生学；《教育大辞典》里有：教学是以课程内容为中介的师生双方教和学的共同活动。教学是教师有目的、有计划地促进学生掌握知识和技能的过程。……不管是哪一种理解，教学作为一种教育活动，其主体一定是教师和学生，师生是教学组织的两个最重要成员。

埃德加·沙因在《组织文化与领导力》中将文化界定为：“文化是一群人在解决适应环境和内部团结的问题时习得的、成体系的一系列基本预设。这些预设在实践中卓有成效，所以被认为是正确的，被当作解决问题时正确的感知、思考和处理的方式传授给新成员。”① 根据这个界定，我们可以将学校的教学文化做如下理解：

学校教学文化是学校教师和学生在解决教与学活动中遇到的实际问题时，习得的、成体系的一系列基本预设。如学校的教育理念、教学主张、教风、学风等。这些预设被证明在教育实践中是卓有成效、正确的。

（二）教学文化的作用

教学是学校教育中最重要而又最常规的活动，对其进行认真的组织和严格的管理是一种最正常不过的事。有别于教学管理，学校教学文化建设具有更大、更独特的作用。

第一，教学文化建设可以让我们标本兼治，摆脱“头疼医头、脚疼医脚”的教学方式。任何学校在教育实践中都会出现这样那样的问题，这些问题需要我们去一一解决，解决各种具体问题已成为教学管理的一种常态。然而，如果我们总是习惯于在出了问题之后再去寻求解决办法，那么我们就会像救火队员那样疲于奔命。医学上，许多病看起来在头脚上，其根却在五脏六腑。如果头疼医头、脚疼医脚也许能让当时病情得到好转，但却不能将病彻底根除。《黄帝内经》中有：圣人不治已病，治未病，不治已乱，治未乱，此之谓也。夫病已成而后药之，乱已成而后治之，譬犹渴而穿井，斗而铸锥，不亦晚乎。怎样治未病？那就要每个人平时养成讲究卫生、锻炼身体的好习惯，使自己身强体健。对于学校教学工作而言，就是要教师具有良好的教风，学生具有良好的学风，师生的教学品行好了，问题之病自然就不会来侵。师生这种良好的教风和学风实质是一种优秀的教学文化。

第二，良好的教学文化让教学组织成为“动车组”，避免仅靠“车头带”的传统做法。“火车跑得快，全靠头来带”这是以前我们在凸显领导的作

① 埃德加·沙因．组织文化与领导力[M]．章凯、罗文豪、朱超威，等译．北京：中国人民大学出版社，2014.

用时经常说的一句话，然而现在这句话却不完全正确了，因为现在出现了动车组。动车组的多个车厢上安装有发动机，而不是集中在车头上。这种动力分散的方式既可以使车子获得更大的牵引力，还可以避免因某节车厢动力问题而影响整个车组，更不会因车头动力的丧失而出现停车现象。而且，动力分散在多个车厢，这样就可以灵活编组。如何让教师们成为教学及其研究的“动车组”？如何让学生成为学习的小主人？依靠教学文化。文化就像一条河流，身处其中的每一滴水要想挣脱河流独自流动是非常困难的，反过来它又成为一种对别的水滴产生“裹挟”的力量，于是大家一起奔涌向前。有了良好的教学文化，教师和学生就像教学河流中的水滴，就像动车组中的一节节车厢相互推动，一起向前。

第三，教学文化可以帮助师生过上幸福的学习生活。实事求是地说，当前师生们的学校生活很苦。教师教得苦，每天眼一睁忙到熄灯，上了床还要想学生。学生学得苦，分是命根，在挣分的苦海里没日没夜地游着。忙只是苦的一小部分，更大的苦是来自教师发展和学生高学业水平的压力。就教师而言，如果能够树立为党育才，为国育人的坚强信念，同伴之间形成诲人不倦，研究不辍的教风，那么这些辛苦就算不了什么。就学生而言，如果树立了为中华崛起而学习的崇高理想，形成了自主勤奋，善思乐学的学风。进一步地，师生之间形成师爱生，生尊师，人格上大家平等，行为上慧教善学。那么“学校因此可以减少喧嚣、烦厌和无益的劳苦，多具闲暇、快乐和坚实的进步……”①

## 二、容错扬长：“适合发展”教学文化的建设

### （一）“适合发展教学”认识误区

从促进学生“适合发展”的教学文化角度看，当前认识上存在的一些误区有：

一是认识上将教育公平与适合发展相对立。教育公平是一个历史范畴，在不同的历史时期有着不同的含义。它既是对现实社会的要求，也是

① 夸美纽斯．大教学论[M]．傅任敢，译．北京：人民教育出版社，1979：2.

对社会理想的追求，是教育现实与教育理想的统一。在2007年经济合作与发展组织（OECD）为协助其成员国制定教育政策而准备的文件中，将教育公平定义为两个含义。第一个含义是公正（fairness），就是要保证性别、社会经济地位和种族等个人和社会因素不妨碍人达到其能力所允许的教育高度。第二个含义是覆盖（inclusion），就是要保证所有的人都受到基本的、最低标准的教育。例如，每个人都应该能够读、写、做简单的算术。①

可见，教育公平一方面指所有人都有受教育的权利，拥有平等的教育机会和教育条件。另一方面，指教育公平要不制约人潜能最大限度的发挥，使人尽可能充分发展。从积极的角度说，教育要因材施教，根据每个人的受教育条件，让他们得到适合的发展。两个方面共同构成了教育公平，前者是前提和基础，后者是结果。

第二，没有平衡好学生自主与教师指导的关系。学生的学习在教师指导下进行，这就是教学。没有教师教的学叫自学，没有学生自主的教叫灌输。课改至今已二十多年，当初提倡的“自主、合作、探究”的学习方式在一些教师的课堂上还没有得到很好的落实，教师话语霸权和学生“伪话语权”的现象还比较普遍。学生说着教师想要听的话，教师掌控着教学的内容、方向、时间和学习程度，教师不能因人而异、因势而变。

教无定法，学生自主与教师指导的关系是多样的，两者相互配合，相辅相成。就“适合发展”教学而言，主张教师的指导尽量由远及近，为学生自主学习提供充分的空间。

第三，不能一体化实施“顶天”与“立地”。现在有一种二元对立的思维方式，认为让资优生“顶天”发展，就会必然损伤待发展生的“立地”，彼此相互对立，两者不能兼得。在教学行为上，往往将两者分开实施，例如“培优辅差”就是常见的说法。将“优生”和“差生”分开进行教学，给“优生”教点难度大的内容，出点灵活性强的问题让其思考。“差生”

① OECD. Field, S., M. Kuzera, B. Pont, No More Failures: Ten Steps to Equity in Education. OECD 官网

因其学习能力偏低，应调动其积极性，出于不损伤其自信心的考虑，给一点容易的简单内容。这样做的结果不仅使“优生”学得很累，辅导“差生”也变成了“辅倒”。

“立地”与“顶天”两者不是必然对立的。可以分开进行，也可以合起来。实际上，合起来进行效果更好，更符合教育“生态学”。当然这需要教师更高的教育智慧，更多的思考与精力投入。《道德经》中有：皆知善之为善，斯不善已。故有无相生、难易相成，长短相形，高下相倾，音声相和，前后相随。

（二）“适合发展”需要“容错扬长”的教学文化

“适合发展教学”要从理念转化为行为并很好地实现，特别紧要的就是要做好与之相匹配的学校教学文化营建工作。只有真正构建起“容错扬长”的教学文化，适合发展教学才能得到很好的落实。我们要切实尊重每一位学生的不同特点和禀赋，创建出让每一位学生都能获得需要能被满足和能体验成功的学习环境，欣赏每一位学生的差异。

首先要“容错”。许多老师预设了标准答案，对学生不同的回答吹毛求疵，对其予以否定，进行批评。教师这种严苛的要求与批评，导致许多学生认为错误就是失败、耻辱，担心上课发言出错受同学歧视，因怕出错而谨小慎微，不敢表达自己的观点。其实，即使是真的错误也是学生思考的结果，其中蕴含着教学价值，较之于学生结论的正确与否，我们更应该关注学生思考的方法与过程。

华应龙老师说得好，课堂因错误而精彩。正确的答案，可能只是模仿；错误的答案可能是创新。我们要培养学生创新精神，就要容忍学生的与众不同，甚至离经叛道。面对这种情况，我们所要做的是敏锐地从中捕捉到教育教学的契机，化错误为发展资源。有容乃大，大则能容。

其次要“扬长”。从业已习惯了的“减负”思维转向“扬长”思维。我们常常将教师与医生进行类比，一个是教书育人，讲究师德；一个是救死扶伤，提倡医德。两者做的都是良心活，都需要专业的水平。两者有许多相同或相似之外还有着一个显著的差异：到医院去的都是病人，医生要做的是努力减轻他们的负面因素——病，让他们尽可能地回到正常的健康状态。而进入学校的学生都是正常人，教师的职责是让他们成为更优秀的人，因而需要发现和发展他们的正面因素——长处。当然，学生身上也会有许多负面因素，但是，这种负面因素的减少不是仅仅依靠“治病”的方式就能解决的，用弘扬正能量，激发他们内在正的品性，使他们自主、主动地克服消极因素是一种更好的方式。就此而言，适合发展的教学要充分发掘学生学习活动中的长处，适时给予肯定、表扬和鼓励。

（三）“容错扬长”的教学文化建设

第一，建设“诲人不倦，研究不辍”的教风。“诲人不倦，研究不辍”是南京市天正小学的教风，它原自《论语》。孔子说：“默而识之，学而不厌，诲人不倦，何有于我哉！”对于教师来说，“默而识之，学而不厌”是教书工作的前提条件，这是对知识方面的要求。“适合发展”教学需要教师为学生提供丰富饱满且富有结构的教学内容，要在课堂上能够应答学生各式各样的疑问，必须具有广博的知识，能够应对随机生成的各种问题，以及由知识转化而来的教学机智。因此，对于“诲人不倦，研究不辍”，应常有“何有于我哉”之问。

陶行知先生认为，“学而不厌”与“诲人不倦”有因果的关系，唯其学而不厌才能诲人不倦。如果天天卖旧货、索然无味，要想教师生活不感觉到疲倦是很困难的。所以我们做教师的人，必须天天学习，天天进行再教育，才能有教学之乐而无教学之苦。①

教师要做到“诲人不倦”不仅要“研究不辍”，还要树立“容错扬长”的教育信念。如果不能宽容学生的错误，那他必然常常处于愤懑和痛苦的心情中，因为学生是成长中的人，犯错误是经常的。如果不能发现学生的优点，认为眼中的学生一无是处，那他必然会觉得教学工作枯燥乏味，了无生趣。如果不能在发现学生长处之后能够使之“长更长”，补短板，

① 陶行知．陶行知全集[C].第4卷．成都：四川教育出版社，1991：633.

让短处变成长处，那他也看不到自己教学工作的乐趣。可见，只有树立“容错扬长”的信念并在教学实践中取得成功，才能真正做到“诲人不倦”。因此，我们要改变“勤苦地为天下育英才”的心态，享受“得天下之英才而育之”的幸福。

第二，建设“自主勤奋，善思乐学”的学风。“容错扬长”不仅是教师的信念与行为，学生中也要形成“容错扬长”的氛围。

一是要有“容错扬长”的心态。对自己的短处既不佯装不见，也不夸大其词、妄自菲薄，要敢于正视，要积极努力去弥补、去发展。更要善于发现自己的长处，大胆展示，用成功建立起自己的自信心。不管“容错”还是“扬长”都是在“自主”“勤奋”“善思”“乐学”中实现的。

二是要对他人“容错扬长”。容纳不同意见，宽容别人的错误。更要“扬长”，要各美自长，美人之长，长长与共，优势发展。千万不要互相揭短，打击别人。要善意地指出同学的不足，帮助其改正错误，补短板，更扬长。

## 第三节　研管制度系统：适合发展

“适合发展”教学系统的建构需要研究制度和管理制度的配套。“适合发展”研管制度文化的建设，遵循的是一种制度文化建设的观念，从共性出发，兼顾个性，引导师生从被动地遵守走向主动地维护。不仅着眼于研究与管理，还要关注激励。创设包容多元的制度管理氛围，从而实现制度教育人、激励人和发展人的功能。

### 一、教学研究：以长带短，优势发展

教学研究上，要充分研究学生，深入到“不同的人在数学上得到不同发展”的层面研究教学方式方法。课前要充分了解学情，秉持学情是一个复杂的连续体的学情观。超越学业和智力层次论束缚，多维度了解学情，包括认知特点、学业水平、兴趣状态、习惯品质、文化背景、年龄和性别差异等。在充分了解学情的基础上，深挖知识内容的育人价值，从而确立

"顶天立地"的教学目标，让资优生潜能达到最大限度发挥，学困生努力达到国家规定的学业水平。同时，充分研究教学内容，以扩大内容区间。在当前的"双减"背景下，要真正做到"减量增质"，还需在课堂作业的研究上多下功夫，以探寻适合每一个学生发展的更佳路径。

（一）研究学生学情

学情是决定教学目标设定的最基本的因素，它不以教师的主观意志而改变。但是，教师对学情的认识水平、收集学情的努力程度和利用学情的观念等主观因素会影响学情的获得和使用情况，进而影响教学目标的设定。"适合发展"的教学应从"学情是一种连续体"的认识出发，不仅重视"平均数""中间数"，还要关注两头的情况。对教学实际中出现的各种复杂局面要深入研究，恰当确定内容数量、难度和形式，满足不同学生的不同需要。

例如，当学生在课堂中出现了"越位"现象时，教师该如何应对？首先，应分析学生"越位"的原因。是学生日常数学知识在课堂上表现的假"越位"，还是超进度、超范围、超难度的真"越位"？其次，应重视学生的既有认知储备。学生进入课堂时并非一无所有，而是储存了许多生活经验和知识，这些是他们学习新知识的基础。课堂上，这些知识有时会以"越位"的方式呈现出来，教师要看清其实质，恰当地加以选择和调用，使之成为新知构建的"原材料"和"脚手架"。最后，应采用分层教学的策略。在具体实施分层教学策略时，要考虑以下三方面：一是要充分考虑学生在认知水平和心理状态上的差异性，将之作为资源加以利用；二是将问题情境陌生化，以激发包括"越位"学生在内的全体学生的兴趣；三是教师启发时要遵循由远及近的原则。教师启发的实质是为学生提供解决问题的"脚手架"，"脚手架"的高度不能过于接近目标问题，而要适当保持距离，让全体学生都去"跳一跳摘桃子"。不要一次性到达、要分批次地让全体学生达成目标。

（二）研究教学内容

教学内容不等同于教材内容，它是教师基于学生的具体情况而提供的知识。教材内容的编写依据的是课程标准，它以全国范围内学生的学情常模设置内容数量和难度。从适合发展教学角度看，显然它们不能满足所有学生的需要，我们应该将教学内容进行适当拓展。

第一，可以依托教材进行内容拓展，秉持“用教材教”的观念，用好教材，丰富完善教材。具体而言，教师需要研究“知识从哪里来”“如何展开”“去往何处”三个方面。

例如，苏教版小学数学教材分开编写了“升”和“毫升”的内容，教师参考用书也明确要求分为两课时进行教学。其实，“升”和“毫升”都是容量单位，只不过是在量级上存在差异，我们可以将两者合并在一个课时内进行教学，通过比较容器中液体的多少，引出容量单位。再通过“升”和“毫升”的比较，凸显它们在量级上的差异，明确它们分别用在何处。这样，不仅让学生形成较大的知识结构，还提高了教学效率。

第二，针对不同难度的内容采取不同的指导方式。当内容难度很小时，教师可以放手让学生自学。一般不教难度过大的内容，因为教了也不容易被学生掌握。当教学内容难度适中时，教师可采取由近及远的启发方式。让尽量多的学生通过适度的思维负荷得到发展，这是适合发展课堂启发应该遵循的原则。教师先做出的点拨和启发应离目标较远，只能被少数资优生理解掌握，然后再借助这些资优生的力量或其他的办法让较多的中等生理解掌握，最后通过中等生的帮助让更多的人理解掌握，直至学困生也能达到基本目标。

（三）研究课堂作业

“双减”背景下，作业在一定程度上已经不是传统意义上的课后训练了，它应贯通于学习的全程，从附属意义的巩固练习，发展为具有独立学习意义的活动。以促进不同学生的不同发展为出发点，“适合发展”课堂作业应能满足不同学生的不同需要，进行多层次设计：第一层次是同步练习，习题的难度、表现形式都应与所探究的新知同步，帮助学生掌握新知，形成能力；第二层次是变式练习，对所学知识进行变式，帮助学生理解概念的本质属性并建立新旧知识之间的关联；第三层次是综合练习，学生在新旧知识比较中掌握本质，扩展认知结构；第四层次是拓展练习，对所学内容做情境上的变化，以横向拓宽为主，纵向适度深挖，力求发散性、开放性、多样性，评价上着重学生参与思考的过程。

“适合发展”课堂作业的布置也应由整齐划一走向弹性选择，作业完成方式由统一封闭走向开放多元。天正小学结合南京市“双减”工作重点实验项目《作业超市，适合指导：课后服务第一时段高效实施策略研究》，为学生开设“作业超市”。首先，“货品”丰富。教师从适合学生发展角度出发，提供数量、类型和难度足够丰富的作业，在发展学生认知素养的同时，增加作业中的人文因素，促进其正确价值观的形成。其次，自主选择。教师可以设置必做题，提供选做题，鼓励学生超越自我、挑战难度，甚至可以放手让学生出题，从中择优放入“作业超市”的“货架”上。让学生出题，有助于学生站在更高视角看所学知识，与教师布置的作业形成互补。

## 二、管理制度：包容多元，激励发展

教学管理制度要鼓励师生突破。提倡教师有自己的“第二套大纲”。苏霍姆林斯基说过，不要让任何一个儿童在低于他才能的水平上学习。我们实行的原则是每一个学生在学习中都应达到他力所能及的成就。要防止差生落后的现象，就必须让天赋高、有才能的学生在他们力所能及的那些学科上和创造性活动领域里超越大纲的界限。我们深信，如果班上有几个学生在研究大纲以外的材料，那么班上就永远不会出现考不及格的学生。[①]

2019年，天正小学申报的南京市教育科学“十三五”规划课题《适合的教育理念下学校章程修订的实践研究》顺利结题。通过这一研究，将学校原有的《行止有章：天正小学管理制度汇编》升级为《适合发展：天

① 苏霍姆林斯基．给教师的建议[M].北京：教育科学出版社，1984：280-281.

正小学管理制度汇编》，这标志着“适合发展”在学校管理制度层面的推行。行止有章体现了学校发展初期的一种管理思维方式，即用各种规章制度约束师生，从而实现师生行为契合规矩、富有章法。从尊重师生主体性，激发其内驱力的角度出发，我们将“行止有章”的管理，迈向了“适合发展”治理。具体到教学，我们做了以下几方面的探索。

（一）补考、免考制度

补考制度：为了让考试成为学生发展的推进器，我们改变“一考定终身”的做法，实行补考制度。给学生更多的成功机会、更大的能力提升空间。如在体育期末考试中，学生跳绳数量未达标，教师不立即进行素质报告书的填写，允许他们在领取素质报告书之前的时间内进行补考。在此期间，学生在家长和老师的鼓励指导下，充分激发自身潜能，刻苦练习，努力提高跳绳能力。补考制度，给了学生更多的机会去提高自己的成绩，考试不再是“筛子”，素质报告书也不再是失败的“标签”。

免考制度（语文、数学、英语）：遵守课堂纪律，专心听讲、积极发言，踊跃参与课堂活动；按时完成作业，书写认真，课堂练习和家庭作业都有较高正确率；积极参加学科活动，完成老师布置的学科任务。综合学科的免考制度根据学生课前准备、课堂表现、课堂练习、参加活动等情况，给予考评。班级所有任课老师根据免试科目不重合的原则，共同商议拟定名单。同一学期内，每个学生只能免考一门学科，这也为擅长不同科目的孩子提供了更多的可能性。可见，免考制度，是对学生平时表现的认可与鼓励，更是引导学生重视学习过程，促进其主动学习。

（二）校园吉尼斯挑战赛

为了展示学生才华，为同学们的不同发展搭建舞台。同时，活跃校园文化，丰富课余生活，弘扬积极进取、顽强拼搏的精神，天正小学每学年都开展校园吉尼斯挑战活动。经过班级海选赛、年级晋级赛，优秀的学生脱颖而出，取得校级终极比赛的机会。挑战项目涵盖各学科：速算王和魔方王（数学）、words 辩变编（英语）、键盘输入（信息）、速画（美术）、双飞跳绳（体育）、巧手慧心（综合实践及劳动）、创意拼搭（科学）、词语成语大会（语文）、听音接唱（音乐）等。学生在挑战的过程中，逐渐达到三层境界：第一层是兴趣，沉浸在“好玩”的境界中，这些项目就成为生活的点缀；第二层是发展，一遍一遍地练习，目的是达到更快的速度，达到更高的水平；第三层是追求，在挑战的过程中有了研究的精神和卓越的追求。校园吉尼斯挑战赛，让学生在向优秀榜样学习的同时，挑战自我极限，展现个性风采，更自主、更勇敢、更聪明、更阳光，尽情展现智慧与活力。

（三）学科考级制度

为了激发学生不断进取、追求卓越，天正小学实行学科知识技能考级制。学科考级每学年一次，教师提前告知考级范围，让学生有足够的时间去准备。本着“人人参与，均有所获”的原则，考级内容以基础知识为主。语文学科：低年段考级内容是校本教材《春天里采来的花瓣》中的诗歌，师生口头对诗；中高年段则结合教材内容，或古诗词填空，或看拼音写词。数学学科：口算或计算练习。英语学科：书后单词表、百词斩等。达标的同学，均可收获考级证书，既获得了成就感，也巩固了基础知识。同学们可以申请越级考试，挑战自我，获取成功体验，增强自信心。

（四）课后服务“双师制”

为了积极落实“双减”，天正小学成功申报南京市“双减”重点实验项目《作业超市，适合指导：课后服务第一时段高效实施策略研究》。针对课后服务第一时段个性化学与教效率不高的问题，我们推出课后服务“双师制”。

“双师制”是指在课后服务第一时段学生做作业时，班上至少有两位教师在场。他们的职责和工作方式可以多样：一是，当班老师负责管理，学科老师负责面批本学科作业；二是，当班老师和其他学科老师共同在班级对不同学生分别进行作业帮扶指导；三是，当班老师负责管理，其他有多班教学任务的老师跑班辅导和面批，或者把不同班级在某一项作业中出现共性问题的学生组织在走廊、空教室进行集体讨论、指导。“双师制”的推行，实现了不同学科教师之间的互补，提高了课后服务第一时段的作业指导效率；增加了对学生进行集体辅导、个别指导的机会，照顾到更多不同层次学生的学习，促进不同发展。

## 第四节　信息技术系统：支持服务

不言而喻，人工智能、大数据和信息技术等在今后教育发展中的作用将越来越大，就“适合发展”教学而言更是如此。南京市天正小学在这一方面的工作主要体现在教学资源库建设、智能批阅、学情收集、资源推送和教育评价五个方面。

### 一、线上资源库：丰富教学内容

学校为每位老师提供校园网络云存储系统的使用权限，让教师无论在办公室、教室还是在家中都能通过网络快捷访问各项与教学相关的文件，实现资源共享。借助网络云盘，各学科组围绕“适合发展”教学“顶天立地”的目标，以教材为核心，建立拓展资源库。

以天正小学数学组为例。数学组老师按照“从哪里来”“如何发展”“有什么用”的逻辑关系对教材知识进行扩充和结构化。利用集体备课的时间，由同一年级所有教师共同研讨拓展的内容、如何在课堂教学中有效运用这些资源，再进行分工收集。由备课组长、教研组长逐层审核后，上传至校园网络云盘，形成数学教学资源库。目前，我们已经开发了一至六年级覆盖所有单元的数学拓展资源。丰富的拓展资源为老师们的备课节省了大量时间，快捷方便的搜索和下载功能也让老师们随取随用，实现教学资源的共建共享。

拓展资源类别多样，既有巩固基础的计算练习、错题资源、教师讲解视频，也有拓展知识面的生活中的数学、数学电影、微课资源，还有提升数学教师专业水平的名师公开课、讲座资源等。

为了进一步推动资源库建设，数学组申报立项了南京市“十四五”教育科学规划课题《适合发展：小学数学拓展资源库的开发与使用研究》。借助信息技术，老师和同学们成为资源的建设者、使用者、分享者、鉴别者、受益者，为老师们“适合发展”教学和学生的数学素养的“适合发展”提供了有力支持。

## 二、智能批阅：减轻教师负担

让每一个学生得到“适合发展”，这较之于整齐划一的教学，教师需要投入更多的时间和精力。从实际情况看，在教师工作中一半以上的时间是作业批改这种机械重复的劳动。所以我们充分利用人工智能批阅系统减轻批改作业（试卷）、数据统计等低端劳动的时间量，优化教师工作时间结构，让教师有更多的时间进行研究、课程开发、上课和个别指导。

天正小学使用的人工智能批阅系统，其原理主要是利用图像识别等智能技术，进行作业的智能化批阅、学情采集、数据分类和结果呈现。智能批阅的主要步骤包括：教师提供空白的练习原卷及答案，按学号顺序收取练习卷；通过扫描仪对学生的答案进行自动定位、识别、批改、切分人工批阅题，教师利用平板电脑对主观题进行手动批阅，全卷批改完成后，系统自动算分并生成成绩单和分析报告；打印机原卷打印批阅痕迹，教师下发、讲评练习。

与传统批阅方式相比，智能批阅较大地减轻了教师批阅作业的工作量，并避免过程性评价数据的丢失，形成阶段性的“数字画像”，为推进精准化教学和个性化学习提供最有说服力的数据。

## 三、学情收集：助力精准指导

人工智能批阅系统在批阅作业和试卷的同时还能收集学情信息，帮助教师进行相应的教学调整和针对性的个别辅导，教师可随时通过手机、平板电脑或 web 端调阅学情分析报告。系统生成的分析报告中详细列出了班级得分对比、班级比例对比、点数段分布、需关注的学生、得分率、易错题等统计数据，通过直观的分析对比，教师不仅能掌握自己所教班级的情况，还能根据年级总体情况，使后续教学更具针对性。同时，还可以定制个性化的错题本。教师打开教师端，依次点击“试题分析”“按得分率排序”，即可看到本次练习中的易错题排行榜，针对某一知识点，进行强化巩固。家长或学生将练习中的错题拍下来，系统识别后推荐含有相同知识点的题目，勾选需要的题目将其加入错题本，擦除答题和批阅痕迹，导出下载，生成独一无二的错题本。通过智能批阅和学情收集，能及时发现并反馈学生学习过程中的知识短板和教师教学过程中的方法缺陷，大大提高学生的学习效率，并有效改进教师的教学行为，促进学生的发展。

### 四、资源推送：促进个性发展

天正小学教师努力为学生提供多样化的学习资源。通过 QQ、微信等平台进行资源推送，与课堂学科教学形成互补，扩宽了学生的视野，培养了学生的实践能力，促进了学生的个性发展。

杭慬晴与潘柯琪老师创建“HQ 的数学电车小教室”微信公众号，两位老师配合当天的教学内容，录制补充讲解微视频；以课堂原有的“每日一题”为基础，开设聪明题栏目，讲解、展示每日作业答案分析。为了给学生提供自主展示的机会，新增了童心小研究、解题大作战等栏目，鼓励学生自主研究、学习、展示。“双减”后，公众号建立线上错题资源库，定期收集典型错题进行推送，并鼓励学生举一反三、自主出题。探索作业讲评新模式，邀请学生将易错题录制成小视频，上传至公众号中，利用网络平台，在全班、全校甚至是更大的范围内进行分享传播。

现在，天正小学的教学资源推送已经成为很多老师的自觉行为：张伶俐和李华老师的“节日你好”微信公众号、郑健老师的“二十四节气”微信公众号、崔冬梅老师的“英语古诗词诵读”微信公众号等。在此，感谢她们为学生“适合发展”所做的奉献。

### 五、教育评价：让成长看得见

适合学生是为了发展学生，让学生发展得更加合适。首先，要实现促进学生适合发展的目的，我们的评价要富有激励性。评价要“扬正”而不仅是“减负”，要多看优点和成绩，评价方式和方法要有利于激发学生的正能量；不仅要看既有的良好状态，还要看潜在的优势和主观的积极态度；不能以减少缺点为要务、总盯着缺点和错误，而要将主要精力放在学生优势素养的发展上。其次，评价要强调对学生发展过程的持续关注，充分利用好学生每一次、每一点的进步，善于将学生引导到良性循环的轨道上来。这种进步不只是学业方面的，而是全面的，包括学习的兴趣、热情，生活的责任感、上进心，人生的信念、价值观等[①]。

我们基于智能平台，研发了《小能手，正成长：天正小学生适合发展记录册》，利用信息技术和大数据技术，收集、记录学生学习生活中的关键性事件，与教育管理部门的《我的成长脚印：小学生素质发展记录册》形成互补。变教师单一评价主体为教师、学生、家长与社区多元参与，变学科学业终结性等第评价为综合素养过程质性描述。

“小能手，正成长”中的“能、正”二字是立德树人教育宗旨的根本要求，是以德为先、能力为重的具体表达。“正”也是对天正学校文化的高度呼应，循儿童天性而使之正，即要使学生成为正派的人、有正义感的人。“能”概括的是学生智力发展的内容，包括学习能力和社会实践能力两大方面，即要善于思考，勇于行动。突出“正向成长”的德性发展目标，凸显“正在成长”的过程性，创新“正面评价”的评价方式，通过多元化、多主体协同的正面因素评价和正能量的激励，不断促进学生进行正确的自我觉察与认知。

具体实施步骤如下：第一步，将评价指标印制在成长卡片正面，卡片背面为二维码用来采集相关评价信息。当学生在某方面表现突出时，教师可发放相应评价卡片，孩子带回家和家长共同扫码积分，便能明确获知具体学科的评价信息，让反馈不再分散、凌乱，也易整合性储存。第二步，智能平台采集、加工和推送信息。利用儿童成长云平台，记录学

① 王九红，张婷．“适合的教育”评价：困境、特征与实施——基于南京市天正小学的思考与实践[J]. 教育视界，2021（04）:49-53.

生在动态成长过程中的点点滴滴，发挥评价的激励性和增值性功能。云平台支持手机客户端，学校、教师、家长、学生均可随时登陆。卡片承载的各项评价指标信息经系统采集会自动储存、归类、分析，全方位记录学生多元发展的动态过程。各类数据可前后联通、系统比照、分析判断，产生更多的延展性价值。

同时，系统接受班级、年级组、学科组、校级管理员根据学科教学或管理需要自主创建活动任务，可线上发布活动通知，线上生成并推送电子奖状进行评价。也同步支持家长与孩子上传相关文字、图片、语音、视频等多样化信息。丰富动态的学生成长信息在便于教师和家长评价的同时，也激发着他们教育教学智慧的生成。系统还支持自主调阅个性化发展报告。系统按周、月、学期的形式推送个性化的成长报告与分析，教师可以实时了解班级学生的相应学科评价、进步情况分布、临界学生分布，给予适合的指导或鼓励。学生和家长也可以回顾所获校内评价的实时分析雷达图，读取阶段性智能评语的引导和建议，见证成长收获的同时找到进一步努力的方向。

每学期末，根据所采集的信息，系统可一键生成《小能手，正成长：天正小学生适合发展记录册》。系统支持电子调阅、存档，也支持自主下载，文本留存。它与南京市教育局颁发的《我的成长脚印：小学生素质发展记录册》相互补充。前者是对学生所做的校本化评价，后者记录的是学生在国家课程内的学业发展状况及综合表现的评价。两本评价手册并行使用，能最大限度地激发学生成长发展的潜能，促使学生更加适合地发展。

# 第四章 “智慧教学”理论概述

## 第一节 智慧教学文化传统与现实意义

中国有三千多年的数学教育史，培养出许多杰出的数学家，创造了辉煌灿烂的数学文化，逐步形成了闪烁着智慧光芒的数学教学思想和方法。数学智慧教学是中国智慧文化在数学教学上的体现，对其文化传统进行深入探讨，对其概念进行理解与界定，于当前发展学生数学核心素养，落实学科育人根本任务而言，具有积极而现实的意义。

### 一、数学智慧教学的文化传统

#### （一）中国深厚的智慧教学文化

中国是一个教文化深厚的国家，尊师重教、有教无类、教无定法、因材施教、无言之教、身教胜于言教等关于教的话语是我们耳熟能详的。从教师地位的重要性到教学对象的广泛性再到教学方式方法的丰富性，凸显的都是教。可以说，教是中国传统教育话语中使用最多的语词之一。陶行知先生对此曾说过，现在的人称在学校里做先生的为教员，称他所做的事情为教书，称他所用的法子为教授法，好像先生是专门教学生些书本知识的人。他似乎除了教以外，便没有别的本领，除书之外，便没有别的事教，而在这种学校里的学生除了受教之外，也没有别的功课。①

中华民族是一个崇尚智慧的民族。智慧若水，逢方则方，遇圆则圆，随形而变，因势而动。润泽万物而始终处下，虽至柔而无坚不摧。当这种

① 方明．陶行知教育名篇[M]．北京：教育科学出版社，2005.

智慧文化体现于教学活动就形成了独具东方韵味的智慧教学。既然有教无类，那教学方式就须不同。学生的禀赋各异那么教的方法也就不会固定，就要采用适合他的方法施教。面对教学对象、内容和目标的不同，教师既要使用能讲得清楚的言语教之，也要用不言而喻的无言教之，而身教胜于言教则表明了榜样力量的巨大。真所谓教学有法，但无定法，贵在得法。无法之法，乃为至法，运用之妙存乎一心。

（二）新中国繁茂的教学研究

遵循教的传统，新中国成立以后的教学法研究非常盛行，以 2001 年第八次课改为界可分为前后两个阶段。

课改以前的教学法研究主要集中在两个方面：第一个方面是探索新的教学思想、教和学的关系、教学内容、教学方法与手段、教学组织与结构等；第二个方面是开展教学实验，力图在教学理论指导下，解决教学中存在的诸多问题，全面提高教育教学质量。第二方面尤为火热，出现“实验范围广泛、实验层次多样、实验类型各异、实验团体建立”的盛况。[①] 就数学教学研究而言，有中科院心理所“教为主导，学为主体”自学辅导推广实验、顾泠沅小组的“尝试指导，效果回授”实验、魏书生“方法比事实更重要”培养学生自学能力的探索、马芯兰“优化教材结构，加强能力培养”小学数学教学改革实验[②]、黎世法六因素单元教学法、邱学华“先试后导，先练后讲”尝试教学法[③]等。

这些研究都基于或极力寻求教学理论的支撑，都归纳或建构出一套操作性很强的流程，从某种意义上可视其为教学模式的研究。事实上，从 1994 年到 2006 年教学模式研究发展迅猛，受到更为广泛、深入的关注。[④]

2001 年教育部颁发《基础教育课程改革纲要（试行）》开始了新课改。在“改变课程内容‘繁、难、偏、旧’的现状”同时，要求“改变课程实

---

① 李定仁，徐继存．教学论研究二十年（1979~1999）[M]．北京：人民教育出版社，2001：481.
② 李建刚．现代教学的理论与实践 [M]．济南：山东教育出版社，1993：527.
③ 邱学华．尝试、开拓、创新 [M]．海南出版社，1998.
④ 曹一鸣．中国数学课堂教学模式及其发展研究 [M]．北京：北京师范大学出版社，2007：16.

施过于强调接受学习、死记硬背、机械训练的现状，倡导学生主动参与、乐于探究、勤于动手，培养学生搜集和处理信息的能力，获取新知识的能力，分析和解决问题的能力，以及交流与合作的能力。”

课改的前期采取自上而下的推进模式，将国外许多教学理论和观点（特别是建构主义）引进中国。就数学教育而言，“大众数学”、人本主义教育思想、数学教育的“个性化”、数学教学的“生活化”、数学学习的“活动化”成为一种潮流。随着改革的推进，各种问题逐步显现，大家认识到，我们不应采取简单的“拿来主义”，而应认真研究先进国家所倡导的各种教学方法是否真正适应中国的文化传统与社会环境。或者说，从外部引入某种教学方法并进行大规模的推广应用前，我们应当先花大力气去弄清这一方法的基本特征及其主要优缺点，再通过必要的调整与发展以使之真正适合自己的国情。……在教学方法的改革上，我们应给教师的创造性劳动留下更大的空间，并应充分尊重教师自己的选择。①

### （三）中国古代数学智慧教学

中国传统数学智慧教学是中国智慧教学文化在数学学科上的反映与应用，有丰富的内容，其中注重启发、变式教学、精讲多练、强调趣味是较为突出的方面。

第一，注重启发式教学。《周髀算经》记载了一个教学案例：

荣方问于陈子：“今者窃闻夫子之道，知日之高大，光之所照……夫子之道皆能知之，其信有之乎？”陈子曰：“然。”

荣方曰：“方虽不省，愿夫子幸而说之。今若方者，可教此道邪？”陈子曰：“然。此皆算术之所及，子之于算，足以知此矣。若诚累思之。”

于是，荣方归而思之，数日不能得。复见陈子，曰：“方思之不能得，敢请问之。”陈子曰：“思之未熟。……吾岂以道隐子哉！固复熟思之。”

荣方复归，思之数日不能得。复见陈子曰：“方思之以精熟矣，智有所不及，而神有所穷知，不能得。愿终请说之。”陈子曰：“复坐，吾语汝。”

① 郑毓信．国际视野下的小学数学教育[M].北京：人民教育出版社，2003：187.

荣方与陈子的对话生动地呈现了启发式的教学样态，师生间平等的对话讨论足可媲美于古希腊苏格拉底几何教学的“产婆术”。数学之学，首在思维。思维发展关键在于自主思考，所以，“凡教之道，不愤不启，不悱不发。愤之，悱之，然后启发。举一隅，使反之以三也。”①

第二，善用变式教学。中国数学教师在教学中常常会引入变式以提高学生的参与度，为学生提供学习的脚手架，从而提高学习的成功率。教师所用变式包含“概念性变式”和“过程性变式”两种情况。②概念性变式是对数学概念进行多角度展现，通过对非本质属性和本质属性的比较让学生理解教学概念的本质。过程性变式是在问题解决教学中，教师为学生提供复杂度较低而与要解决问题具有相同（或部分相同）数量关系的问题，助力学生思考，使其解决问题。

第三，强调精讲多练。一是讲的内容要精，即紧扣目标，突出重点、突破难点；二是方法要恰当，既符合学生实际情况，又遵循教学规律，还能够随机应变；三是语言要精练，既能激疑引思，又能提纲挈领。多练并不是一味地搞题海战术，而是教师在充分研究学情和学习任务的基础上设计出富有效能的习题，通过一定量的练习达到熟能生巧的目的。

精讲多练以教师精心备课为前提，教师须吃透两头——教材和学生。要掌握教材体系，深刻理解每课教学内容。对学生了解要深入，知道他们已知什么，学习困难在哪儿，何处要重点讲练，如何进行拓展等。精讲多练要关注一题多解和多题一解。前者有利于学生对数学知识的相互联系，有助于发展学生的求异思维和发散思维；后者有利于学生形成解题策略，促进发展学生的知识迁移能力。

第四，增强学习趣味。在游戏中学习和运用歌诀是中国数学教学的一种传统。古人根据小孩子年龄特点设计了丰富多彩的数学游戏以增强

① 代钦，松宫哲夫．数学教育史：文化视野下的中国数学教育[M]．北京师范大学出版社，2011：82-84.

② 鲍建生，黄荣金，易凌峰，等．变式教学研究（续）[J]．数学教学，2003（2）：6-10.

其兴趣，诱发思维。数学游戏可以分为两类：一类以发展空间观念为主，如七巧板、华容道、九连环、孔明锁、鲁班球、折纸、翻花绳等；另一类是数字游戏，有算 24 点、九宫格、拿三堆、打纸牌等，主要培养学生的运算能力和对策思维。

古人认为牢记可以通向理解，所以常常把一些数学问题编成有节奏、押韵的句子——数学歌诀，以便易于教学和记忆。中国最早的数学歌诀出现在《周髀算经》中，宋元之际的杨辉和朱世杰著作中也出现不少，至明代程大位《算法统宗》达到炉火纯青的境界。数学歌诀展现了中国古代数学家的浪漫气质和艺术才华[①]，对数学教学影响深远。现在许多数学歌诀对大家来说都还耳熟能详，如乘法口诀，九宫格口诀等。歌诀运用已深入中国数学教师的血脉，今天许多数学老师仍在使用。例如，教学《角的度量》时，有“中心对顶点，零线对一边。先看内外圈，再看另一边。”教学“凑十法”时会说“看大数，分小数。凑成十，加余数”等。

## 二、数学智慧教学的现实意义

### （一）数学智慧教学是学科育人的需要

学科育人是落实立德树人根本任务的学科切入口和实现方式，是学科智慧教学的宗旨。数学学科育人就是从数学学科的性质、地位、任务出发，体现学科的特质，实现数学学科特殊的育人功能。具体而言，教师要在对数学知识及其育人价值深刻理解的基础上，创造性地设计和实施具体的教学活动，促进学生数学核心素养——包括数学抽象、逻辑推理、数学建模、数学运算、直观想象、数据分析等方面的发展。数学学科育人超越了单纯的数学双基教学和学生思维发展的教学行为，也不是借助数学知识教学对学生进行简单化的思想品德的说教。它指向学生个体全部精神世界——数学知识、态度、情感和价值观诸方面浑然一体的发展，获得终身发展和社会发展所需要的正确的价值观、关键能力和必备品格。

① 范良火，黄毅英，蔡金法，等．华人如何学数学 [M]. 南京：江苏凤凰教育出版社，2017.

显然，要圆满地完成这一任务，教师的数学学科教学知识和能力是不足的，需要教师将数学教学知识与良好的情感、正确的价值观熔炼成数学学科的教学智慧方能胜任。

（二）智慧教学让学生在数学上得到适合发展

《国家中长期教育改革和发展规划纲要（2010—2020年）》提出“尊重教育规律和学生身心发展规律，为每个学生提供适合的教育”。《义务教育数学课程标准（2022年版）》“课程基本理念”也指出，要面向全体学生，适应学生个性发展的需要，使人人都能获得良好的数学教育，不同的人在数学上得到不同的发展。让每一个学生在数学上得到适合自己的发展是新时代数学教学应该努力实现的目标。这个目标的实现需要教师进行智慧的教学。

首先，教师要能够在现行的班级授课制条件下兼顾每一个学生的学习需要，因材施教。能兼顾全班学生的文化背景、认知风格、学业水平和情绪状态等方面差异，设置多样化的教学目标，提供丰富饱满的教学内容，创设疑趣情境，激发学生主动思考的积极性。在为学生提供充分自主的学习空间的情况下，能够根据现场学生学习的具体情况进行差异性的指导。其次，能够根据教学现场的各种生成和变化，随机应变、因势利导。既要善于救失——避免不良后果的产生，还要能够长善——将不利的局面化为积极的因素，使课堂朝着更为美好的局面发展。

（三）智慧教学让教师职业生活更加幸福

无论从数学知识应用的广泛性、学生数学学业成绩的重要性还是数学素养于人的发展的重要性来看，数学教师的社会地位在教师中都是较高的。然而数学知识的高度抽象性和逻辑严密性又使其成为学习难度最大的学科，这两者构成了一线数学教师较大的工作压力。这一问题的解决需要社会各方协力共为，然而根本之道还在于教师教学智慧的发展。富有数学教学智慧教师的教学效能更高，不仅能减轻教学工作量，而且能使学生的学业水平更高，从而赢得学生和家长的更多信任和尊重。富有数学教学智慧的教师还具有敏锐感、准确判断生成和变动过程中可能出现的新形势和新问题的能力，具有把握教育教学时机、处理复杂问题和矛盾的机智。他还具有使学生积极投入学校生活、热爱学习、勇于创造，乐于和他人友好相处、能够敞开心扉与他人进行心灵对话的魅力。教师的教学智慧使他的教学工作乃至教育生活达到科学与艺术相结合的境界，不仅形成了自己教学的独特风格，还充分展现了教学活动的魅力。此时，数学课堂不仅是他工作的场所，更是他享受教书育人的幸福地方。

## 第二节　“数学智慧教学”概念理解与表现形式

### 一、“智慧教学”概念澄清与理解

现在“智慧教学”这个词被使用得很频繁，但是它在很多情况下并不是我们所指称的意义，因此有必要对其及相近概念加以澄清。

（一）相关概念的澄清

第一，“智慧教学”常被作以下的理解：智慧教学是以学生为主体，借助于互联网、大数据向学生提供的一种实体教学环境，融合云计算、大数据、互动云等前沿技术的教育信息化教学模式。对学生的课前、课中、课后三个阶段进行系统管理，将课上、课下的预习、学习、复习、拓展等学习的各个环节有机地组合在一起，通过云端的方式形成系统的教学体系。

我们所说的“智慧教学”有别于上述的理解，在我们看来，上述意义的表达最贴切的词语应该是“信息技术教学”。它强调了云计算、大数据、互动云等信息技术在教学上的运用。其技术特点是数字化、网络化、智能化和多媒体化，基本特征是开放、共享、交互、协作、泛在。

第二，还有一个与“智慧教学”相近的词——“智能教学”。百度百科认为，“智能教学系统”是通过互联网计算机人工模拟技术整合全国工作在一线的特、高级教师和教学专家的教学资源和教研成果进行科学分析、智能判断及有目的地提供即时、有效、全面且针对性的教学。

“智能教学”与“信息技术教学”一样，都是以教育信息化促进教育现代化，用信息技术改变传统模式的创新举措。它们都不是我们所认为的“智慧教学”，但可以作为其构成部分发挥支持作用。

第三，我们所理解的“智慧教学”是“教师智慧地教学”的简称，强调教师教学方式的智慧性。这种智慧性体现为教师能够根据教学的内容、对象和情境采取恰当的行动方式，让学生得到适合发展。（“适合发展”内涵详见第一章第二节）

（二）“数学智慧教学”概念界定

1.“数学教学智慧”概念界定的考量因素

很多概念具有时代特征，当前对“数学智慧教学”概念界定有三方面须加以考量和借鉴的因素：

第一，当前数学教学改革的实践和目标。第八次课改倡导“自主、合作和探究”学习方式，使课堂的生成性逐渐加强，由此催生了“教学智慧”以及与其相近的概念——“教育智慧”“教学机智”“智慧型教师”等。另一方面，《义务教育数学课程标准（2022年版）》提出“要面向全体学生，适应学生个性发展的需要，使得：人人都能获得良好的数学教育，不同的人在数学上得到不同的发展。”这实际上是中国传统因材施教的观点在当前数学教学上的新表达，其实现离不开数学智慧教学。

第二，要基于中国传统的数学教学智慧文化。意大利历史学家克罗齐说过，当生活的发展逐渐需要时，死历史就会复活，过去就变成现在的。现在对我们沉默不语的历史，将依次被新生活的光辉照耀，将重新开口说话。[①] 从中国数学教学智慧文化传统看，启发有助于调动学生思维积极性，而变式则为思维的攀登提供了脚手架。精讲多练注重数学知识和技能的掌握，游戏中学习和运用歌诀则是为了消除数学知识高度抽象性和逻辑

① 贝内德托·克罗齐.作为思想和行动的历史[M].田时纲，译.北京：中国社会科学出版社，2012.

严密性给学习者所带来的枯燥乏味感，增强其学习的兴趣而采取的措施。我们从中不难概括出传统数学教学智慧的要点，即要根据学生数学学习需要进行适学化的加工。

第三，国际数学教学的发展趋势。20 世纪 80 年代，国际教师研究热点转向了教学实践。舒尔曼的学科教学知识（Pedagogical Content Knowledge 简称 PCK）、埃巴斯的实践知识、舍恩的反思性实践者概念相继提出。[①] 其中 PCK 影响尤为广泛。

舒尔曼认为 PCK 是教师学科知识与教育学知识结合形成的综合性知识，是知道如何根据学习者的不同兴趣和能力将特定主题、问题和事件组织起来，以教学的方式加以呈现的知识。具体包含使用恰当的类比、说明、举例、解释、示范等方式来呈现学科内容，知道学生理解的难易点等。

PCK 揭示了教师专业知识的核心所在，是区分学科教师与学科专家的知识之一。例如，数学家和数学教师都掌握数学知识，但是两者有着根本的区别。数学家的数学知识是用来进行数学研究和新探索的依据，而数学教师的数学知识则是被用来对学生进行教学的内容材料，必须经过“心理学化”才能为学生所理解。PCK 还是区分经验教师与新手教师的知识之一，是使教师教学最有效的知识。新手教师虽有学科知识，但却因缺乏对其进行有效的组织、调整与呈现的能力，而不能在教学中加以成功运用。PCK 发展较好的专家教师能从多个角度看到大局，从而能更加灵活选择适合主题的教学方法。进一步的研究表明，教师 PCK 发展水平与学生理解之间有着密切的联系。[②]

2.“小学数学智慧教学”界定与理解

基于上述因素分析和“智慧教学”概念理解，我们对“小学数学智慧教学”试做如下界定：

① 古铁雷斯，伯拉．数学教育心理学研究手册：过去、现在与未来[M].徐文彬，喻平，孙玲，译．南宁：广西师范大学出版社，2009: 521.

② 廖锡元．PCK：使教学最有效的知识[J].教师教育研究，2005（06）：4.

数学智慧教学是教师遵循学生的数学学习规律，对所教学数学知识进行适学化加工，促进学生数学素养的适合发展。

学习是一种复杂行为，其规律复杂多样，它涉及学习过程、内容、形式等方面，在增强动机、加强记忆、强化技能、发展思维、促进迁移、运用创新等方面存在着差异性。就小学数学学习而言，夯实基础、循序渐进、形象思维向抽象思维过渡、知识学习促进素养发展、重视学习成功体验等是当下值得重视的方面。

适学化加工行为主要指对知识内容进行改造和重组、情景化、多元表征（动作、图示、表象、符号）、变式和类比等。（详见第五章“三化”和第七章“接化发”相关内容）

《义务教育数学课程标准（2022年版）》指出，应使学生通过数学的学习，形成和发展面向未来社会和个人发展所需要的核心素养。数学核心素养可总体概括为“三会”：会用数学的眼光观察现实世界；会用数学的思维思考现实世界；会用数学的语言表达现实世界。

数学素养中观层面可概括为：“四基”，即数学基础知识、基本技能、基本思想和基本活动经验；“四能”，即运用数学知识与方法发现、提出、分析和解决问题的能力；正确的情感、态度和价值观。

具体表现为11个“关键词”：1“能”（运算能力），2“感观”（数感、量感、几何直观、空间观念），6意识（符号意识、推理意识、数据意识、模型意识、应用意识、创新意识）。

## 二、“数学智慧教学”表现形式

教学是教师的教和学生的学所组成的一种教育活动方式，两者通过教学内容这个中介联系起来。从教师方面看，教师的行为是有目的、有计划、有组织、有应变的，可视为对教学内容的知识形态一系列加工变化的过程，其目的是使知识的形态更适合学生的学习。

从教师教学工作的实际情况看，教师对教学内容适学化加工的行为可以分为两个相继进行的阶段：教学设计阶段和现场执教阶段。相应地，

智慧教学行为表现为两种不同的形式——智慧教学设计和现场机智调适。（图 4-1）

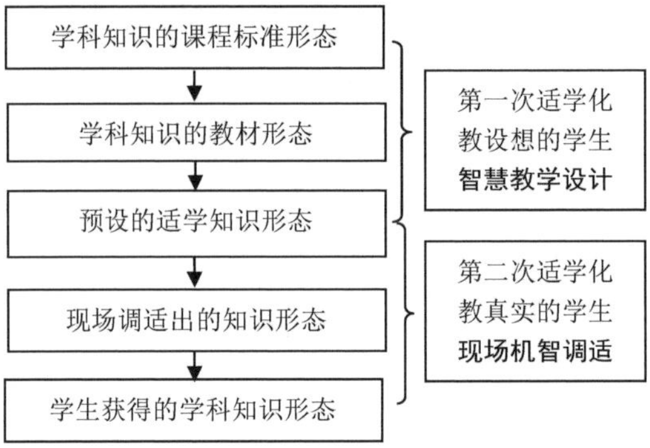


图 4-1

从教学全过程看，学科知识进行着五种形态的变化，即课程标准形态→教材形态→教案形态→课堂调适形态→学生获得形态。五种形态的变化是一个逐步具体化、个性化的适学化过程，可以分为两大阶段。课程标准形态→教材形态→教案形态，这是第一次适学化加工，体现了教师的智慧教学设计。教案形态→课堂调适形态→学生获得形态，这是第二次适学化加工，体现为教师的现场机智调适。

第一次适学化加工是教师面对设想的学生进行“教学”的过程，体现为一种设计智谋。这一过程中，教师依据自己对学生了解的情况进行一系列的教学预设活动：设定教学目标、营造教学情境、选择教学方法、使用教学媒体、安排教学流程、布置学生作业……这些行为都围绕着知识内容转化这个中心，目的是将教材形态的知识内容转化为适合学生学习的形态。设计智谋静态地表现于教案、课件、学习单、教具、学具、教室场景、作业……之中，通过教师现场的讲解提问、课件播放、教具演示、作业安排，学生的思考、合作、交流、学具操作、作业解答等动态方式来落实。

第二次适学化加工是教师面对着真实的学生进行教学活动。前一阶段所做的设计无论如何周密，都难以穷尽真实教学时出现的情况。当教师设计出的知识形态不能很好地适合学生学习时，教师必须进行及时而恰当的调整。智慧教学此时表现为一种教学现场的机智调适，较之于智慧设计，它更突显了智慧教学的即兴创作特征。



## 第三节 小学数学“智慧教学”特点

小学生数学学习一方面具有人类数学学习的共同特点，另一方面又具有独特性。小学生数学学习的独特性是小学生心理发展阶段性特征与数学知识特性共同作用的结果。中国小学生年龄一般是6周岁到12周岁，其思维发展的基本特点是以具体形象思维为主要形式逐步过渡到以抽象逻辑思维为主要形式；但是这种抽象逻辑思维在很大程度上仍然与感性经验相联系，仍然具有很大成分的具体形象性。小学生的这种认知特点在遭遇到数学知识的高度抽象性和严密逻辑性时，就更加凸显了学习的难度，对教师教学智慧的依赖更加凸显。小学数学教学智慧有以下四个主要特点：

### 一、设计上更加突出趣味性

在学习内容的引入上，富有教学智慧的教师往往会创设疑趣情境，激发学生的参与热情。较之于“说明文”“议论文”，小学生更喜欢“记叙文”。因此，将数学知识故事化、情境化是小学数学教师教学智慧的重要体现。好故事应具有悬疑性，不仅可以引着学生不断深入探索，使他们欲罢不能，还可以激活他们的经验和旧知。在维持学习动力上，小学教师更喜欢、更善于利用小学生的好胜心。他们常常用“闯关”“夺红旗”“开火车”等游戏来“包装”那些枯燥乏味的练习。

### 二、现场执教上更多随机应变

因为小学生的数学学习刚起步，数学知识积累比较少，数学思维水平比较低，他们的思维大多和生活经验相联系，往往天马行空，无拘无束。例如，我们在黑板上画一个圆圈，然后问是什么，很多小学生会说是“太阳”“月亮”“烧饼”“0”……答案五花八门，而中学生可能只会说它是一个“圆”或“0”。小学生的这种思维状况要求教师在课堂上将学生的“生活概念”引导转化为“数学概念”，将“一放就乱”局面机智地收拢到学习主题。教师要善于“接话”，要像一位太极高手那样接得住来自四面八方的五花八门的招式，然后随心所欲地回应——快慢有别、抑扬顿挫、刚柔并济、软硬兼施。

### 三、方法上更灵活地“扶”学生

小学数学教学重在打好基础，知识教学速度不能太快，要在加强双基的同时发展思维品质，培养学习兴趣。教师应善于蹲下身子，以小学生的眼光来审视数学学习，设身处地地为其着想。当学生达不到要求时及时出手相助，垫台阶，搭“脚手架”。对于小学生而言，成功是成功之母，过多的失败挫折会导致他们厌学、惧学。要善于利用学生的生活经验和感性材料来帮助学生摆脱数学的抽象性障碍，通过实物演示、图示和学具操作，在学生头脑中留下表象，为思维运演提供支持。在法则教学时，可以用一些顺口押韵的语言来概括，既凝聚思维过程，又帮助记忆。例如，教“凑十法”时，可说“看大数分小数，凑成十加余数”。画平行线就要“一贴二移三画”等。

### 四、调控上注重形式化动作和语言

在课堂调控上，小学（特别是低年级）教师往往注重一些形式化的动作和语言。例如，遇到课堂混乱，会通过“×××-×××”有节奏的拍掌来使课堂安静。学生注意力分散时，教师会采用“对口令”的方式来组织学生，师说“小眼睛——”，学生则对“看老师（看黑板、看书本等）”。在表扬学生时会带头拍掌，大家跟着拍掌说：“棒！棒！你真棒！”布置任务时，教师会说：“火车、火车谁来开？”学生则会争着说：“我来开，我来开。”这些方式都顺应着儿童心智发展阶段性的特点，是小学数学教师教学智慧的独特表现。

# 第五章 智慧教学促进适合发展——“三化”设计策略

数学知识的高度抽象性和逻辑严谨性造成了小学生对数学学习的困难和畏惧，如何解决这一问题让学生爱学数学？如何充分挖掘数学知识的育人价值，让学生获得更多知识营养？在班级授课制条件下，采用什么样的适合学生的方式，促进群体上立地顶天和个体上扬长补短的发展？这些问题的解决呼唤小学数学教师的智慧教学。

数学学科育人的根本在于数学学科知识具有的育人价值，这种价值不是直接显性地呈现于学生，而是需要教师的挖掘和适学形态的转化。从教学设计的角度看，我们可以从三种视角进行适学化加工，即数学知识文化化、学习活动儿童化、教学内容结构化。（指向学科育人的数学知识“三化”加工策略，如图 5-1 所示。）

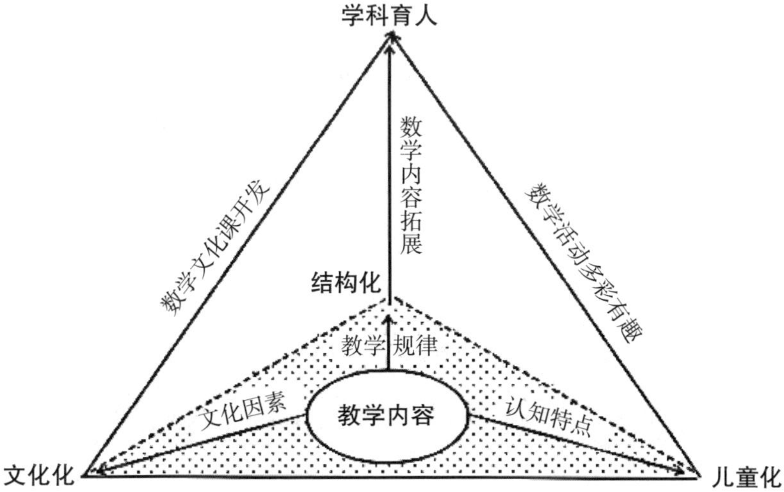


图 5-1

# 第一节　数学知识文化化

《义务教育数学课程标准(2022年版)》认为，数学承载着思想和文化，是人类文明的重要组成部分。然而长期以来，我国中小学数学教育忽视了数学文化，以致应试教育问题突出。数学文化直接支配着学生的数学学习行为，影响着学生的价值取向。具体而言，有利于激发数学兴趣和情感，有利于认识数学、理解数学和学习数学，有利于发展学习能力、实践能力和创新能力，有利于提升核心素养和数学素养，有利于数学精神和品格的养成。[①]

## 一、为什么要将数学知识文化化

### （一）数学史充满“人间烟火味”

在许多人眼里数学是高度抽象的，逻辑严谨的，这种面目让绝大多数人望而却步。对于逻辑思维尚不发达的小学生而言，怕学数学的现象较为普遍。克莱因认为，通常的一些数学课程使人产生一种错觉，它们给出一个系统的逻辑叙述，使人们有这种印象：数学家们几乎理所当然地从定理到定理，数学家能克服任何困难，并且这些课程完全经过锤炼已成定局。学生被湮没在成串的定理中特别是当他们正开始学习这些课程的时候，课本中的字斟句酌的叙述，未能表现出创造过程中的斗争、挫折，以及在建立一个可观的结构之前数学家所经历的艰苦漫长的道路。而学生一旦认识到这些，他将不仅获得真知灼见还将获得顽强地攻克问题的勇气，并且不会因为自己的学习并非完美无缺而感到颓丧。数学家奋斗的经历对学生具有积极的教育作用。[②]

确实，数学知识发展的历程是充满故事的，数学家身上洋溢着数学热情，充满着克服困难的战斗精神，人生经历伴随着喜怒哀乐、成功与

① 付天贵，宋乃庆．数学文化及其在小学素质教育中的价值[J].教育研究与实验，2018(06)：58-63.

② Kline M. Mathematical Thought from Ancient to Modern Times[M]. New York: Oxford University, 1972.

失败。荷兰数学家和数学教育家弗赖登塔尔就批评过那种过于注重逻辑严密性，没有丝毫历史感的教材乃是把火热的发明变成了冷冰冰的美丽，认为数学史应该是数学教师用于数学教学的必备知识。①

（二）“味道好”更利于营养吸收

许多有营养价值的食物并不好吃，需要厨师的加工。厨师的价值就在于能将不可口的食材加工成色香味俱佳的菜品和饭食，不仅让人们喜欢吃，而且能很好地消化吸收。他们能根据不同人的身体状况和胃口喜好，将不同的食材进行不同的加工，让食客吃得满意。

厨师对食材的加工，底线是营养不流失、不损害健康，上线是做出的饭菜美味可口、增加营养。让食客不仅得到食物的营养，还能得到口舌满足、赏心悦目，这样的厨师已将烹饪上升为一种美食文化的高度。同样道理，教师也要将对数学知识的教学上升到数学文化熏陶的高度，要千方百计地让数学的高度抽象性和逻辑严谨性不再成为学生学习的拦路虎，对数学知识的加工不仅不流失其蕴含的营养，而且能充分挖掘和增加其营养价值。让数学的面貌变得形象生动、和蔼可亲。学生不仅获得数学知识与技能，还能经历学习的成功体验，形成正确的态度和价值观，从而实现其学科育人的目标。

（三）“数学文化”让素养适合发展

出于应试的需要，以知识为中心、为目的的教学目前仍大行其道。知识的重要性不言而喻，然而它不是教学的终极目标，终极目标是促进学生核心素养的适合发展，即让不同的人在数学素养上得到不同的发展。从数学知识教学迈向数学文化传承，就是一种对数学的印象、“感觉”和“知道”，不一定非要会证明、非要把细节和来龙去脉弄得一清二楚，知道个大概和有这回事就行了。还应包括对数学的鉴赏和喜欢，当这逐步成为一种生活态度的时候，就慢慢变成一种数学素质了。当学生对数学

① Freudenthal H. Should a mathematics teacher know something about the history of Mathematics[J]. For the Learning of Mathematics, 1981, 2(1): 30-33.

的基本认知是以文化为积淀而不是单纯以知识为基础的，就可以获得更长久、更真实地对于数学的印象。定理和公式是会被慢慢淡忘的，而严密的推理论证的力量却会长久存在。我们期待数学给予学生的“好处”，不能仅仅是应付考试的，而应该是那种影响长久的乃至受益终生的。这种长久性只有在数学课程达到了文化层面的时候才有可能达到。[①]

进一步地，从文化的视角看数学，我们可以获得更多关于数学本质的认识。“数学文化”超越了“数学科学”的边界，具有“数学科学”难以涵盖的价值。就此而言，可以把“数学文化”表达为“超越（扩大并包含）数学科学范围的数学观念、意识、心理、历史、事件、人物与数学传播的总和。”显然，这有助于“使得人人都能获得良好的数学教育，不同人在数学上得到不同的发展，逐步形成适应终身发展需要的核心素养。”

## 二、如何落实数学知识文化化

### （一）联系实际应用数学知识

《义务教育课程方案（2022年版）》将数学核心素养概括为“三会”，即会用数学的眼光观察现实世界、会用数学的思维思考现实世界、会用数学的语言描述现实世界。显然，现实世界的生活是数学素养发展的目的地，学生数学学习活动必然要与生活实际进行密切联系。

换一个角度看，学生的数学抽象能力和逻辑思维能力尚在发展之中，其发展需要生活经验予以支撑，这就要建立数学学习与生活实际之间的联系。这种联系表现为三个方面，即为何学、如何学和有何用的问题。为何学和有何用是要解决学习需要的问题，如何学是要解决学习帮助的问题，它们都关乎数学在生活中的应用。这三个方面的问题解决好了，学生对数学知识的认识才更全面，才能真正成为知识的主人。

具体而言，教师教学中要善于创设问题情境，激疑生趣；要善于借助生活事例启发指导学生，帮助他们探究发现；要善于联系实际编制问题，提高解决实际问题的能力；还要善于开发跨学科的主题学习活动，选取

① 黄秦安.数学课程中数学文化相关概念的辨析[J].数学教育学报，2009，18(04)：1-4.

内涵丰富的专题让学生进行社会实践。

（二）挖掘内容的相关数学史

弗莱登塔尔说：“没有一种数学观念像当初被发现那样得以表述。一旦问题获得解决，一种技巧得到了发展和应用，就会转向解的程序侧面……火热的发现变为冰冷的美丽。”教科书在呈现数学知识时受限于篇幅，难以再现人类历史上这一知识产生和发展的生动过程。而数学史在一定程度上记录了许多数学发展过程中的重要事件和成果，其中有许多数学故事、数学人物、数学问题、数学常识以及数学知识形成的过程等。教学中，教师应该根据学生学习的具体内容和实际情况，适时补充相关数学史内容。

例如，在教学平面图形面积时，可以引入刘徽的出入相补原理，从而帮助学生更好地理解数学知识，深刻感悟数学的化归思想。

在教学假设策略时，可以呈现《孙子算经》中“鸡兔同笼”的解法：“上置头，下置足，半其足，以头除足，以足除头，即得。”这不仅能增加教学的趣味性，还能扩展学生的思路、深化学生的理解。

在教学“两位数乘两位数”时（图 5-2），教师可以呈现“铺地锦”、印度乘法、划线乘法等，让学生通过多样化的算法发现算理的一致性。同时，拓展学生的数学视野、激发学习兴趣、探究精神。

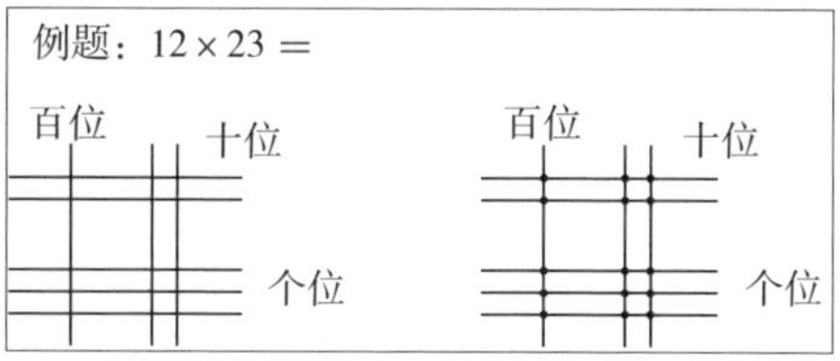


图 5-2

（三）让学生充分感受数学美

世界上的美丰富多样，数学的美具有独特的魅力，数学的美主要体现为抽象美、和谐美、奇异美。

数学是研究数量关系和空间形式的科学，它关注万事万物数与形的共同特质，忽略其具体物质属性。较之于物理、化学等自然科学，呈现出独特的抽象美。高度的抽象性使数学涵盖丰富、寓意深刻、应用广泛。一个字母、一条曲线、一个公式都具有丰富的内涵，能代表一种规律、一个逻辑关系。著名的欧拉恒等式 $e^{i\pi}+1=0$，把自然界中 5 个最重要的常数——0、1、i、e、π，和 3 种最基本的运算——加、乘、指数运算有机地联系起来，集中体现了数学的符号美、抽象美和常数美。

数学还具有和谐美。数学是建立于一套公理和逻辑体系之上的科学，从而形成了逻辑严谨或形式结构无矛盾的属性。数学的整体与部分、部分与部分之间保持和谐的协调性，数与形彼此可以相互转换，过程可以凝聚为结果，所有的运算、推理、变换均保持一致性。对称给人以匀称、平衡与稳定的感觉，序列给人以规律美、节奏美和协调美。

最独特的是数学的奇异美。许多数学形式和规律神秘异常，让人感到不可思议，甚至无法验证，却又无从反驳。比如，只用 0 与 1 的二进制可以表示所有的数。幻方的神奇、莫比乌斯带的不可思议、拓扑变化的难以置信、图形分形的复杂与美丽……

数学的美是一种独特的育人资源，教师教学中要善于引导学生认识数学美、发现数学美、体验数学美、创造数学美，从而提升数学素养、审美素养。

## 第二节　学习活动儿童化

活泼爱动是儿童的天性，儿童数学学习要遵循这一特点，积极开展丰富多彩的数学学习活动。活动力求体现活动性、趣味性、实践性和操作性，满足个性化需要，促进不同人在数学上得到不同的发展。

### 一、让学习更有趣

小学生的课程安排是有挑战性的，其学习活动会遇到许多困难，特别是像数学这些抽象程度较高、思维性较强的学科，会对学习者造成心理恐惧，从而厌学、逃学。因此，让学习活动趣味化是小学教师首要的任务，是教师教学智慧最重要的表现。

学生对数学学习的兴趣可以分为外在兴趣和内在兴趣。外在兴趣是指由学习内容及其活动的“包装”引起的兴趣，可以通过创设学习情境来进行。具体有以下几种方式：

联系生活。由于小学生的数学学习刚起步，数学知识储备处于“零”状态。因此，我们需要充分利用其“前数学知识”，将生活中相关经验作为学习的铺垫。例如，学习“角”时就要引入生活中各种相关事物，剪刀、钟表指针、桌角等，从中抽取出数学中角的特征。

数学好玩。数学家陈省身为少年儿童题词“数学好玩”，这是一位数学大师亲身体验到数学神奇之后发自内心的惊叹。对于小学生而言，数学好玩的认识来自于其数学学习中的感受。让学生感受到数学好玩，是教师必须完成的任务。例如，学习“数对”时，教师安排了寻宝活动，宝物就在“数对”里，从而让学生体会到学习“数对”真好玩。

制造疑惑。小学生的好奇心很强烈，教师要向魔术师学习，将原本平淡的数学知识魔术化为令人惊奇、困惑的事物。例如，在教学“3 的倍数”时，教师可以让学生任意说一个数，不用竖式计算，不用计算器，教师总是能一下子说出是或不是 3 的倍数，而且学生进行检验都是对的。这很令学生疑惑，老师是怎么做到的呢？从而产生探寻奥秘的急切心理。

开展竞赛。好胜心强也是小学生的心理特点，我们可以将学习任务通过竞赛的方式来完成。许多低年级老师都喜欢采用“闯关”“夺旗”“开火车”等竞赛，让学生在学习活动中处于兴奋的情绪状态。

通过各种“包装”方式引发的学习兴趣，要进一步地促进内在兴趣的产生与形成。内在兴趣是指学生在学习过程中，真切感受到了知识的美妙。学生通过克服一个个困难，感受到学习成功的体验，从而产生出自信与幸福感。显然，内在兴趣产生于学习活动的精彩过程及其良好的结果。

## 二、化抽象为形象

基于儿童思维特点，其数学学习活动教师要善于化抽象为形象。形象化加工的任务主要是解决教学内容的抽象性和逻辑的严密性所带来的学习困难，思维导图、“让思维看得见”、可视化学习等策略和做法就是其表现。形象化存在一个程度问题，我们可以借助布鲁纳的认知表征理论来认识这一问题。

布鲁纳认为人认知表征的发展经历了三个阶段，即动作性表征阶段、映象性表征阶段、符号性表征阶段。动作性表征阶段：幼儿通过动作来了解这个世界，幼儿通过爬、行走等身体动作影响周围环境由此形成表征和再现表征的途径与手段。映象性表征阶段：儿童通过形成图像或表象去展现所发生的事物。他们记住过去已经发生的事情，想象未来要发生的事。心理表象帮助他们脱离具体的事物来进行心理运算，意味着认知由具体到抽象的开始。符号性表征阶段：儿童可以通过符号尤其是语言符号来再现他们的世界。符号具有抽象性、间接性，通过它可以进行抽象思维。

概括地说，小学教学形象化加工就是遵循“动作性表征→映象性表征→符号性表征”的过程，其实质是学生思维的抽象度不断提高。动作性表征就是让学生通过身体运动，角色表演，操作学具，进行实验等方式直接感知知识，体验过程。映象性表征就是让学生通过运用事物图片、画图（包括示意图、线段图、关系图等）等方式表达事物、关系及其变化，开展思维活动。符号性表征就是让学生利用各种符号和语言文字进行表达和开展思维活动。就某一知识的学习来说，我们要在遵循逐步抽象原则的基础上灵活运用各种具体的表征方式。以教学《4 的乘法口诀》为例：（图 5–3）

第一步，图片表征；

第二步，表格表征；

第三步，文字表征；

第四步，算式表征；

第五步，口诀表征。

| 车厢的节数 | 1 | 2 | 3 | 4 |
| --- | --- | --- | --- | --- |
| 人　数 | 4 | 8 | 12 | |

| | | |
| --- | --- | --- |
| 1个4 | $1\times4=4$ | 一四得四 |
| 2个4相加 | $2\times4=8$ | 二四得八 |
| 3个4相加 | $3\times4=12$ | 三四十二 |
| 4个4相加 | $4\times4=\square$ | 四四(　　) |

图 5-3

### 三、活动形式多样

基于小学生心理发展特点，“适合发展”教学要开展多种形式的活动，包括：数学阅读、数学实验、社团活动、考级、数学节、吉尼斯挑战、数学小报、数学文章等，不同的学习活动形式能够扩大学生学习、思考、探索发现的空间，有利于不同素养的发展。

数学阅读：解不出题或解题错误，其中许多原因在于学生数学阅读能力没有被培养好。阅读不仅有利于提升数学理解力，还有利于专注习惯的养成和精准表达能力的提升。数学阅读不仅包含文字的阅读，还包含读图和读表。对于低年级学生来说，数学绘本阅读能有效激发学生的兴趣，让学生从中感受到数学与生活的联系。

数学实验：数学实验就是让学生通过自己动手操作工具和材料，进行探究、思考、发现、获得概念或解决问题的一种学习方式。实验过程中有许多的过程性知识和隐性经验，这是接受式学习所没有的资源。通过数学实验，学生动手能力和科学探索精神能得到很好的培养。

数学文章撰写：撰写数学小论文是一种独特的学习方式，具有多方面的价值。首先有助于数学理解力的提高和运用数学语言能力的发展。其次能有效地帮助学生反思自己的学习。第三能扩大知识面，发展综合素质。数学文章包括数学日记（记录每天的学习心得）、数学论文（围绕某一主题研究的文字表达）、调查报告（参与社会实践，运用统计知识，发展数据意识）等。

## 第三节　教学内容结构化

要满足不同学生的不同发展需要，教学内容显然需要丰富饱满。丰富饱满的内容不能被杂乱无章地堆放，而应以课本内容为核心，彼此之间形成有机的结构。

### 一、以课本为中心进行拓展

对于教材内容，教师进行切分、整合、减少、增补、重组、变式等加工方式都是适学化应有之义。从“适合发展”教学看，对教材内容进行丰富化则是必要行为。“适合”是要满足不同学生的不同“味口”，“发展”则要能达成“立地顶天”的教学目标。“适合发展”的课堂应该是内容丰富饱满的“自助餐厅”。

对教材内容进行丰富化，（借用烹调语言）有三种方式：一是“添油加醋”，二是“加配菜”，三是“杂烩”。前者添加的是“作料”，主要为了“味道”好。中者也要考虑“色、香、味”的需要，更主要的是着眼于营养全面，配的是菜，不是“调料”。例如，如果肉或萝卜单独做菜，不仅味道欠佳，关键营养单一。如果萝卜烧肉（也可肉烧萝卜），则不仅味美，营养更全面。后者则是多种食材的组合，不像中者有主次之分，彼此互补，共同成就“有营养味道好”的美食，“佛跳墙”即是典型。中国菜广受全世界人民的欢迎就在于既有原汁原味，又有浓油重料；既能单菜独做，又能杂而烩之。这是中国智慧文化的一种体现。

教学亦如烹调需要富有智慧。教师对教材内容加以丰富，就是以教材内容为核心去联系其他知识内容。联系的方式是多样的。最简单的方式是“添油加醋”，即对教材内容加以趣味性的加工，例如讲故事、做游戏、竞赛等。其次是围绕教材增加相关内容，这相当于“加配菜”。例如，在教学梯形面积公式时把三角形面积公式推导的内容增加进来，使学生对“拼”这种数学方法理解得更深入。第三种方法就是“杂烩”，例如语文学科可以通过课文的主题、体裁、作者等进行联系。我们天正小学的研究成果《小学语文大单元教学的理论与实践》中提倡的大单元教学观点实质上就是通过联系的方式将各种相关的语文知识整合成一个较大的单元，从而达成大的教学目标。书中列出了10种单元整合的方法，其实就是语文教学中10种联系的方式与方法。

对教材内容加以丰富的方法关键是找到彼此间的联系，各种内容要有内在的逻辑关系。找出各种事物之间的联系是教育家们竭尽全力思考的问题……当学生能够用相互联系的观点看待各种事物的时候，他们的学习生涯就开始了。我建议把发现事物之间的联系当作基础学校课程的首要目标。①

## 二、对核心知识进行变式

变式指通过变换同类事物的非本质特征的表现形式，变更观察事物的角度和方法，突出事物的本质特征，突出那些隐蔽的本质要素，让学生在变式中思考，从而掌握事物的本质和规律，对事物认识得更加全面、更加系统、更加深刻。我们经常使用的举例子、打比方、说故事等都可视为这种策略。

从“简单—复杂”的维度看，变式化可以分为“简化”“平行”“复杂化”三种情况。“简化”是指减少知识对象的属性成分。“平行”是指在两个数学对象之间保持一定的共同属性的基础上另外的属性发生变化。“复杂化”是指增加知识对象的属性成分。通过面的例子来说明：

---

① 郑毓信．“数学深度教学”十讲之五——思维的深刻性与“联系的观点”[J]．小学数学教师，2019（12）：30-32.

【问题 1】红花 15 朵，白花是它的 3 倍，白花多少朵？

【问题 2】红花 15 朵，白花是它的 3 倍，两种花共多少朵？

【问题 3】红花 15 朵，是白花的 3 倍，白花多少朵？

【问题 4】红花 15 朵，是白花的 3 倍，两种花共多少朵？

在上述四道题中，问题 1 是问题 2 的简化变式，问题 3 是问题 1 的平行变式，问题 4 是问题 1 的复杂化变式。

再如，在正方形、长方形、菱形和平行四边形四个图形中，长方形、菱形和平行四边形都可视为正方形的简化变式。较之于正方形，长方形减少了“邻边相等”的属性，菱形减少了“4 个角都是直角”的属性，平行四边形则减少了“邻边相等”和“4 个角都是直角”两个属性。反之，正方形是长方形、菱形和平行四边形的复杂化变式。较之于平行四边形，长方形和菱形相互之间是平行变式。它们都具有平行四边形的本质属性，前者多了属性“4 个角都是直角”，后者多了属性“邻边相等”。

## 三、“先行组织者”转化策略

“先行组织者”转化策略指设计一个概括性和包容性更大的事物来统领所要学的知识。

先行组织者是戴维·保罗·奥苏贝尔（David Paul Ausubel）提出的一个教育心理学的重要概念。奥苏贝尔认为，学生面对新的学习任务时，如果原有认知结构中缺少同化新知识的适当的上位观念，或原有观念不够清晰或巩固，则有必要设计一个先于学习材料呈现之前呈现的一个引导性材料，可能是一个概念、一条定律或者一段说明文字，可以用通俗易懂的语言或直观形象的具体模型，但是在概括和包容的水平上高于要学习的材料（因此属于下位学习），构建一个使新旧知识发生联系的桥梁。这种引导性材料被称为先行组织者。

“组织者”可分为两类：陈述性（expository）“组织者”和比较性（comparative）“组织者”。在不熟悉材料的情况下，学生认知结构中缺乏可以用来同化新知识的上位观念，要设计一个概括与包容水平高于要学习的新材料的组织者，这就是陈述性“组织者”。例如，学生学习“直角三角形面积计算”时，可先把原来学过的三角形面积计算再学习一下，从而获得认知框架。

当学生面对新的学习任务时，如果认知结构中已经具有了用来同化新知识的适当观念，但原有观念不清晰或不巩固、不稳定，就要设计一个揭示新旧知识异同的比较性“组织者”。例如，在学生学习“角”的过程中，先学习了“锐角”，然后要学习“钝角”，教师可先把“锐角”的有关知识及其特征讲解清楚，然后再学习“钝角”的概念。这样既掌握了“钝角”的概念，又理解了以前学的“锐角”概念，还辨明了两者之间的异同。

教学内容结构与教学逻辑以及课堂环节之间具有一定的关系，其基本关系如表 5–1 所示。

**表 5–1**

| 内容结构 | 知识从何而来 | → | 知识如何展开 | → | 知识向何而去 |
|---|---|---|---|---|---|
| 教学逻辑 | 为何学 | | 如何学 | | 有何用 |
| 课堂环节 | 引入 | | 探究 | | 强化 |

## 四、总结

“适合发展”教学设计“三化”策略——数学知识文化化、学习活动儿童化和教学内容结构化，共性在于对数学知识进行适学化加工，其划分源于不同视角，彼此之间有许多交叉之处。教无定法，贵在得法，在教学实践中我们需要根据具体情况，灵活运用。（表 5–2）

**表 5–2　数学“三化”设计策略**

| — | 知识内容适学化加工方式 | |
|---|---|---|
| — | 策略类型 | 具体方式 |
| 数学知识文化化 | 生活实际应用 | “三会”：会用数学的眼光观察现实世界、会用数学的思维思考现实世界、会用数学的语言表达现实世界 |
| | 引入数学历史 | 数学故事、数学人物、数学问题、数学常识、数学纷争、数学知识的形成过程等 |
| | 感受数学之美 | 抽象美、和谐美、奇异美 |

（续表）

| — | 知识内容适学化加工方式 | |
|---|---|---|
| 学习活动儿童化 | 趣味化（激发学习积极性） | 外在兴趣：联系生活、制造疑惑、学习好玩、开展竞赛 |
| | | 内在兴趣：学习成功、知识有价值 |
| | 形象化（抽象度） | 动作：演示、操作、表演 |
| | | 图示：图片、示意图、线段图、平面图、立体图 |
| | | 语言：描述、比喻、举例、歌谣、绘本 |
| | | 符号：符号、含有字母的式子、公式、方程 |
| 教学内容结构化 | 丰富化（营养美味） | “添油加醋”：讲故事、做游戏、竞赛 |
| | | “加配菜”：根据主要内容添加次要内容 |
| | | “杂烩”：大单元整合课 |
| | 变式（理解本质） | 简化：部分呈现、特例 |
| | | 平行：并列、类比、改变情境 |
| | | 复杂化：添加、合并、加深 |
| | 先行组织者（借助联系） | 陈述性组织者：设计一个概括与包容性水平高于要学习新材料的事例 |
| | | 比较性组织者：设计一个揭示新旧知识异同的事例 |

# 第六章　智慧教学促进适合发展——“六要素”操作要领

智慧若水，逢方则方，遇圆则圆，本无定形。教师在“适合发展课堂”上的智慧教学行为也没有固定样态，具有实践化、情境化的特征，但它又是基于教学理论，契合教学原则的。我们从课堂教学的六个重要因素——教学目标、教学内容、学生学习、教师指导、作业安排和学习评价，概括地提出一些操作要领，为一线教师的实际操作提供指导性框架，同时保留足够的创造空间。

## 第一节　教学目标：顶天立地

设定适合的教学目标是教师上好一节课的首要任务，因为它基于学生的学习条件，源自教学内容的丰富程度，贯彻于教师的教学理念，落实于教师的实践能力。其设定对课堂的内容处理、环节设置、方法选择和媒体运用等方面起着导向作用。

### 一、“顶天立地”教学目标的理解

这是一种形象化且理想化的表达，即教学目标要达成“天—地”维度上的所有“点”。不仅要达成“中间”的目标，还要努力去“顶天”和“立地”。“顶天”就是让学优生努力达到所能达到的最高水平，“立地”就是让待发展生达到国家课程标准规定的基本水平。

作为教学目标，“顶天”和“立地”并行不悖。知识掌握有多少，解题能力分强弱，思维理解有深浅，思想认识有层次，每个人全力以赴争优秀。这意味着承认学生禀赋的差异、基础的强弱等因素导致的学习收益不同和发展水平不均衡。

达成“顶天立地”教学目标，具体实施方式有多种：可以从“立地”去“顶天”，也可以由“顶天”带“立地”，还可以“中间开花向两头绽放”；可以逐一达成，也可以“一箭多雕”。

## 二、“顶天立地”教学目标的提出

概而言之，教师设定教学目标有主观和客观两个方面的考量。客观方面主要是学生情况和教材内容，主观方面则是教师的教学观念和执教能力。前者是目标设定的基础，后者是教师的主观追求。两者要相互匹配，相辅相成。否则教材不能尽其发展之力，学生发展有屈才之遗憾。教师或眼高手低，力有不足；或有力无处使，才美难外现。教师设定教学目标的考量因素如图 6–1 所示。

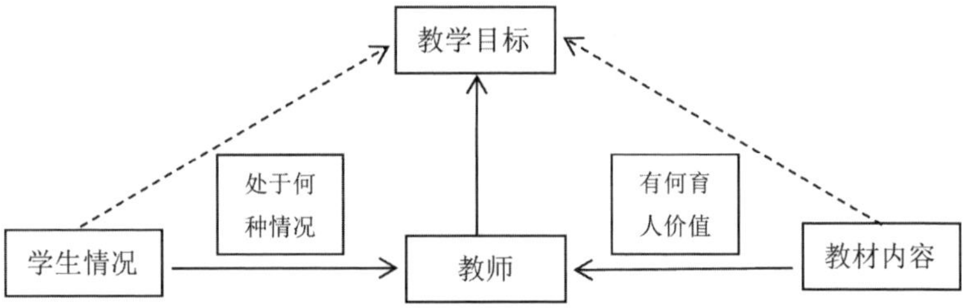


图 6–1

学情是决定教学目标设定的最基本因素。学生的学业水平、认知能力、学习兴趣和习惯等因素独立于教师之外，不以教师的主观意志而改变。教师对学情的认识水平、收集学情的努力程度和利用学情的观念等主观因素会影响学情获得和使用情况，进而影响教学目标的设定。例如，面对丰富生动的学情，教学观念不同的教师处理方式是不同的。很多人的做法是将所了解到的学情进行“多数化”或“中间化”处理，即根据大多数学生的学习情况，或取中等生的学情来确立教学目标。这种做法将丰富多彩的学情简化为一种“截面”的状态，导致了教学目标设置和教师教学行为的单一化。而从“适合发展”教学理念出发，就会将学情视为一种连续体，不仅重视“大多数”“中等生”，还要关注两头的情况。

教材内容也是独立于教师的存在，然而教师自身的学识经验、教材解读能力和教学理念等主观因素制约着教师对教材内容育人价值的认识和利用。优秀的教师会努力深入研读教材，整体把握知识体系，对课时内容透彻理解，开掘其中蕴含的育人价值。他们能根据学生的情况重组教材，优化教材，放大资源。

### 三、“顶天立地”目标的达成需智慧教学

将教学目标定位于“顶天立地”，意味着教师既要“顶天”又要“立地”，还要顾全“中间”。这需要教师具有教学智慧，能够进行智慧教学。

第一，在认识上要避免一些误区。一是不要秉持“二元对立”的思维方式，将“顶天”和“立地”对立起来。两者不是零和博弈，不是此涨必然彼消。它们不仅可以共存，还可以互相促进。“立地”不必“水落石出”，而应“水涨船高”。这与苏霍姆林斯基“第二套大纲”的观点是相一致的。

第二，要深刻认识教育公平和教育均衡化。就当下的舆论环境而言，提倡“立地”（保底）“一个都不能少”，肯定会得到大家的赞成。因为这是在落实教育均衡化政策，关心弱势群体，这是正义的。而主张“顶天”就会有人产生疑问甚至质问：这不是在搞奥数吗？这不是让“有钱的人更有钱”吗？这不是在搞英才教育吗？对此我们可以听听著名学者吴康宁先生的意见，他认为：任何阶段的教育都不能不包括相应的英才教育，即使以公平为首要原则的义务教育也同样如此。没有英才教育，天赋异禀的学生的优异潜能得不到应有的展现与发挥，这既是对这些学生个人的极大不公，也是对国家建设发展乃至人类文明进步所需要的优质人才资源的极大浪费。[①] 可见，“顶天”和“立地”一样都是教育公平的体现，让不同的人得到不同的发展才是真正的公平。

吴康宁先生还认为：在义务教育阶段的班级授课教学中，教师既不

① 吴康宁，《反思育人方式》，微信公众号“无索味”，2021 年 8 月 17 日发布。

能完全不顾少数“差生”的学习能力，也不能完全不顾少数“优生”的学习欲望，更不能完全不顾占比最多的“中等生”的学习需求。这有时会让教师左右为难。班级授课形式下，真要做到兼顾不同层次学生的课堂学习，不“浪费”任何层次学生的课堂学习时间，很难、太难。[①]

其实，达成“顶天立地”的教学目标只不过是传统“因材施教”的新表达而已。古人不仅将其奉为教育教学的原则，而且积极践行，行有所成，为何今天我们却感到很难、太难？原因是多方面的，其中较大班额的班级授课制和整齐划一的教学管理是两个重要原因。这两方面的改进需要时间，就当下而言，研究智慧教学，发展教师教学智慧，是“适合发展”课堂落到实处的必然选择。

## 第二节 教学内容：丰满结构

### 一、变“桌餐”为“自助餐”

教学内容丰富饱满是促进学生适合发展的必要条件。一个萝卜，不管你是将它剁成块，还是削成片，切成丝，甚至雕成花，吃下去还是萝卜的味道、萝卜的营养。如果在萝卜中加点肉，那味道立刻就变了，营养就丰富了。课堂也是这样。有些教师热衷于在教学具体形式上“变花样”，而不愿在内容丰富上下功夫。课堂上，教师要开设“自助餐”，而不是摆“桌餐”。桌餐整齐划一，人不到齐不能吃，大家能吃到的既少且都一个样。自助餐就不同了，各种“食材”琳琅满目，数量充足。大家自主选择，各种口味和饭量都能得到满足。生活中，从桌餐到自助餐标志着社会的发展，人民生活水平的提高。教学课堂上也是这样，为学生提供知识内容的“自助餐”是高水平教学的标志。

当然，教师提供“自助餐”要比开“桌餐”难得多，无论是课前准备，还是课上指导服务，都要付出更多的精力，需要更高的专业能力。提供

① 吴康宁，《反思育人方式》，微信公众号“无索味”，2021 年 8 月 17 日发布。

的内容质量要高，要有利于学科育人。内容的数量既要充足又不能过多，应以所有学生智力和所能完成数量的上限为标准。少了有人吃不饱，多了吃不了，造成浪费。

## 二、依托教材进行内容拓展

教学内容不等同于教材内容，教学内容是教师基于学生的具体情况而提供的教与学的内容。教材内容编写依据课程标准，以全国范围内学生的学情设置内容数量和难度，它是一个底线标准。从适合发展教学角度看，现行教材内容不能满足所有学生的需要，我们应该加以丰富。

依托教材进行内容拓展，要秉持“用教材教”的观念，既不能全然地教教材，也不能完全地离开教材。像教材专家那样从学科核心素养发展出发，完全由自己设计和开发一节课的内容，一般的教师难以胜任，精力也不足。所以用好教材，加工完善教材，是可行务实之举。就此而言，前面所述的知识“从何而来”“如何展开”“去往何处”就是具体的实施策略。崔允漷先生也有非常相似的观点——“三化”做法。[①]

一是知识条件化。要让学生明白所教的知识从何而来，要补充背景知识，让教学内容变得有趣。

二是知识情境化。要创设真实情境，让学生知晓所学知识去往哪里，感受到所学有用。

三是知识结构化。让零散的知识在学习过程中逐步形成网络，促进学生认知结构的发展。结构化的知识能更接近学科本质，而且便于记忆与迁移，进而化知识为智慧，化智慧为德行，这是结构化的价值所在。

## 三、不是让学生“吃不了兜着走”

“适合发展”教学内容安排无论是数量、难度，还是形式、要求，都要根据学生的实际情况确定。形象地说，我们要尽量考虑到各种口味差

① 中国教育三十人论坛．崔允漷：课标新风向，指向学科核心素养的教学有这6大方法[EB/ OL].（2022-04-06）[2022-04-24].https：//view.inews.qq.com/a/20220406A0BGX700.

异和身体营养的需要，精选各种环保有机食材，精心烹制，加工出足够的饭菜数量和品种，让学生品着吃，挑着吃，享受着吃。吃的要求因人而异，基本标准是吃饱。食欲不振的要以美味吸引之，吃得太少的可以动员鼓励之，不能出现“撑着了”的情况，更不能要求“吃不了兜着走”。所以，教学内容丰富饱满不是简单地增加课堂学习内容量，搞大密度训练，更不是实施高难度的奥数竞赛课程。

## 第三节　学生学习：充分自主

### 一、自主学习才能做知识的主人

想要适合学生学习那就尽量让学生自主，有一个迪士尼道路建设的经典案例很能说明这一点。建筑师格罗培斯为了设计出一个最佳的道路方案，在乐园空地上里撒了许多草种，小草长出后覆盖了乐园。人们在上面自由行走，踩出许多宽窄不一却优雅自然的小道，格罗培斯让人按这些踩出的痕迹铺设了人行道。后来，这一设计荣获世界最佳设计奖。因此，“适合发展”课堂在实施上要尽量让学生自主。教师的作用在于为学生自主学习创造机会和空间，在他们遇到困难时及时相助，在他们学有所成时将其深化。

教师让学生自主学习，不只是体现在学生能自主地做这做那，更重要的是让学生有一种学习主人的意识和感觉。很多教师将主要的精力放在学什么内容、这些内容如何教上面，这是对的。但这也往往让学生学得没头没脑，有一种被操控的感觉。因此，我们要重视“为什么学”和“有什么用”的设计与落实，学生只有明白了知识的“来龙”和“去脉”，才能感觉到自己的学习行为是有原因、有意义的，他才能有是学习主人的感觉，才能在需要的时候自由支配和运用这些知识，而不会变成书呆子或知识的奴仆。

## 二、好的教学是让学生会学

陶行知说，他认为好的先生不是教书，不是教学生，而是教学生学。进一步地，好的教学就是让学生学会学。教学生学不外乎两种基本路径，一是在教学过程中渗透学习方法，二是在教学中直接向学生传授学习方法。在实际教学中，这两种路径往往是相互交织的。前者，教师通过具体的教学行为让学生感受到阅读、记忆、思考、解决问题等学习行为中隐藏的学习方法；教师通过自己教学活动中思维方式和行为方式潜移默化地影响学生。例如：教师在教课文时喜欢圈词语、做批注，时间长了学生也会这样做；数学老师分析问题时经常画图，那么学生遇到问题时就会不自觉地进行画图分析。后者指向很明确，就是对学生讲明一些学习的方法，例如如何预习、听课、讨论、复习等。教师不能满足于大家耳熟能详、千篇一律的表达，要能形成富有自己个人特点和经验的说法。例如，我对学生经常提出这样的要求：难的要会，会的要对，对的要快，快的要美。遇到困难要想办法弄明白，找到解决办法；已经有了解决办法，就要正确实施，不能犯错；对于能做对的题目要追求快速，培养思维敏捷性，要提高学习效率；快了还不行，还要方法好，书写美观。

学生学习能力的发展是在学习中实现的，良好学习品质的形成取决于学习活动及其结果。可以说，学生是在学会中会学，在学好中好学。教学活动没有让学生获得知识技能、学会思考，学生就不可能会学习；如果学习的成绩不好，学生就不会真正地爱上学习。

## 三、思想无疆，行止有章

课堂上让学生充分自主学习，首先要给学生自由。陶行知早在20世纪二三十年代就呼吁要解放学生，并在20世纪40年代明确提出六大解放：解放学生的头脑，解放学生的双手，解放学生的眼睛，解放学生的嘴巴，解放学生的空间，解放学生的时间。学生自由了，思维就会产生奇思妙想，想象就会上天入地，没有疆界。

其次要讲规矩。一切自由都是以规则为前提的，大班额的课堂更是这样。这不仅是因为有限的课堂时空资源满足不了这么多人的需要，培养规则意识，形成遵守规则的习惯，本就是教学目标之一。

自由与规约都要有，两者要取得平衡，唯其如此才能真正让学生适合发展。这也就是我们天正小学将“思想无疆，行止有章”作为学风的目的所在。

## 第四节　教师指导：由远及近

### 一、教学不能竹筒倒豆子

吴康宁说，教学不是竹筒倒豆子。竹筒倒豆子指笼统地和盘托出、一览无遗，没有情节、没有艺术、没有过程。课堂教学需要引而不发、欲擒故纵、诱“敌”深入，甚至需要不时卖一点“关子”，带一点神秘，留一点悬念，以激发学生的求知欲望和探索冲动。[①]

教学不只是教师教给学生什么，更重要的是通过对知识内容的学习引发学生全身心积极参与，促进思维、情感和价值观的发展。因此，教学不能直奔结果，而要让学生充分经历过程。教师指导学生的目的是让学生学，让学生更好地学，“一次到位”的指导会压缩和剥夺学生充分学的机会。

“豆子”不直接“倒”出来，目的是让学生获得更多。其中，让学生经历学习的过程就是一项目标。《义务教育数学课程标准（2011年版）》就明确地列出“经历”“体会”“参与”等要求，“情感态度”的目标中更是明确列出“积极参与数学学习活动，对数学有好奇心和求知欲”“在数学学习过程中，体验获得成功的乐趣，锻炼克服困难的意志，建立自信心”等内容。

教学既是科学，也是艺术。“豆子”不直接“倒”出来，让教学更富有艺术性。教师要善于卖一点“关子”，制造一点神秘，多留一点悬念，让学生欲罢不能，来个众里寻他千百度，不达目的不罢休。

① 吴康宁，《反思育人方式》，微信公众号“无索味”，2021年8月17日发布。

## 二、每个人都应达到力所能及的成就

苏霍姆林斯基说，不要让任何一个儿童在低于他的才能的水平上学习。我们实行的原则是每一个学生在学习中都应达到他力所能及的成就。① 帮助学生是教师的职责，然而如何帮助是要讲究智慧的。

【思考题】如图 6–2 所示，一个等腰直角三角形减掉一个三角形后，剩下一个梯形。一个直梯形的面积是 42 平方厘米，上底长 4 厘米，梯形的高是（　　）厘米。

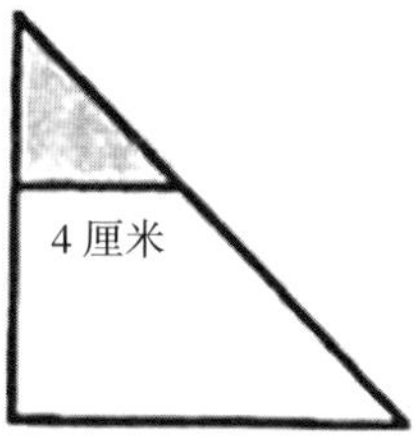


图 6–2

例如，一位老师在讲评上面的思考题时，先呈现学生的方程解法：②

解：设梯形的高为 $x$ 厘米。

$$(4+x+4)\times x\div 2=42$$

$$x^2+8x=42\times 2$$

$$x^2+8x-84=0$$

$$(x+14)\times(x-6)=0$$

$$x_1=-14\text{（舍去）}$$

$$x_2=6$$

显然这超出了六年级学生的知识范围，但是老师没有因此而不予理睬。他问了句“如果设梯形的底为 $x$ 呢？”结果出现了这样的方程：

$(x+4)\times(x-4)\div 2=42$。

让它变得更漂亮些：

$(x+4)\times(x-4)=42\times 2$。

这个方程简洁而对称，但它仍然是一个一元二次方程。老师接着直接出手，通过画图 6–3 ①启发学生得出 $(x+4)\times(x-4)=x^2-4^2$，进而解出方程。

① B.A. 苏霍姆林斯基．给教师的建议 [M]. 杜殿坤，编译．北京：教育科学出版社，1984：280.

② 王九红．例谈适合发展的数学课堂的实施要领 [J]. 江苏教育 2020（41）:33–36，40.

$$(x+4)\times(x-4)=42\times 2$$
$$x^2-4^2=84$$
$$x^2=100$$
$$x^2=10^2$$
$$x=10$$

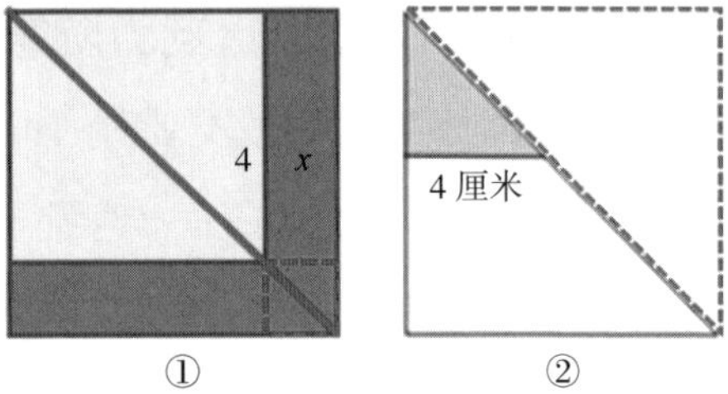

图 6-3

接着老师又问“这里的 100 是什么？”引导大家画出图 6-3 ②，由此联系算术解法：4×4÷2=8；8+42=50；50×2=100。

至此，老师仍然没有停止，又在 42×2 上发挥，启发学生得出它是长方形（图 6-4 ①）的面积。

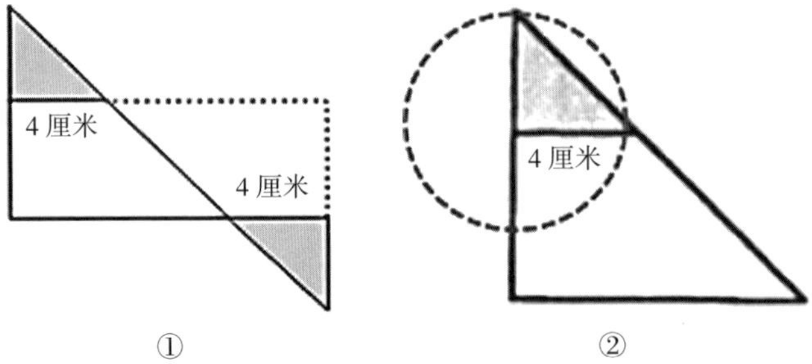

图 6-4

从而引导学生得出长 × 宽 =42×2，通过因数分解得出梯形的高（长方形的长）=6。

还没结束，老师最后又让大家观察原图中小三角形的高和梯形的高，用圆规画圆（图 6-4 ②），从而估测并验证出梯形高 6 厘米。

这位老师的上述做法，充分发掘了学生的思维潜能，让不同思维能力的学生自始至终地处于积极的思维状态。

## 三、“由远及近”指导策略

上述案例还呈现出教师“由远及近”的指导策略。“由远及近”的指导是将全体学生视为一个认知水平由低到高的连续体，从待发展生到中等生再到学优生，各种水平都有，教师都要兼顾。先做出的点拨和启发应离所达目标较远，只被少数学优生理解掌握，然后再借助这些学优生的力量或其他的办法让较多的中等生理解掌握，最后通过中等生的帮助让更多的学生理解掌握，直至待发展生也有所收获。（图 6-5 为由远及近指导策略）

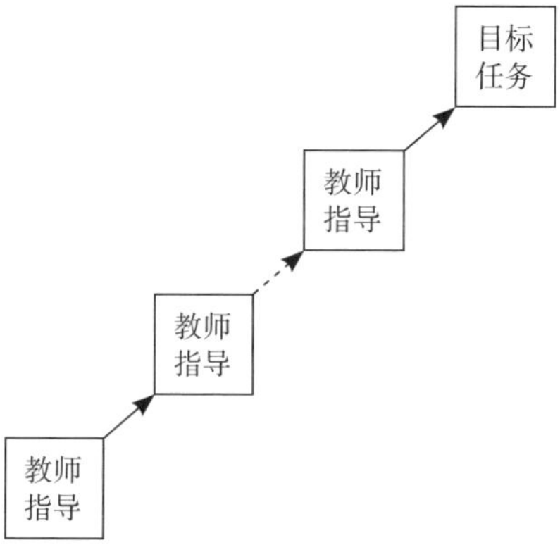


图 6-5

这种指导方式特别在意学生的思维过程和学习活动过程，目的是扩大思维空间，尽可能多地让学生得到有一定负荷的思维机会。教师的假设是所有学生都有巨大的学习潜能，都是可以在适当的帮助下得到发展。这种启发方式使课堂呈现出一种“冷场”面貌，因为学生在紧张地思考，还没有得出答案。

由远及近启发的具体方式有很多，包括提问、举例、画图、演示等，其中提问是较为主要的方式。为了增加学生的思维负荷，提问需要远离目标。远离目标的提问，具有含而不露、指而不明、引而不发、开而不达的特点，能让更多的学生进行深度思考。如果这样的提问过于笼统，多数学生不得要领，那么就要朝目标贴近些再问，如此由远及近，最终达到目标。

## 四、“由远及近”与“先易后难”

不同难度的学习内容有不同的指导方式。难度很小的内容不要教，直接让学生自学。难度太大的学习内容不学也不教，因为教了也只有少数学生能理解掌握。我们所教的主要是难度适中的内容，就是在教师的帮助下跳一跳够得着的内容，这就是维果斯基所说的“最近发展区”中的内容。

解决一个问题的方法多种多样，对一个知识的理解有深有浅。因此，教师指导就存在由远及近与先易后难的不同方式。教无定法，两者都可以用，但两者产生的结果有差异。

“由远及近”指导：起始的指导离目标较远（思维挑战性很强），全体学生都在认真思考但很多人还没有懂，只有学优生理解、掌握了。继续靠近目标（启发），有更多人（中等生）理解了。再贴近目标（告知），帮助待发展生理解。这是以能力发展为导向的教学方式，注重将全体学生置于较大的思维负荷之中，有利于优秀学生的发展。教学中要加强以优带“弱”的行动，注重个别指导待发展生。经过这样长期潜移默化的影响，逐渐形成不怕困难、追求卓越的学风。

“先易后难”指导：先讲解容易掌握的方法（思维挑战性不强），适合待发展生掌握，中等生和学优生积极性不高。稍后讲解难一点的方法，中等生积极参与并掌握，学优生不感兴趣。最后讲解难以理解（简便、巧妙）的方法，学优生积极参与，待发展生和中等生已有方法在手，积极性不再高涨。这种教学方式以知识掌握为导向来夯实知识基础，关注“弱势”学生，优秀学生发展得不充分。

## 第五节　学生作业：弹性选择

学生作业是对已经进行的学习活动及其结果的巩固和拓展。通过作业，教师可以获取反馈信息，及时调整教学。从促进不同学生的不同发展出发，“适合发展”课堂作业的设计、布置和指导要注重以下两点。

### 一、进行多层次设计

“适合发展”课堂作业要满足不同学生的不同需要，其设计应有层次性，具体而言有三个层次。

第一个层次是基本作业。习题内容的难度、表现的形式都应与所探究的新知（如课本例题）同步，主要目的是帮助学生熟练地掌握新知、形成能力。

第二个层次是综合作业。以新知识为中心，适当地与旧知识进行联系，使学生在新旧知识的比较中掌握新旧知识的本质，拓展学生的认知结构。

第三个层次是拓展作业。此作业主要对学有余力的学生进行，兼顾全体学生。拓展题可以利用课堂上先完成作业的学生的空余时间来进行，也可以留在课后服务时间完成。习题设计主要是对所学新内容做情境上的变化。横向拓宽为主，纵向适度挖深。体现发散性、开放性、实践性。评价上看重学生参与思考，不以成败论英雄。对于解题成功的同学给予表扬和鼓励，但不急于公布其解答方法，给其他学生继续思考的机会。

## 二、开设“作业超市”

“适合发展”课堂作业布置要由整齐划一变为弹性选择，作业完成方式由统一要求变为开放多元。

第一，“货品”丰富。现在作业要求统一性过强——统一内容、统一要求、统一作业、统一上交时间、统一批改方式、统一评价标准，忽视对学生个性差异的关照，导致能吃的吃不饱，不能吃的吃不了，酸甜苦辣咸口味差异则更不在考虑范围。从适合学生发展角度出发，我们必须提供足够丰富的作业，包括数量、类型和难度。要在发展学生认知素养的同时，增加作业中的人文因素，促进学生正确价值观的形成。要契合学生年龄特点，搭配好纸笔作业和实践性作业。坚决克服机械、无效作业，杜绝重复性和惩罚性作业。

第二，自主选择。超市的最主要特征是顾客能够自主选择，各取所需。“适合发展”课堂作业要给予学生自主选择的权利。教师可以设置底线标准，指定必做题，提供选做题，上不封顶，鼓励超越自我，挑战困难。

学生不仅有自主选择的权利，还可以有自主出题的权利。教师出题，学生做题，这已成为我们的习惯。做什么、做多少、怎么做、何时交都由老师规定，这种单向的作业布置方式不但挫伤了学生做作业的积极性，而且限制了学生学习主动性的发挥和思维创新性的发展。有一个广为人知的例子很能说明这一点，某位教师曾布置这样一道题：一条船上有75头牛、

33只羊，问船长的年龄有多大？结果竟然有很多学生根据已有数据计算出了船长的年龄是75+33=108（岁）或75−33=42（岁）。对此我们不由感到震惊：学生这样荒谬的解法到底是怎么产生的？这可能与学生头脑中“老师出的题不会错，题中的条件都有用”的想法有关系，而这种想法和一直以来都是教师出题学生做的习惯是脱不了关系的。

让学生出题，把学生置于主动思考的境地，有助于学生以更高的视角来看待所学的知识。这样学生就成了知识的主人来支配和使用知识。因为他们是学生，所以比老师更清楚同学们的“口味”是什么，出的题更能凸显出他们学习中的困难之处。因此，学生设计的作业与教师布置的作业形成了互补。

## 第六节　学习评价：指向进步

### 一、成功方是成功母

学习失败对小学生的影响，不仅在于学业不好导致后续学习困难，更主要的是会影响其社会性发展。成绩差的学生往往会被标签化，成为班级社会中不受待见者。长期发展下去，在性格上往往出现两种极端状况：一种情况是接受失败者的标签，从此变成“一摊泥”；另一种情况是反抗别人的不待见，在学习上还是不行，于是和别人对着干以宣示自己的存在。前者变成了自卑者、懦弱者，后者变成了逆反者、捣蛋鬼。因此，我们要努力让学生学习成功，产生成功的情绪体验，竭力避免学生产生挫败感。

然而，许多教师和家长常常秉持“失败乃成功之母”的观点对孩子进教育和教学。应该说这句众人皆知的励志之语是有道理的，但对于小学生而言却并不适用。因为小学生的心智发展离成熟还很远，其抗失败能力有待于培养。过多的失败会挫伤小学生的学习积极性，让其产生厌学、恐学心理。有的小学生逃学甚至自杀就是上述的一种表现。

当然，我们提倡“成功乃是成功之母”，并不是一味地迁就学生，报喜不报忧，搞虚假“繁荣”，而是要让学生“跳一跳摘桃子”，即让他们在付出一定程度的努力后取得成功。通过这样不断的积累，逐渐产生学习的自信心——我努力我成功。教学的智慧在于因人而异、因时变化，尽可能让每一位学生克服困难获得学习上的成功。

## 二、自我比较的进步

吴康宁认为，教育意义上的“学生成功”，不能以学生之间竞争、比较的结果为标准来判定，而应以学生自身提高、自身进步的程度为尺度来衡量。学生自身的成长与发展，才是学生获得快乐与快乐感、幸福与幸福感的真正源泉。[①] 因此，“适合发展”教学的评价必须立足于学生的进步，以学生自身的进步为目的，以自身的进步为尺度。横向比较是当下不少教师习惯了的评价方法，具体表现为平均值标准、大多数人标准。教师往往以高（或低）于班级、年级平均水平的多少来确定对学生表扬（或批评）的程度；或者以是否达到班级或年级大多数人的水平来肯定或否定学生。“适合发展课堂”评价应遵循相对发展原则，就是将学生学业成绩、情感态度与价值观方面的现有情况与自己过往情况相比较，以进步的状况来评价。只要进步了，教师就要给予肯定和表扬，即使他的成绩在群体中仍属于落后的状态。

需要强调的是，看学生的进步，不能只看其取得的客观结果，还要看其主观积极努力的态度。对于小学生而言，可能还处于“没开窍”状态，许多能力（包括智力、情感方面）发展没有达到一定的成熟度，因而许多教育教学行为不能取得理想的效果。我们不能因此而给予差的评价，我们要看其主观努力的情况，只要学生态度积极努力，上课认真听讲、积极思考，努力完成作业，我们就要视其为好的表现。

## 三、扬长补短不求全

我们主张以学生的自我进步为标准来评价，然而学生的素养是多方面的。我们既要见森林又要见树木，有时还要见所想见，避所不想见。

① 吴康宁，《反思育人方式》，微信公众号“无索味”，2021 年 8 月 17 日发布。

既要目光如电，明察秋毫之末，又要能装聋作哑，顾左右而言他。这都是教学的智慧所在。

具体而言，首先要看学生的长处。重视个性特长的发展，不必非得面面俱到。只要学生在某一方面进步了，或者取得了超出他人的成绩，我们都要给予肯定和表扬。其次要善于以长带短。学生多方面的素养发展可能存在不均衡，既有发展快慢差别又有水平高低不同。我们在理念上尽可能求全发展，但在实际行动上要有所侧重。要以扬长为主，优势发展，扬长补短，即在扬长的过程中促进短处发展。既不能完全弃短不顾，也不能全力以赴地补短而忽视发展长处。扬长可以激发学生发展的积极性，增强自信心，提升素养境界。人的素养是相互联系的，某一方面的高水平突破可以让学生豁然开朗，一通百通。

## 四、守住评价的底线

对学生评价的目的是让学生心悦诚服、心情舒畅，让学生倍增信心、倍添力量，而不是打击信心、毁灭上进心、培养自卑懦弱，导致学生厌学和弃学。我们要守住对学生评价的底线。因此，我很认同吴康宁先生所说的“三不可”评价底线。①

一是不可伤害学生的自尊。假如对学生的评价伤害了学生的自尊，那么，评价的标准再“科学”，也是反人文的。

二是不可打击学生的自信。假如对学生的评价打击了学生的自信，那么，评价的方式再“合理”，也是荒谬的。

三是不可加剧学生间的竞争。假如对学生的评价加剧了学生间的竞争，那么，评价的过程再“透明”，也是残酷的。

突破底线的对学生的任何评价，都会扭曲学生的心灵、阻碍学生的成长，都是“反教育的”评价。

上述内容从不同视角概述了“适合发展课堂”智慧教学的操作，它们具有内在的统一性，需要从整体理解。

---

① 吴康宁，《反思育人方式》，微信公众号“无索味”，2021 年 8 月 17 日发布。

第一，共同指向学生适合发展。教学目标顶天立地、教学内容丰富饱满、学生学习充分自主、教师指导由远及近、学生作业弹性选择、学习评价立足进步，这六个方面阐述的都是教师教学设计与现场执教的观念与行为，是教师内在的学科教学智慧——设计智谋和调适机智在课堂中的行为要求和落实。教师教学智慧的发展和课堂上进行智慧教学，最终目的是促进学生的适合发展。因此，对六个操作要领的理解和运用不能彼此割裂，“单兵作战”。必须统筹安排，相互协调，这样才能发挥其最大效能，取得最佳效果。

第二，用词都具有区间化特征。因为要适合不同学生的学习需要，所以教学行为方式就不能固定唯一，对其进行概括的词语必须具有伸缩性。“顶天立地”“丰富饱满”“充分自主”“由远及近”“弹性选择”和“立足发展”这些词语都是想呈现一种在某个区间里变化的状态。这也是智慧教学如水属性般的表达，智慧教学因人而异，因时而变，顺势而为，乘势而上，立地顶天，敬天正人。

# 第七章　智慧教学促进适合发展——“接化发”调适机智

“六要素”课堂操作要领是一种宏观的行动方案，是为教师课堂执教提供一种行动框架。课堂情境复杂多变，教师需要具体问题具体分析，随机应变，挽狂澜于既倒，不仅救失且能长善。

## 第一节　“调适机智”的理解

### 一、“机智”的理解

现代汉语中，“机智”就是脑筋灵活，能够随机应变。它是一个褒义词，机智行为主体、行为及其结果都是被主流价值观认可的。如果一个品行不端的人通过灵活的方法将事情做成了，我们不会说他机智，而只会说他狡猾。

亚里士多德认为，机智的人有两个品质。首先，被人称为机智的人是善于灵活转向的，以区别于呆板的人。其次，机智的人的另一个品质是与人交往时能表现得适度、得体，会考虑别人的感受，以区别于滑稽、粗俗的人。[①]

### 二、“调适机智”理解

现场调适机智是教学机智的一种类型，其独特性在于“调适”。首先是“调”，即已有安排，但是情况突变，需要调整。这要求教师做到有预设，不惟预设。其次要“适”，即采用适合的应对方式，其衡量标

① 亚里士多德．尼各马可伦理学[M]．北京：商务印书馆，2003：122-123.

准是行为结果良好。

对"教学机智"概念的界定，目前学界观点还没有统一。顾明远主编的《教育大辞典》认为：教学机智（teaching wit）[①] 指教师面临复杂教学情况时所表现出的一种敏感、迅速、准确的判断能力。例如在处理事前难以预料、必须特殊对待的问题时，以及对待处于一时激动状态的学生时，教师所表现的能力。

尽管前面加了"敏感、迅速、准确"的限定，后面又举例说明，但将教学机智视为一种判断能力，这一界定还是有些不妥的。首先，在价值观上，没有凸显教学机智的正确性。马克斯·范梅南认为：教学机智不是一个价值中立的术语，教学机智也受规范性的支配。我们总是想以好的方式对那些我们身负责任的孩子和年轻人采取行动。机智是具有"他者性"的实践，充满机智就是"打动"他人。他依据这种规范性进一步地将教学机智分为七个方面的指向：机智保留了孩子的空间；机智保护那些脆弱的东西；机智防止伤害；机智将破碎的东西变成整体；机智使好的品质得到巩固和加强；机智加强孩子的独特之处；机智促进孩子的学习和个性的成长。[②]

在教师行为及其结果上，没有凸显机智行为的随机应变特征，没有强调行为必须取得良好的效果。只要行动结果失败了，无论其判断多么敏感、迅速、准确，都是不能称其为教学机智的。

综上所述，教学调适机智是教师教学智慧的外显，是教学现场中教师根据实际情况灵活地调整预设方案，采取恰当行动，取得良好教学效果的能力。可以从以下几方面理解教学机智：

第一，教学机智是教师的一种教学调适能力。首先，它是一种行动能力，即通过教学现场中各种教学行为方式表现出来，例如接话、理答、

---

① 马克斯·范梅南在《教学机智：教育智慧的意蕴》中"教学机智"使用的英文是"teaching tact"。

② 马克斯·范梅南.教学机智：教育智慧的意蕴[M].李树英，译.北京：教育科学出版社，2001：211-226.

启发、提问、举例等。其次，是一种调适能力。教师不是“打无准备之仗”，他有预案，但是实际情况让他无法“按既定方案办”，他要随机应变。预案可能有助于他作出正确的判断和行动，也可能束缚住他的思维。因此，有预设而又不受限于预设是调适能力的一种表现，隐含的是教师“教学既是科学又是艺术”的观念。具体源于教师敏锐的观察力、灵活的思维力和果断的意志力等心理品质；还源于教育学、心理学水平和教学经验技巧的丰富与积累，对学生了解的深度、诚恳、爱护的态度等。①

第二，教学机智表现为教师面对复杂教学情境作出的一种恰当的行动。恰当的行动具有合规律性和合目的性的特点，即必须遵循教学的规律——学生认知规律、教学原理等，必须落实学科育人根本任务，两者分别体现了教学机智的理智之美和德行之美。

第三，教学机智是即兴的创造行为。教学机智是教师内隐的教学智慧在千变万化的教学活动中应对某种情境问题而临时作出的判断和反应。它契合逻辑而又顿悟生成（压缩了推理过程的迅速产生），它需要知识经验而又超越既有做法。

## 第二节　捕捉教学之“机”

所有真实的生活在于相遇，教学就是无止境的相遇。②师生相遇于课堂，尽管有提前的安排和预设的行动方案，但是，课堂是一个复杂的系统，包含人（教师和学生）、知识、物（教具、学具、媒体设备）、时间和空间等多种因素，这些因素相互关联、相互依存、相互作用，其中任何一个因素的变化都会导致其他因素的变化。因此，课堂上的师生相遇必然会出现意料之外的情况，这需要教师及时洞察教学之机然后采取智慧行动。

① 顾明远．教育大辞典（增订合编本）[S]. 上海：上海教育出版社，1997: 716.

② 帕克·帕尔默．教学勇气：漫步教师心灵[M]. 吴国珍，等译．上海：华东师范大学出版社，2014.

## 一、教学之机

“机智”一词顾名思义是“机”的（地）“智”，对其理解重点在于“机”的字义。“机”字的意义主要有以下五个方面：

（1）弓弩上发射箭的机件。（2）关键，要点。（3）时机，机会。（4）机灵。（5）通“几”，事情的苗头或预兆。

“几”（音 jī）繁体字为“幾”，其上部为两个“幺”，为幼小之义。下部是“戍”，防守之义。可见，“几”是微小却是有防守的“东西”，轻易不可得。几者，动之微，吉之先见者也。知几其神乎。君子见几而作，不俟终日。

根据以上义项，我们认为，教学之机是教学活动中微小的能够预示教学活动走向的关键性事物。这种关键性微小事物的出现具有偶然性，持续时间具有短暂性，保持状态具有变化性，因而很难被发现和把握。当其出现时，教学活动处于一种主要的时间节点上，必须及时抓住才能将教学活动引向一个良好的局面。

## 二、保持警觉状态

教学之机隐微的，以一种不引人注意的方式出现和存在，稍纵即逝，所以需要教师在课堂时刻处于警觉状态。

对于“机”，教师的心理状态是不同的，大致分为四种情况：随机、待机、寻机和创机。“随机”指教师在心里毫无准备的情况下“邂逅”了“机”，于是“一见钟情”，紧抓不放。“待机”指教师心里有“机”的意识，但是并无具体的方向，处于等待状态。“寻机”指教师有“机”的具体需要并积极开展搜寻行动。“创机”指教师寻机不着，转而采取行动创造“机”。“创机”与“设机”不同，“设机”是为了达到某种教学目的而预先设计方案，从而形成“机”。“创机”则是在课堂中进行，通常没有时间去从容设计，必须边设计边行动。两者在行动时间宽裕度和心理紧张度上都不同。“创机”和“寻机”表现了教师积极的态度和主动的行动，“待机”和“随机”显示了教师消极的态度和行为上的被动与等待。从创造机会、寻机出击到伺机而动、随机应变，教师由主动变为被动，思想准备性越来越弱。

教师课堂敏感是一种专业的警觉，这种警觉要适度，既不能过于松懈，也不能过于紧张。过于松懈会使教师无视教学之机，使其白白流失。过于紧张则会使教师意志不能自主而对教学之机视而不见。适度的紧张让教师思想具有一种准备性，一旦教学之机出现就能够迅速对其判断和评估，从而能够较为从容地进行决策并做出反应。

更进一步地说，教师对教学生成的敏感性可以引发主动教学机智，这与没有教学敏感性而引发的被动机智有根本上的区别。① 主动的教学机智指教师“寻机”和“创机”行为，前者是教师主动捕捉教学之机，后者指教师在寻机不得的情况下积极想办法创造机会。就此而言，教师教学现场的敏感状态已经构成智慧的行动。

## 第三节　“接化发”机智调适

从某种角度说，教师洞察教学之机已经是开始机智行动了，因为“机”是教师凭借自己的智慧“看”出来的，也许在别人眼里并不是“机”或是别样的“机”。所以这种“看”带有一种建构的因素，这是一种内在“行动”。教师教学现场的调适行动表现为多种方式，其中接好话、妙化解、善启发是主要三种。

### 一、接好话

#### （一）对“接话”的理解

师生之间的对话是课堂教学活动的主要内容和方式，教师的课堂语言中很大一部分是在“接”学生的话。“接”可以理解为时间上的连续，即学生说完，教师接着说。还可以从空间上理解，即教师将学生抛出的“物体”——“话”在落地之前接住。显然，这是个“技术活儿”，教师要

① 王卫华．教学机智论[D]．华中师范大学，2009：88.

有精准的判断力、敏捷的反应力才能接得及时、接得稳妥，这是教师课堂调适机智的一种体现。



接话主要指教师用话接学生的话，也可进一步将教师在学生话后，采取文字、图形、肢体语言、教具演示、实验操作等方式的应对行动也视为“接话”。

（二）“接话”的层级性

教师的接话从水平上可以分为三级：前去接话、接住了话、话接得好，每上升一层都表明教师教学机智水平的提高。

1. 前去接话

及时接话首先是教师表现出接话的行为，其次是接话连贯，最后是接话的时间点恰当。教育的情境通常不允许教师停下来进行反思，分析情况，仔细考虑各种可能的选择，决定最佳的行动方案，然后付诸行动。教育情境要求教师不断地行动。[①] 因此，接话的连贯性是对教师的基本要求。一旦教师接话不连贯，就会导致教学活动过程中断，致使可能的教学时机丧失。在恰当的时间点上接话可以产生叠加和共振效应，实现和放大教学之机的价值。前去接话的要求看似基本，实质很高。许多教师在课后反思自己教学时，往往会懊悔自己当时没有及时去接学生的话。其内在原因在于教学观念上的自我中心主义，或教学注意力分配方面的欠缺。

一位教师在教“认识负数”时，为引入负数，在黑板上写了“-1”。

师：像这样的数叫什么数?

生（自信地）：负一。

师：叫什么数?

生：减一。

师：老师告诉大家，这叫作负数，（板书课题）今天我们就来学习——负数。

---

① 马克斯·范梅南. 教学机智：教育智慧的意蕴[M]. 李树英，译. 北京：教育科学出版社，2001：144-145.

面对“-1”，老师想让学生回答的是哪种数，而学生关注的是什么，它是“负一”。教师没有对学生的话予以理睬，调整自己的问话，还是重复问“叫什么数”，学生由于自己的话没有得到教师的回应，所以仍然不能明白教师的问话意图，只好改个说法“减一”。如果教师在学生第一句话后，进行引导，写上“-2”“-5”……再问：它们怎么读？这些数都读“负”几，所以它们叫作负数。显然这样引出负数就自然、流畅多了。需要教师前去接话还有另外一种情况，再来看下面的案例：

师：同学们，在直尺上你能找到1厘米吗？

生1：刻度0到刻度1之间的长度就是1厘米。

师：对。还有吗？

生2：刻度2到刻度3之间的长度也是1厘米。

生3：我找到的更多，3到4，4到5，5到6，……，23到24……

这名学生非常兴奋，像打机关枪一样地一口气说到了24。老师开始还笑着点头，渐渐地就板起脸了。

当学生说得太多时，教师要及时打断，这是教师要前去接话另一种情况。这种情况课堂上也时常见到，学生由于兴奋，机械重复着往下进行，毫无思维含量，这个时候教师要机智地及时打断。

2. 接住了话

所谓接住了话是指教师能够及时地理解学生话中之意，给予恰当的回应。但教师想接话却不一定能接住，一些年轻教师接话时常常出现手忙脚乱的现象——“让话掉到地上了”。

教学《线段、射线和直线的认识》① 时，为了巧妙地引入“线段”“射线”“直线”这三个概念，老师精心设计了一个谜语导入环节，她想出三个谜面——“有始有终”“有始无终”“无始无终”，来猜“线段”“射线”“直线”这三个概念。

① 这不是独立的一课时内容，而是苏教版教材《角的认识》内容的前半部分，学生对“线段”“射线”“直线”这三个概念此前已有初步认识。

师：小朋友们，你们喜欢猜谜语吗？

生（齐声）：喜欢。

师：那你们猜一猜“有始有终”是什么呀？（教师内心期盼学生猜中“线段”）

生 1：有始有终是个圆。

老师愕然，说：圆？（发现另一位同学举手，赶忙说）你来猜。

生 2：老师，有始有终是线段。

教师释然，赶紧接道：对呀，有始有终是条线段。（回望一眼生 1）怎么能是圆呢？

……

课中的老师想接第一位学生的话，但是没有接得住。其实对于一个谜面来说猜出不同谜底很正常。如果教师能够认识到这一点，就会接着问还有没有不同猜法啊，然后让第二个同学回答。最后，也是最重要的，要让两位同学说出自己这样猜的道理，教师从中导引出线段最重要的特征——有两个端点，中间线是直的。

进一步分析这位老师没接住话的原因，可能与她的“钓鱼式”提问思维有关系。有些教师对学生提问，目的是“钓”到合适自己需要的答案。一旦答案上钩就立即提钩，如果没有自己所需要的答案就一直“钓”下去，对自己不需要的回答一概置之不理。

3. 话接得好

“好”不仅体现在话接得及时和接住了，还体现在巧妙上，能扭转不利的因素为好的局面——让学生在知识、情感和价值观上都得到发展。

一位老师在教初二学生“去绝对值号”。在讲到去掉绝对值符号后原来绝对值号里面数的变化时，刚说完“绝对值号里面是负数时，去掉绝对值符号，里面的数要变号”。突然有个学生怪声怪调地说：“变好，还变坏呢！”顿时，全班大笑。老师很气愤，但他受学生话的触动，灵感顿生，说：“太对了！就是要变好，大家要记住：绝对值符号就像监狱，如果坏人（也就是负数）

要想从里面出来，就必须要变好（变号的谐音）。老师希望刚才那个同学变得更好！”于是，大家又一阵欢笑。①

在面临学生突然的“发难”时，老师既没有暴跳如雷，也没有惊慌失措。而是灵机一动，敏锐地捕捉到学生话中的可利用因素，及时回应。不仅维持了正常的教学秩序，还更好地完成了教学任务。于学生而言，既没有因处理学生而耽误其他同学的学习时间，又对表现不好的同学进行了恰当的思想和纪律教育。于教师而言，教学机智让他的行为得当，获得良好的教学效果，这次经历让他获得了心理的满足，增强了自信，享受到了教学的魅力。

特别值得一提的是，本案例中教师的做法通过比喻、谐音产生了较好的幽默效果。幽默的教学能让学生在轻松、快乐中学得知识，得到教育，是一种学生特别乐于接受的教学方式。美国的保罗韦地曾根据他收集到的 9 万封学生来信，概括出好教师的 12 种特质，其中有一条就是要具有幽默感，因为“每天她会带来少许的欢乐，使课堂不致单调”。J·道格拉斯·吉布比较了幽默和不幽默的授课，研究显示出幽默的授课使学生记得更牢靠。苏联著名教育家维特洛夫甚至认为幽默是教育家最主要的，也是第一位的助手。②

（三）接好学生的问

接好话很重要，接好学生问话尤为重要。教师对学生问话的处理是否得当直接关系着学生数学学习的成效，关系着学生数学的提问兴趣和能力的培养，进而对学生创新意识的发展产生影响。然而，在当前的课堂上，学生主动向老师提问的现象还是不够多的，所以《义务教育数学课程标准（2011 年版）》将原有“两能”（分析问题能力、解决问题能力）扩展为“四能”（增加发现和提出问题的能力）。目的是要让学生有问题意识，爱问、敢问和会问。

① 徐斌《推敲新课程课堂》[M]. 数学卷 . 南宁：广西教育出版社，2006.

② 李如密 . 教学艺术论 [M]. 济南：山东教育出版社，1995.

尽管课堂上学生提问的现象不太多，可一旦出现往往是我们没有意料到的问题，有些问题还可能是“疑难杂症”，并不是教师们能够轻易应付得了的。请看案例《平行线》①

老师离开黑板，抖了抖手上的粉笔灰说：“现在请大家做笔记：平行的两条直线，任意加以延长，永不相交。”

学生们低下头在本子上写着。

“平行的两条直线……永不……相交……西多罗夫，你为什么不记呢？”

“我在想。”

“想什么呢？”

“为什么它们不会相交呢？”

“为什么？我不是已经讲过，因为它们是平行的呀。”

“那么，要是把它们延长到1千米，也不会相交吗？”

“当然啦。”

“要是延长到2千米呢？”

“也不会相交的。”

“要是延长到5000千米，它们就会相交了吧？”

“不会的。”

“有人试验过吗？”

“这道理本来就很清楚，用不着试验，因为这是一条公理……是不需要证明的真理呀。”

“那么，不论什么定理都可以叫作公理，也就用不着证明了吗？”

“不是任何一条定理都可以叫作公理。”

“那么为什么这一条定理就可以叫作公理呢？……”

“因为这是欧几里得说的。”

“要是他说错了呢？”

---

① 这是苏联的一篇小品文，转引自郑毓信《数学思维与小学数学》[M]. 南京：江苏教育出版社，2008: 28-30.

“……你瞧，我在黑板上画给你看……怎么样，相交了没有？”

“暂时没有。”

“好，你再看，我在墙上接着画……相交了没有？”

“没有。”

“你还要怎样呢？”

“要是再延长，延长到墙的背面上去呢？”

“现在我全明白了，你简直是个无赖，你心里很明白，但就是存心要跟我扯皮。”

……

“出去！”老师喊了起来，“收拾起你的书包见你的父母去吧。”

西多罗夫收拾起书包，抽泣着走出教室。

显然，西多罗夫不是无赖，他“存心扯皮”是他可贵的质疑品质的表现。他的质疑从数学角度看非常深刻，涉及几何学里一个非常重要的公设——平行线公设。就是因为认为平行线不相交有问题，才导致了非欧几何的产生。将西多罗夫赶出教室这种现象在我们今天的学校是不会出现了，然而忽视学生提问和不善于处理学生提问的现象还很多。就此而言，努力提高自己教学应对能力是每一位教师迫切需要解决的问题。

要想应对好学生提出的“疑难杂症”，首先需要教师对相关数学知识的本质有较为深刻的认识，在此基础上能做出合乎学生理解的解释。小学数学虽然是数学里最基本的一些内容，然而其中也有大道理。例如：为什么以前规定“0”不是自然数，现在又规定“0”是自然数？为什么有些分数能化成有限小数，有些则不能？圆周率 = 周长 ÷ 直径，为什么它还会是个无限不循环小数？为什么确定位置时说北（或南）偏东（或西）而不说东（或西）偏北（或南）？圆是不是可以看成一个 360° 的扇形？$33 \div x=2 \cdots\cdots 1$ 是不是方程？假分数假在哪里？……面对这些，我们也要问一问自己的教学本领够不够？

## 二、妙化解

### （一）洞悉实质：应变关键

教师能够巧妙应变的关键是能够在意外事件出现的时候敏锐地发现其中隐藏着的利与弊。这是关键也是前提，因为化解行为只有在洞悉它的实质后才能做出。

在《认识厘米》课上，大家学习了用尺子量长度的方法。

查老师：小朋友们，你们会用直尺测量书上小棒的长度吗？

同学们纷纷开始测量。

王玥同学带着哭腔报告：查老师，我的尺子模糊不清了，怎么办呢？

她边说边举着尺子，全班哄堂大笑。原来她的尺子用久了，前端刻度看不清楚，找不到“0”了，所以急哭了。

查老师：王玥别急别急，我请同学们帮帮你。大家看，这把尺子前边模糊不清了，还能用它量出小棒的长度吗？

同学们七嘴八舌。

查老师：大家小组讨论讨论，试试看能不能。

助人为乐，同学们热情高涨地讨论起来。

生 1：用笔把磨得不清楚的刻度描清楚。

生 2：把清楚的刻度当作“0”刻度，几厘米自己再数一数。

生 3：用后面大的刻度数减去前面小的刻度数，得几就是几厘米。

……

查老师：看来模糊不清的尺子也是可以量出长度的。（老师在黑板上画了一把刻度不全的尺子如图 7–1 所示）你能用这把尺子测量出哪些长度？

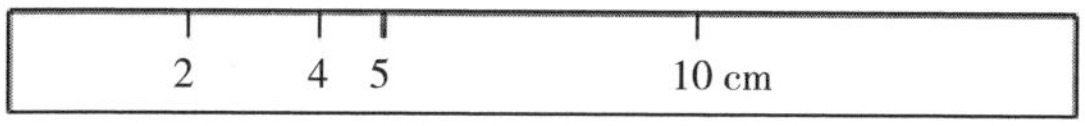


图 7–1

课堂上再次响起热烈的讨论声……

查老师面对突然出现的意外情况，机智应对，不仅解决了突发问题，还借此让全体同学都有了更多的收获。她的教学机智主要体现在两个方面：洞察意外事件的实质并对其加以充分利用。

面对王玥同学突然出现的尺子模糊这一意外事件，教师敏锐地发现了其中隐藏的教学资源：这可以让同学们学习从非0起点的测量方法，还可以让学生感受到测量长度的实质是用单位长度与要测量长度相比，长度就是包含多少个长度单位。因为有了这个认识，她才觉得这一意外是一个资源和机会，必须加以利用。

洞悉资源还要及时利用，因为课堂上不允许教师抛开学生自己停下来进行思考，所以教师得边教学边想办法。查老师是先让同学们讨论模糊不清的尺子能不能被用来测量长度，然后借题发挥，又画了一把更加残缺的尺子让学生思考能不能被用来测量。

### （二）救失与长善：两个化解层次

根据化解行动的结果可分为长善和救失两个层次。救失是指教师对发生于课堂中的偏离既定教学轨道的事件进行处理，其目标是消弭问题，使课堂回归既有轨道。长善指教师不仅能化解危机，而且能借题发挥，大胆创新，取得良好效果，这就是我们常常所说的“出彩”。

这是一节组内数学研究课，刘老师执教《认识东、南、西、北》。由于老师精心的设计，孩子们都沉浸在智慧的旅行中。突然，一只小蜜蜂从窗外飞了进来。正常教学环节被打破，孩子们的目光追随着蜜蜂，指指点点，嘻嘻说笑。不知谁喊了一句：“蜜蜂会蜇人哦。”教室里顿时“爆炸”了，孩子们尖叫不已，惊慌失措，四处躲藏。孩子们的反应吓坏了小蜜蜂，它变得焦躁不安，乱飞乱撞。

刘老师稳住情绪，平静地告诉大家：“这是蜜蜂，蜜蜂通常不主动攻击人，除非感到威胁或巢穴受到干扰时才会攻击人。那种身体瘦长的马蜂更具攻击性，尤其是当巢穴受到干扰时会积极防御。看这只蜜蜂圆头圆脑、胖嘟嘟的模样多可爱啊！”大家平静了下来重回座位。小蜜蜂也闹腾累了，落在黑板上不动了。刘老师看着黑板上的课题灵机一动，说：

“同学们刚才学习了认东、南、西、北，现在老师想考考你学得怎么样。大家看蜜蜂在老师的哪面？”孩子忘了恐惧，小手林立，纷纷抢答“东面”。蜜蜂恢复了体力，飞向北面，落在了窗沿上。“现在呢？”老师继续问，学生继续答。课堂呈现一派欢乐的景象！

孩子们边齐声说边挥动手臂指引蜜蜂飞行。小蜜蜂似乎通人性，很配合地飞这飞那，最后它停在了奖状上。“你们知道蜜蜂在老师的什么方位吗？”有孩子脱口而出：“南面。”但立即遭到反驳：“不对。斜了。”“东面！”反对声同时响起：“也不对，偏了。”“东不东，南不南的。都有点偏。这是什么方向呢？我们给它取个名吧。”孩子们陷入沉思……“南东”“南斜东”“南歪东”“东偏南”“东 VS 南”“南偏东”等新奇、个性的名词此起彼伏，精彩不时绽放。最后大家通过讨论，一致认为“东南”既简洁明了又朗朗上口。老师适时拓展：“东南”也叫“南偏东”……

不知何时，蜜蜂已悄然飞走了，孩子们的学习仍在进行……[①]

蜜蜂的出现造成了课堂混乱，刘老师没有强制要求学生保持秩序，也没有赶紧去赶蜜蜂。而是灵机一动地发挥小蜜蜂的作用，它飞到哪儿学生就说哪儿的方向。这着实有趣，学生学得兴趣盎然。蜜蜂的飞行很自然地引出了“不东不南”的难题，将后面要学的“南偏东”知识都提前学了。显然，刘老师的化解不仅救失而且长善。

## 三、善启发

启发是教师最重要的教学能力，其实质是调动学生的思维积极性，提供思维攀升阶梯，让学生自己达到学习目标。其方式多样，如产婆术、抓住愤悱时机、善用生成资源、行无言之教等。

### （一）教学启发的理解

#### 1.“启发”的词义

“启发”一词源于孔子的《论语·述而》：不愤不启，不悱不发。举一隅不以三隅反，则不复也。宋代的朱熹将其解释为：愤者，心求通

① 刘桂芹．窗外来客[J]．广东教育（综合版）．2010，（3）:32.

而未得之意；悱者，口欲言而未能之貌。启，谓开其意；发，谓达其辞。“启”“发”两字连成一词，其意为阐明事例，引起对方联想而有所领悟。

《礼记·学记》进一步指出：君子之教，喻也。道而弗牵，强而弗抑，开而弗达。道而弗牵则和，强而弗抑则易，开而弗达则思。和易以思，可谓善喻矣。意思是君子的教化是善于开导，让人明白道理。引导学生而不去牵着他走；鼓励学生学习但并不抑制其个性的发展；启发学生而不将结论和盘托出。只引导而不强迫学生就会使学生容易亲近。鼓励学习而不压抑个性，使学生能够自由发挥，得以充分发展。启发学生而不必全部说出就会使学生能够自己思考。师生融洽、学习愉快、又能独立思考，这才是善于开导了。

可见，启发式教学是我国历史悠久的教学传统，其中蕴藏的教学思想具有经久不衰的魅力，深深契合“适合发展”教学理念。它不仅重视学生认知的发展，还重视学习情感、态度的培养。它高度尊重学习者的主体地位，重视学习的过程，给学生自主思考的机会。

2. 启发的机理

启发最重要的特质就是发挥学生的学习积极性，让学生自己达到学习的目标。就此而言，教师的启发内容涉及学生的学习情感、教学时机和助力方式三个方面，三者相互联系共同作用于学生的学习。

启发在调动学生学习情感方面有三项任务。在学习开始时，教师要善于创设情境，激趣生疑。在学习过程中要鼓励学生克服困难，最后要让学生获得成功的体验。启发时机把握上，既要有学生学习情感因素的考量又要有认知因素的考量，即学生进行了努力地思考，但是还没有能达到目的，此时心里特别希望能弄明白，这就是愤悱状态。所以，引发愤悱状态，在愤悱状态进行启发，是教师的教学机智所在。

就提供助力而言，主要指教师对知识内容进行转化使之成为学生更好学习的状态。就此在第七章中知识转化的策略已经非常系统地进行论述，此处仅就教师之“喻”进行分析。

君子之教，喻也。从这个角度说，教师的启发就是向学生“喻”。《古汉语词典》对“喻”的解释有四条：①晓喻，开导。《后汉书，隗嚣传》：“今略举大端，以喻吏民。”②明白，知道。《论语・里仁》：“君子喻于义，小人喻于利。”③表达，说明。《荀子・正名》：“单足以喻以一则单，单不足以喻则兼。”④比喻。《孟子・梁惠王上》：“王好战，请以战喻。”[①]综合来看，教师之“喻”可以理解为：教师通过打比方帮助学生思考，使其有所领悟。

教师打的比方要与学生学习任务之间存在某种相似性，但两者却又不完全相同，两者之间存在一定的“缝隙”（顾泠沅所说的“潜在距离”）。它应该是形象性转化和变式性转化的叠加，即教师提供的比喻是要解决问题的一种简化变式，表征的形式则是学生生活经验中的事例。一旦打比方的问题得到解决，那就可以将方法迁移到目标问题上，从而使解题获得成功。

（二）抓住愤悱状态

中国古人是非常注重教学时机的，《劝学》说：未可与言而言谓之傲，可与言而不言谓之隐，不观气色而言谓之瞽。故君子不傲，不隐，不瞽，谨顺其身。荀子将不把握好教学时机就施教的人称之为“傲”“隐”“瞽”，可见他将把握教学时机施教作为对施教者的一个基本要求。《学记》指出：时过然后学，则勤苦而难成。相反地，如果教学时机不成熟，勉强施教，就会“教之而不受，虽强告之无益，譬之以水投石，必不纳也。”（《张载集・经学理窟・学大原下》）所以，最恰当的做法是“教者但观蒙者时之所及则道之”（《易说・上经》）。

1. 创设愤悱状态

学生的“愤”“悱”状态是教师最佳的施教时机。此时，学生在学习情感上具有强烈的求知欲望，特别想把没有弄通的道理弄通，把讲不清

① 说词解字辞书研究中心 . 古汉语常用字字典（修订版）[Z]. 北京：商务印书馆，1993: 1934-1935.

楚的道理讲明白；在学习的认知方面，学生已经对学习的对象进行了全面的了解和深入的思考，思维已被激活，但是还没有打通。在这种主动的学习状态下，教师的任何一点指导都能引发学生全部注意力，将教师的指导与思考的问题结合起来进行认真的分析，寻求突破。在课堂氛围上，师生之间彼此悦纳，其乐融融，学生敢于沿着自己认为有道理的思路进行思考，敢于表达自己独特的见解。在教学方法上，教师的指导方式是多样化的，教师根据学生的状况积极主动地采取不同的方式来施教，但又具有一个共同的特点——“喻”也，即不直接给予答案，保留问题与结果之间的适当距离，让学生进行“填空”。在“跳一跳，够得着”的情况下，学生是乐学、想学的。

2. 指点迷津

处于愤悱状态下的学生，其认知处于极度困惑之中，教师的启发行为必须“点”在思维最疑惑之处，从而让学生自己悟出正确的出路。

指点学生迷津的关键有三点。一是“点”的时机，即要在迷惑得最厉害的时候“点”。迷惑得厉害是学生深入思考的表现，没有深入思考就不会感到迷惑。此时也是学生迫切想知道答案的时候。深入思考为问题的解决提供了认知的准备，迫切求知为接受点拨创造了心态条件。二是“点”的方位，即要点拨在学生最难以明白之处。三是“点”的方式，即不能直接告诉学生答案，而要让学生自己悟出错误所在，从而找到正确的解题办法。

（三）产婆促进思考

“愤悱启发”和“产婆术”是两种最具代表性的启发方法，它们分别发轫于东、西方古代的文明。几乎在相同的历史时期，由东、西方文明的两位圣哲——孔子和苏格拉底不约而同地提出。[①] 其博大精深的教学思想至今仍彰显出旺盛的生命力。

① 孔子生于公元前 551 年，卒于公元前 479 年。苏格拉底生于公元前 469 年，卒于公元前 399 年。孔子早于苏格拉底 82 年出生。

1. 佯装无知

产婆术成功实施的关键在于教师佯装无知。因为教师“无知”，学生才有机会显示自己的能力，也才敢班门弄斧。佯装无知成功的前提则是教师对学生认知状况的深刻洞悉。这诚如奥苏贝尔所言：假如我把全部教育心理学仅仅归结为一条原理的话，那么我将一言以蔽之曰：影响学习的唯一最重要的因素，就是学习者已经知道了什么。要探明这一点，并据此进行教学。如果不知道学生已经达到的认知水平，已具有了哪些知识，其困难在何处，教师的“无知”标准就难以确定，佯装就可能越位或者不到位，那“表演”就会露馅，学生就会不想行动或难以行动。

佯装无知并不是真的无知，而是相对于学生来说教师要暂时“悬置”自己的知识，以学生的眼光来寻找和确定学习的关键和困难之处，以便提供恰当的帮助——铺垫恰当的台阶，让学生自己攀上去，摘取学习的果实。佯装无知的困难还在于教师能将自己视为“一个长大的儿童”，能够真正放下身架和学生平等相处，如果没有坚定的教学民主信念，缺乏深厚的师德修养，坚毅的品质，在长途“蹲行”中是难以坚持到底的。

2. 逐步逼近答案

佯装无知是“产婆”施术的一种外显现方式，“产婆”实质作用是为学生提供认知的引导和台阶。教学中教师通常都会为学生垫台阶，做指引，只是许多情况下指引行为不能紧扣学生的情况，不能把握住学生回答要义，做出下一步恰当的“请教”。产婆术的妙处在于教师铺垫的台阶和所作的引导是基于学生已经呈现出来的具体情况，抓住要害，这样起点位置明确，前进方向清楚。同时，徐徐前行，稳步推进，直至成功。就此而言，逐渐逼近答案是产婆术另一个重要特征。

（四）善于利用错误

错误本身乃是“达到真理的一个必然的环节”，放弃经历错误也就意味着放弃经历复杂性，远离谬误实际上就是远离创造。过度的防错、避错，缺乏对差错的欣赏与容纳，大大减少了学生扩展认知范围、提高认知复杂度、接触新发现的机会，使好奇心、求知欲以及大胆尝试的探索意识被压抑乃至被扼杀。导致学生个性和思维变得谨小慎微、害怕出错，缺乏冒险勇气，这种做法与培养学生的创造品质是背道而驰的。一条缺少岔路的笔直大道，使我们的孩子失去了很多观察体验、探索发现的机会，同时也失去了来自战胜失误和取得成功的快乐。

学生学习的错误是一种宝贵而特殊的教学资源，但是它的利用与教具、学具等资源的利用有着一定的差异。一是学生学习错误资源不是显性地、预先地摆在教师面前，需要教师在教学现场及时地捕捉，然后加以分析，洞察其中的有利因素，再通过适当的方式进行利用；二是学生的学习错误是因时、因地、因人、因内容等因素而变的，其利用不能照搬照套既有的方法，必须进行具体的处理才能运用；三是学生的学习错误是把“双刃剑”，用得不好会“伤人”。因为，将错误进行不当重复，很可能使错误在学生的大脑中留下深刻的印象，这会对正确的理解和记忆产生负面影响。

（五）行无言之教

传说孔子曾带着弟子向老子请教。老子闭目不言，很长时间后才张开嘴，用手指着自己的嘴问：“你看到我的牙怎么样？”孔子说：“掉了很多。”又问：“我的舌头怎么样？”孔子说：“还好。”老子又闭眼静坐。孔子和弟子退出后，有弟子抱怨老子无礼，什么也没说。孔子说：“他告诉了我们一个大智慧啊！你们看牙齿是坚硬的，舌头是柔弱的，坚硬的牙齿掉了许多，而柔弱的舌头却完好无损，这是说柔能克刚啊。”学生恍然大悟。

无言之教就是教师不明说，而是通过看似无关的体态、行为，暗示学生，让学生自己觉悟出来，以达到“此时无声胜有声”的效果。无言之教是教师教学机智发展到高级境界的体现。

教师行无言之教要有三个条件：一是教师要对学生有信心；第二要把握住问题的难度，把握住“潜在距离”；第三要提供足够的暗示，创设情境、举例子、做动作等。例如，教学“分数的认识”时，为了帮助学生从“分一个物体”的认识水平跃升到“分一个整体”的认识水平。教师出示了一盘桃，上面用布盖着，先让同学们说分数，然后揭开布让学生发现里面是一些桃。由此，学生感受到一些桃组成的整体也可以被当作“一个物体”来分。进一步地，教师再出示一盘桃，上面仍然盖着布。待说过分数后揭开布，发现盘中的桃数量又变了。学生于是感悟到不同数量的物体都可以被看成一个整体。

# 第八章　适合发展：智慧教学课堂评价

## 第一节　“和合”：智慧教学课堂文化的追求

和合是中华民族先贤在实践中孕育的智慧。“和”指和谐、和平、祥和；“合”指结合、融合、合作。和合连起来讲，指在承认不同事物之矛盾、差异的前提下，把彼此不同的事物统一于一个相互依存的整体中。不同事物在和合的过程中，相互吸取优长而克避其短，达到最佳组合。由此促进新事物的产生，推动事物的发展。[①]

和合对于指向学科育人的智慧课堂而言，既是课堂的文化样态，也是实现这一文化的行动方式。其中，“和”是指教学活动诸因素之间相互依存和谐共处的状态，“合”则是指各种力量相互配合成最佳组合，产生最大合力。和合就是指课堂上的各种因素进行合理的利用发挥最大的合力实现学科育人的目标。

和合作为教学智慧的文化特征，主要表现为四点：师生关系和谐、教学目标和成、教学方法合适、多种力量合一。

### 一、师生关系和谐

教学活动中，教师和学生是最重要的两个因素，他们是整个教学活动的主体，其和谐的关系状态不仅是智慧课堂的文化追求，更是学科育人的需要。

师生间平等民主和同学间亲密友好的关系，有助于营造出一种安全、

① 中华和合文化弘扬工程组委会秘书处，中华和合文化弘扬工程组委会成都分组委会．中华和合文化研究及其时代意义［J］．社会科学研究，1997（6）：68.

和谐的课堂氛围。在这种氛围里，学生不用去关心如何去取悦教师，不用去在意同学们对自己的态度，而把注意力集中在运用材料和观念进行探究和创新上。研究表明，“心理安全”和“心理自由”是创新能力形成的两个重要条件。通常情况下，具有高创造力的人常常具有偏离文化常规的倾向，常常会做出“离经叛道”“荒诞怪异”的行为，如果环境能够给予他们充分的容忍和有力的支持，那么他们就会感到安全和自由，从而更好地发挥自身的创造力。对于学生来说也是如此，教师要允许、容忍、理解学生的错误，对学生的学习行为进行延迟评价。教师应把工作重点放在帮助学生弄清为什么错和如何改进上，而不是放在学习结果正确与否的评判上，更不能唯结果是论。

当然，教师在充分尊重学生的同时也要注意另一种极端现象的出现，那就是“跪着教书”。一些教师对学生过度奖励、虚假表扬、不当许愿、招安式封官和无原则迁就等[①]。吴非说：“要想学生成为站直了的人，教师就不能跪着教书。如果教师没有独立思考的精神，他的学生会是什么样的人？……中国首先得有铁骨铮铮的教师，教育的辞书中才能有‘铸造’这样的词条。”[②]

从学生角度而言，建立良好的师生关系一方面要提倡“吾爱吾师，吾更爱真理”的精神，秉持“行止有章，思想无疆”的学风。不唯师，敢于直抒胸臆，大胆质疑；另一方面又要尊师重教，遵守纪律，讲究秩序。对待同学时要真诚相处，团结友爱；学习上见贤思齐，取长补短；相互合作，相互帮助；既不要欺凌弱小，也不要自卑胆怯。

## 二、教学目标和成

《管子·内业》中有：凡食之道，大充，伤而形不臧；大摄，骨枯而血沍。充摄之间，此谓和成。精之所舍，而知之所生。吃饭的规律是：吃得太多，伤胃而身体不好；吃得太少，骨枯而血液停滞。吃得多少适中，

① 王九红．教师贿赂学生的社会学剖析 [J]. 江苏教育．2006（11）：30.
② 吴非．不跪着教书 [M]. 上海：华东师范大学出版社，2004.

才可以感觉舒和，使精气有所寄托、智慧能够生长。

“和成”除了“饮食数量适中，有助于生长”这个义项外，还有“媒人促成婚姻”的义项。将两个义项叠加，我们可用它来描述智慧课堂目标达成的理想态。

所谓教学目标的和成，简而言之，就是教学目标各部分“和”着“成”了。“和”是指教学目标的各个部分关系能够和，即身、心、知、情、意，三维目标——知识与技能、过程与方法、情感态度与价值观三者的和。“和”不是“同”，即教学目标各个部分的分量是不一样的，投入的精力是不一样的，它们有主次之分，有缓急之别。

“成”就是教学目标达成。目标达成也应是一种“和”的样态，而不是“同”的样态。即不同学生应该达成不同的目标，实现不同的发展。要在所有学生都得到发展的基础上，每个学生得到不同的发展。在每个学生素质全面发展的基础上，致力于素质的个性化发展。这种适合的发展基于学生的个体差异，也是一种适度的发展——既不缺位也不越位。

我们还可以借用打麻将游戏对教学目标进行“和成”的理解。打麻将和（hú）（成）牌才能赢，所以每把牌都要力争和成，而且尽可能和成最大的牌。但是大家会发现一个现象，就是每把都想和成大牌的人往往会输。所以“麻诀”云：能成大牌和大牌（能组成大牌的要努力和大牌），不成大牌和小牌（不能组成大牌的必须和小牌），不成小牌少输牌（尽量不出冲或出冲给小牌）。这给我们的启示是：教学目标和成要有根据学生和教学内容具体情况确定目标达成程度的意识。不要一味地追求每一节课都达成最全面、最高标准的目标，要知道“舍”。现在许多教师和一些评课者在目标达成上总是做加法，很少做减法，使课的“头绪”越来越多。我们要学会算总账，总账赢就是赢，过程中、某些方面少赢一点甚至输一点不要紧。其实，现在很多人提倡的大单元教学就是注重算总账，可能每一课目标达成不全面，但整个单元所有课合起来的目标总达成效益会很好。

## 三、教学方法合适

教学智慧最重要的一个要求就是“教无定法，贵在得法”。世界上不存在唯一的最优教学程序，只能从学习者的具体情况出发，设计与之相称的理想化程序。适合的就是最好的，合适是评判教学方法优劣必须遵循的原则。

遵循合适的原则，首先要因材施教。要根据不同的学生来采取不同的方法。对于小学生而言，其思维发展的基本特点是以具体形象思维为主要形式，逐步过渡到以抽象逻辑思维为主要形式；但是这种抽象逻辑思维在很大程度上仍然与感性经验相联系，仍然具有很大成分的具体形象性。所以，教学方法上要多借助教具、学具、图像、声音等感性材料，多采用观察、操作、演示、表演、游戏等动态教学方式。帮助他们建立表象、为思维活动提供支持。所以小学的课堂上动的比较多：动眼看、动耳听、动手做、动口说、动脚走、动脑想、动心感受，合作、交流、讨论、辩论、争论……当然，其中的动脑和动心是最重要的，这有助于学生智力和情感的发展。

遵循合适的原则，其次要因“材”施教。要根据不同的学习内容采取不同的方法，不同学科知识应采取不同的学习方式。例如，弗赖登塔尔就反复强调：“学习数学的唯一正确方法是实行‘再创造’，也就是由学生本人把要学的东西自己去发现或创造出来；教师的任务是引导和帮助学生去进行这种再创造的工作，而不是把现成的答案告诉给学生。这是一种最自然、最有效的学习方法。说它最自然，是因为生物学‘个体发展过程是群体发展过程的重现’这条原理在数学学习上也是成立的，即数学发展的历程也应在个人身上重现，这才符合人的认识规律。”[①] 显然，“再创造”这种学习方式是很不适合英语学习的，因为语言有许多约定俗成的内容，外国人是无法对其进行创造的。

同一学科不同类型的知识也要采用不同的教学方式与之相匹配。就

① 弗赖登塔尔．作为教育任务的数学[M]．陈昌平，唐瑞芬，译．上海教育出版社，1995.

数学而言，数与代数、空间与图形、统计与概率、实践与综合运用的学习方式也各有特点。自主、合作和探究的学习方式应该被提倡，但要根据各种具体的情况灵活采用。现在许多教师在大力推行小组合作的学习方式，取得了不少经验，但也出现了诸多问题——课堂教学效率降低、班额太大难以组织管理等，这些都需要老师们存在一个学习者、学习方式和学习内容相匹配的意识，进而加以统筹。数学家陈省身的意见能够给我们提供借鉴，他在回答张奠宙关于合作讨论的询问时说："数学是自己思考的产物。首先要能思考起来，用自己的见解和别人的见解交换，会有很好的效果。但是，思考数学问题需要很长的时间。我不知道中小学数学课堂是否能提供很多的思考时间。"[①] 显然，独立思考、形成自己的意见是合作讨论的前提和基础，而独立的思考需要充分的时间，离开时间的保障，合作讨论就不能得到真正的实施。

遵循合适的原则，就当前来说，要加强"学为中心"意识。要考虑学生的差异性，实施差异教学。差异教学不能简化为分层教学，分层教学主要依据学生学业水平的高低，差异教学考量的因素不仅有学业水平，还有学生的认知风格、性格特征、性别差异等。要真正地落实"学为中心"，教师要多放手，留足学生自主学习的空间。

## 四、多种力量合一

我们往往用"人剑合一"来形容古代剑客武艺之高超。从教师运用多种力量来实现学科育人目标的角度看，也存在着一个多种力量合一的问题。

总体上看，教师拥有的教学力量主要有人力（教师、学生）、教材（知识）、媒体设施等，整合好这些力量才能实现学科育人的目标。

人是最重要的力量，我们要发挥好。强调"学为中心"，充分发挥学生的主体作用，不是要削弱教师的主导力量，相反的是要加强教师的力量。教师要更加用心，更加投入地研究如何使学生的力量发挥得更好。

教师要善于发挥教材的力量。教材是许多学科专家和教学专家精心

① 张孝达．数学大师论数学教育[M]．杭州：浙江教育出版社，2007：60.

编写的，是将学科知识教学化的产物，教师应用心研读，深入理解。千万别为了求新求异而弃用教材，要平衡好自我开发和使用教材的关系。

媒体设施是承载、加工和传递信息的介质或工具。自“互联网+”概念提出后，虚拟现实、人工智能、区域链等技术不断用于教育教学中，教学媒体边界被大大拓展。这些新技术和新媒体给既有的教育环境和教学方式带来巨大的改变，为教师智慧的教学提供有力的支持。其中，人工智能技术能够支持无处不在的学习访问，有助于确保提供公平和包容性的教育机会，促进个性化学习，提升学习成果。[①] 如何充分利用这些现代教育技术、数据、信息和设备，使之和教师的人力相叠加，形成最大合力，取得最佳效果，是教师需要深入研究的问题。

当前在信息技术使用上存在不少问题，如态度问题、能力问题。在态度上，一些教师投入不足，不是根据教学需要加工、选择和制作适合教学需要的课件，而是奉行“拿来主义”，一味地、简单地、不加选择地使用现成的教材配套光盘或别人制作的课件，导致教学效率不高，甚至还起了反作用。而且，由于新技术不断涌现，媒体及其技术迭代更新加快，许多老师跟不上步伐，不能很好地使用和发挥新技术、新设备的功用。

以上从四个方面简要阐述了“和合”作为智慧课堂的文化特征，其在教学实践中很好地达成，需要教师艰苦的努力。正如亚里士多德所言：“这当然是难的，尤其是在一些具体的境况中。要规定一个人究竟该如何、对谁、出于何种原因、多长时间发怒才是合适的，这自然不容易，我们有时称赞发脾气太少的人，称他是儒雅的，有时又称赞怒发冲冠的人，说他像个男子汉。但是我们并不谴责无论是根据过度还是根据不及都只偏离正确航线一点点的人，我们会谴责偏离正确航线太远的人。至于偏离多远、多严重就当受到谴责，这难以确定。确定无疑的是，尽管中庸的品质在所有事情上都值得称赞，但人们必定有时偏向过度方面一些，有时又偏向不及一面多些，目的还是为了契合中庸，更易于达到适度。”

---

① 亚里士多德．尼各马可伦理学（注释导读本）[M]．邓安庆，译，北京：人民出版社，2010: 98.

## 第二节　适合发展：智慧教学课堂评价

“适合发展课堂”智慧教学评价目的是通过诊断教师的教学行为及其结果，改进教师的教学行为，让教师更为智慧地教学，促进学生更适合地发展，落实学科育人根本任务。其评价的内容包含教师教学观念与行为、学生学习行为与状态两大方面。具体从学科育人价值体现、教学活动创意设计、教学现场机智互动、和合课堂文化建设四个维度进行。

### 一、智慧教学课堂评价的四个维度

指向学生适合发展的学科智慧教学评价是一个体系，其主要构成应该围绕“学生适合发展”和“教师智慧教学”进行。“教师智慧教学”是评价的主要对象和内容，可分为教学活动创意设计、教学现场机智互动两个方面。

“学生适合发展”是衡量“教师智慧教学”的标准，两者目的性关系的实质就是“学科育人”，状态性关系的表现就是“和合”文化。

“学科育人价值体现”“教学活动创意设计”“教学现场机智互动”“和合课堂文化建设”从四个维度构成“适合发展课堂”智慧教学评价的结构框架（图 8–1），它们各有侧重，相互联系，共同完成对“适合发展课堂”智慧教学的整体评价任务。“学科育人价值体现”是统领，其余三者是其实现方式与路径。“教学活动创意设计”与“教学现场机智互动”形成了“和合课堂文化建设”。

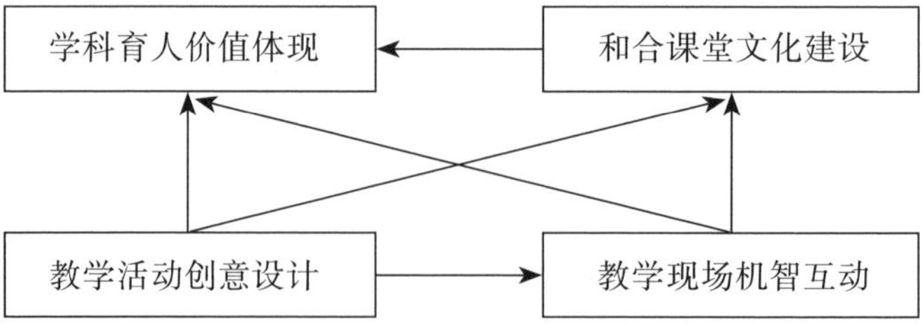


图 8–1

（一）学科育人价值体现

学科之所以能育人是源于学科知识的本质。学科知识是人创造的，没有人对知识发展的追求，没有人对知识加以专业化处理、形成合理的逻辑结构，就没有所谓的学科。学科是为了人、为了发展人的。人在学科学习中得到培养和发展，学科在人的学习、研究中被拓展和创新。因此，学科的本质与核心价值就在以人为本的理念和行动中，就在与人发生的关系中。可见，学科育人是学科本质的应有之义。①

学科知识具有层次性，它的外显层是数字、文字、术语、图表、线条等；中间层由思维方式、方法和过程构成，它潜藏在知识表层背后，是可以通过分析、判断、推理来呈现和展示出的一组程序和法则；其内在的隐性层由情感、态度与价值观构成，是人们在知识探索过程中积淀的各种价值体验与隐蔽形式。②

据此，我们将学科育人价值体现为三个层次：工具性价值、方法性价值、精神性价值。工具性价值是指让学生获得知识和发展能力。方法性价值是指让学生通过知识的学习获得潜藏在知识背后的思维和方法，在学习过程中经历合作、探究、成功的体验。精神性价值是指促进学生情感、态度、价值观方面的发展。很明显，这三方面的育人价值对应着课程“三维目标”——知识与技能、过程与方法、情感态度与价值观。

（二）教学活动创意设计

教学设计是整个教学活动的起始，学科教学育人价值的实现，师生现场教学活动的开展，课堂和合文化的形成都需要在教学设计时统筹考虑，富有创意的教学设计能使整个教学活动更富实效性、更富艺术性。从智慧教学的角度看，教学活动创意设计给学生学习开拓的空间越大，偏离预设的情况就越多，教师把控的难度就越大。教师要尽量充分地预

① 成尚荣．学科育人：教学改革的指南针和准绳[J].课程·教材·教法，2019，39(10)：84.

② 柳夕浪．学科本质与人格力量的相互激荡（上）[N].中国教师报，2018.05.16.

设各种可能出现的新情况。学科育人价值的开发，不只局限于学科内容的深度开发，还包括围绕着学科教学进行的实践活动设计，这两方面共同构成了教学活动设计的创意内容。一方面，教师要善于使已经凝固化的书本知识重新活化起来，将它与知识发现者、知识发现过程联系起来；使知识与学生的生活世界、已有的认知与经验关联起来。另一方面，是研究学生共有的基础、差异类型，研究他们与学科知识相关的兴趣与困难等。教学活动创意设计的成果是将每节课具体要教学的内容与教学过程的事先策划结合起来，构成“弹性化的教学方案”，[①] 即充分考虑学生具有的创造性，做好多种预案，便于课堂现场的临时应对。

教学活动创意设计是教师教学设计智谋的一个重要方面，其目的是尽可能地适合学生学习。这就要求教师既要掌握各种教学规律和熟练运用各种教学方法，还要不能满足于照本宣科，沿袭旧法，而是要在情境创设、方法运用、资源开发等方面大胆创新。

“情境创设”主要是在课的起始部分，有了好的情境创设就成功了一半。情境创设的目的有两个：一是巧妙引入新知，既要自然符合逻辑，又要富有新意，出人意料；二是要能够激趣生疑，既调动起学生的好奇心、求知欲，又做好相关旧知准备和思维预热。学生既然想学了，那么教师就要为学生提供足够的学习空间，让他们承担足够的思维负荷。就此而言，提供足够的思维空间与调动学习积极性同样重要。

“方法运用”主要体现在两个方面：一是科学，一是灵活。前者指方法运用遵循教育学和心理学规律，根据班级学情合理组合和运用各种基本教学方法。后者指教师能够根据教学现场的具体情况，灵活调整教学方法，使教学富有成效。

“资源开发”指围绕本节课教材核心内容进行教学内容的丰富和拓展，包括横向的广泛联系和纵向的适当加深。具体可以从知识内容“从哪里来”“如何展开”“往哪里去”三方面进行，从满足不同学生发展

① 叶澜．重建课堂教学价值观[J]．教育研究，2002（05）：3-7.

需要出发，为学生课后进一步学习提出新问题，提供资源包。

**（三）教学现场机智互动**

教学就是无止境的相遇①。无论教师在设计阶段考虑得如何周到，其加工出的“那盘菜”还是会出现“不合口”的情况。例如，创设的情境没有达成预期的效果，采用的方法不能适合现场学生的学习，设计的问题过浅或过深，师生互动时碰撞出新的火花……当预案不能很好地适合学生学习时，教师必须进行及时而恰当的调整。一般的课堂如此，“适合发展课堂”则需要更多的智慧教学行动。

我们对教师在教学现场的机智互动评价可以从三个方面进行，即评价师生对话水平、教师启发方法和机智应变行为。

“对话水平”是指师生对话不能停留在形式上和表层上，而是能在围绕共同话题的前提下进行深层意义的探讨，在彼此的碰撞中能够生成出新的意义。对话过程中，教师要善于提出问题启发学生思考，及时接话，妥善处理学生的回答。

“启发方法”上，教师要根据学生情况，采取不同的方法，如操作、画图、举例子、打比方、产婆术等。重在激发学生思维活力，尽量让学生自己得出正确结论。启发要根据学习难度采取不同方法，对于最近发展区中的内容遵循由远及近的原则。对于难度较大的问题，可以采取深入浅出的讲解方法。

“机智应变”。课堂上，教师采用多种方法增强课堂活力，让学生在师生、生生互动中深入思考，迸发创造力，生成出新的意义。面对生成情况，教师不拘泥于教案，面对不利情况能及时出手救失，能及时捕捉其中的有利资源，推动教学向更好局面发展。

**（四）和合课堂文化建设**

学科育人说到底是教师在以自身的人格育人，教师将自身的价值观

---

① 帕克·帕尔默．教学勇气：漫步教师心灵[M]．吴国珍，等译．上海：华东师范大学出版社，2014：9.

念和情感态度在教学设计和现场与学生互动中直接或间接地呈现出来，从而传达真理，塑造灵魂，成就真人。教师的人格在课堂中以弥散的方式发挥作用，教师的人格总是真实而自然地流露在教学过程中，总是在特定的情境中闪耀发光，让学生时时处处感受得到、触摸得到。教师微笑的脸庞、温暖的胸怀，好似汩汩的清泉、和煦的春风，沁入学生的心脾。教师在课堂上散发的人格魅力及学生形成的学习状态构成了和合课堂文化。

建设和合课堂文化的目的是营造和谐的学习氛围，合多方力量促进学生发展。我们主要选取以下三个方面对其进行评价：

一是思想无疆。教师作风民主，态度和蔼亲切，学生能大胆地表达自己的意见。追求奇思妙想不断喷涌、创新火花不时闪现的课堂状态。面对学生匪夷所思的想法，甚至离经叛道的行为，教师有宽容之心且能循循善诱，对学生抱有积极的期待，善于赏识和激励。

二是行止有章。鼓励学生思想无疆并不意味着放任纵容不良的行为，我们追求的课堂样态是活而不乱。这不仅是出于课堂上人数较多的客观原因，更是出于我们培养学生规则意识和良好习惯的主观追求。行止之“章”，首先是政治思想的正确，要弘扬社会主义核心价值观和中华民族优秀文化传统。其次指课堂纪律。师生相互尊重，同学相互友爱。做到师道尊严和“吾爱吾师，吾更爱真理”的兼顾与平衡。

三是适合发展。就全体学生而言，不同学生获得不同的发展，即让优秀的学生达到他力所能及的最高成就，让待发展学生达到国家课程标准规定的水平。就学生个体而言，在促进其全面发展的基础上，激发其潜能，扬其长而补其短，助力其全面而又个性地发展。

## 二、适合发展：智慧教学课堂评价表

依据学科教学智慧课堂评价的四个维度及其内容，可以编制《教师教学智慧课堂评价表》（表 8–1）。本表不同于一般的课堂评价表，不是从教学目标、教学过程和教学效果等方面对课堂进行评价。我们的目的是指向教师的课堂智慧教学，是考察教师在学科育人价值落实上智慧教学的表现情况，对学生表现和课堂状况的考察都是为了获取对教师智慧教学表现评价的依据。

**表 8–1　适合发展：智慧教学课堂评价表**

| 观察维度 | 观察内容 | 权重 1—4 分 | 得分 | 其他意见（4 分） |
|---|---|---|---|---|
| 学科育人价值体现 | 工具性价值 | 知识理解 | | |
| | | 能力发展 | | |
| | 方法性价值 | 经历过程 | | |
| | | 情感体验 | | |
| | 精神性价值 | 性格养成 | | |
| | | 思想道德 | | |
| 教学活动创意设计 | 情境创设 | 激趣生疑 | | |
| | | 思维空间 | | |
| | 方法运用 | 方法科学 | | |
| | | 流程合理 | | |
| | 资源开发 | 资源丰富 | | |
| | | 媒体使用 | | |
| 教学现场机智互动 | 对话水平 | 善于提问 | | |
| | | 恰当理答 | | |
| | 启发方法 | 富有成效 | | |
| | | 灵活多样 | | |
| | 应变机智 | 及时救失 | | |
| | | 相机长善 | | |
| 课堂文化氛围建设 | 思想无疆 | 鼓励创新 | | |
| | | 仁爱容错 | | |
| | 行止有章 | 活而不乱 | | |
| | | 思想正确 | | |
| | 适合发展 | 扬长补短 | | |
| | | 立地顶天 | | |
| 总分 | | | | |
| 说明：总分 100 分，其中 24 项三级指标共 96 分，其他意见 4 分。<br>100—85 分优秀；84—70 分良好；69—60 分合格；60 分以下不合格。 | | | | |

本评价表采取封闭评价与开放评价相结合、质性评价与量化评价相结合的方式，将教师在“适合发展课堂”上智慧教学的表现分为“学科育人价值体现、教学活动创意设计、教学现场机智互动、课堂文化氛围建设”4个维度。每个维度分为3个二级指标，每个二级指标又分为2个三级指标，共由24个三级指标构成了评价的主要内容。

从量化评价的需要出发，本表满分为100分。其中，每个指标赋值1—4分，最高96分。剩余4分是评价者的独特意见，教师们可以在表格相应区域将自己有别于24条指标的意见描述出来。

## 第三节　天正小学学生学业质量资料解读

江苏省基础教育质量监测中心是江苏省教育厅下属单位，其所进行的学业质量测试严格基于课程标准，体现了国家课程标准对学知识技能和能力素养的要求。其“学业质量”不仅限于学科学习质量，还包括学生个性特征、成长环境。以下是监测中心2021年发布的南京市天正小学四年级学生数学学业部分数据资料，从一个角度呈现天正小学“适合发展”教学的实践成效。

### 一、学业质量综合指数及其解读

（一）2020年四年级学生学业质量综合指数一览表（表8–2）

表8–2

| 一级指标 | 二级指标 | 本校 | 所在区县 | 所在市 | 全省 |
|---|---|---|---|---|---|
| A1.学生学业水平指数 | B1.学生学业成绩标准达成指数 | 98.3 | 97.5 | 95.5 | 93.4 |
| | B2.学生高层次思维能力指数 | 82.6 | 68.9 | 61.7 | 56.6 |
| A2.学生品德行为和劳动意识指数 | B3.学生品德行为指数 | 100 | 93.8 | 89.3 | 88.2 |
| | B4.学生劳动意识指数 | 82.7 | 78.4 | 74.6 | 72.5 |
| A3.学生身心健康指数 | B5.学生身体质量指数 | 74.2 | 68.9 | 66.9 | 62.4 |
| | B6.学生心理健康指数 | 91.2 | 81.6 | 76.5 | 74.0 |

（续表）

| 一级指标 | 二级指标 | 本校 | 所在区县 | 所在市 | 全省 |
|---|---|---|---|---|---|
| A4. 学生学习动力指数 | B7. 内部学习动机指数 | 84.8 | 80.9 | 76.7 | 74.6 |
| | B8. 学习自信心指数 | 90.6 | 83.6 | 78.8 | 77.2 |
| A5. 学业负担和压力指数 | B9. 学业负担综合指数 | 0.6 | 2.5 | 6.1 | 14.0 |
| | B10. 睡眠指数 | 37.6 | 39.4 | 43.7 | 48.7 |
| | B11. 作业指数 | 5.9 | 25.9 | 38.5 | 53.7 |
| | B12. 校内补课指数 | – | – | – | – |
| | B13. 校外补课指数 | 4.7 | 14.9 | 28.1 | 45.7 |
| | B14. 学习压力指数 | 36.7 | 16.7 | 20.6 | 27.3 |
| A6. 学校学习环境指数 | B15. 师生关系指数 | 93.6 | 86.3 | 79.7 | 72.5 |
| | B16. 同伴关系指数 | 85.7 | 81.8 | 76.1 | 72.3 |
| | B17. 学校认同指数 | 94.5 | 91.4 | 89.1 | 87.6 |
| A7. 家庭成长环境指数 | B18. 家长参与指数 | 87.5 | 80 | 74 | 72.4 |
| | B19. 亲子关系指数 | 89.9 | 80.7 | 74.6 | 71.7 |
| A8. 教师教学方式指数 | B20. 教师教学方式指数 | 98.7 | 86.1 | 76.2 | 67.8 |

（二）解读：学业水平高，有较强的抗压能力

学业负担指数定义为百分制，指数越高，表示该区域学生学业负担较轻的学生所占比例越高，学业负担相对越轻。观察上表可以发现，除A5 指标数据低于省区市水平外，其他所有指标数据均高于省区市水平。这表明天正小学学生学业质量综合指标整体居全省高水平。具体有以下几点特征：

1. 学业质量水平高

（1）指数 90 分以上的二级指标多

B1. 学生学业成绩标准达成指数 98.3；B3. 学生品德行为指数 100；B6. 学生心理健康指数 91.2；B8. 学习自信心指数 90.6；B15. 师生关系指数 93.6；B17. 学校认同指数 94.5；B20. 教师教学方式指数 98.7。

（2）指数没达到 90 分的二级指标均高于省均 10 分以上

包括：B4. 学生劳动意识指数；B5. 学生身体质量指数；B7. 内部学习

动机指数；B16. 同伴关系指数；B18. 家长参与指数；B19. 亲子关系指数。

（3）天正小学“适合发展”教学成效显著

A6. 学校学习环境指数和 A7. 家庭成长环境指数全都在 85 以上，均高于省区市水平。A8. 教师教学方式指数高达 98.7。这充分说明了多年来天正小学将“适合的教育”理念和“适合发展”教学主张已经落到实处，得到学生的高度认可。

2. 学生抗压能力强

本次监测通过调查学生的睡眠时间、做作业时间和校内外补课时间来反映当前学生的学业负担。学业负担指数是通过采集学生问卷数据，进行数据分析得到的结果。将小学生睡眠时间在 9 小时以上、做作业时间在 1 小时以下，且没有参加校内外任何形式补课界定为学业负担较轻。

观察 A5 指标可以发现，其中 B9、B10、B11 和 B13 均显著低于省区市水平。这说明按照上述规定，天正小学学生的学习负担很重。但是，我们同时发现 B14. 学习压力指数是 36.7，竟高出所在区 20 个百分点。对此我们做如下解读：

学习负担是根据规定来计量的，相对于学生来说这是一个“外在”标准。学习压力是一种学生的主观感受。对于天正小学学生来说，“外在”标准下的学习高负担并没有导致高的学习压力。我们可以认为，天正小学学生抗压能力显著高于同区域学生。

## 二、数学学科学业质量数据及解读

（一）四年级学生总体在数学学科上的分数分布图（图 8–2）及解读

解读：江苏省学业质量检测将每个学科总分转化成平均分为 500，标准差为 100 的量尺分数。从图中可以看出：南京市天正小学的学生数学分数呈正态分布，这与其没有选择性生源的实际相吻合。与全省情况相比，天正学生成绩分布偏向优秀端，550 分以上的人数占比显著高于全省。

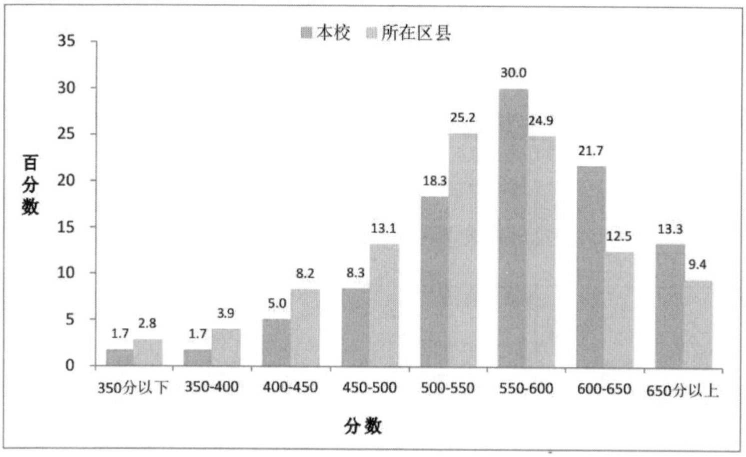


图 8-2

（二）不同群体学生在数学学科总体上的表现及解读[①]

如图 8-3 所示。整体上，天正小学优秀人数占比达 73%，优良人数占比达 95% 显著高于省区市水平。

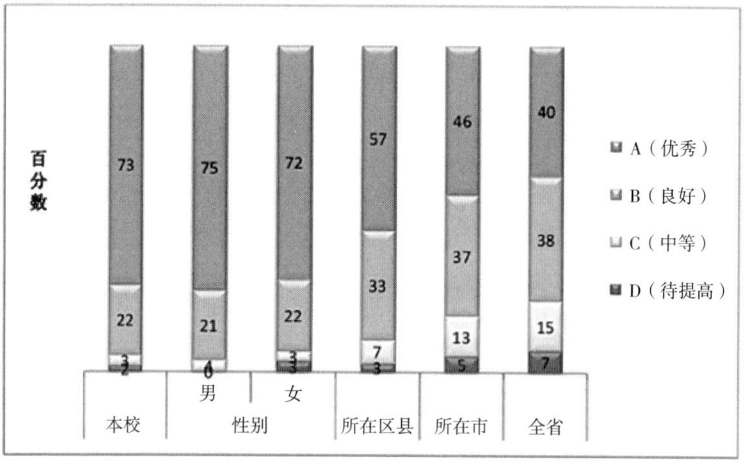


图 8-3

① 小数点后的数值按四舍五入取值，部分指标的百分比加总不等于百分之百。

# 第二部分　案例解析

# 第九章　数与代数

数学是研究数量关系与空间形式的科学。从小学数学课程内容构成看，“数与代数”是最重要的内容，它是课程其他内容的有机构成。它特别有利于小学生数感、量感、符号意识、运算能力、推理意识、数据意识、模型意识、应用意识和创新意识等核心素养的培养。

本章选取其中最重要、最具代表性的内容——数的认识、数的运算和解决问题策略的案例，从智慧教学设计和现场机智调适两个方面进行呈现和解析。

## 第一节　《百分数的认识》教学实录与解析

**【智慧教学设计】**

**一、教学内容丰满结构**

苏教版教材《百分数的认识》第一课时内容主要有：百分数的产生、意义、读写等，以此为中心进行如下扩充：

（一）知识从何而来

改造教材例题，增加“根据比赛的投篮情况，你觉得球队哪一场表现好一些？理由是什么？”扩大思考空间。

（二）知识如何展开

1. 百分数与分数的关系。

2. “%”的由来、其英语单词。

3. 十分数（成数、折数）、千分数、万分数。

（三）知识向何而去

百分数作为统计量，其优势及其在生活中的运用。

## 二、教学目标顶天立地

（一）立地目标

知道百分数的产生、理解百分数的意义、会正确读写百分数。

（二）顶天目标

1. 认识到百分数与十分数（成数、折数）、千分数、万分数具有共同的性质，是表示占比的一类统计量。会在生活中恰当运用。

2. 能画图表示百分数与分数的关系。

3. 知道“%”的由来、掌握其英语单词。

## 三、学生作业弹性选择

（一）基本作业

1. 教科书“练一练”和“试一试”。

2. 补充：

（1）根据统计，某地学生的近视情况如图 9–1。

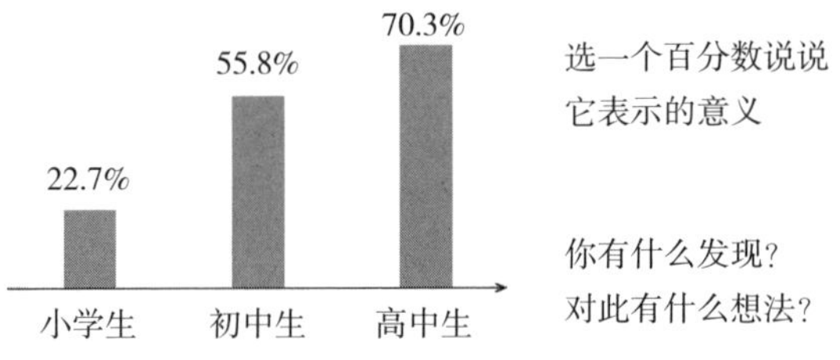


图 9–1

（2）生活中，你还见过哪些百分数？说说下面文字中百分数的含义。

我国新产业、新业态、新商业模式的“三新经济”快速发展。2015 年到 2019 年，“三新”经济增加值占 GDP 的比重由 14.8% 提高到 16.3%。

（二）综合作业

1. 生活中，你还见过哪些百分数？说说下面百分数的含义。

2. 截至 2019 年底，我国居民人均预期寿命达 77.3 岁，比 2015 年增长 1 岁，主要健康指标优于中高收入国家平均水平。数据显示，2019 年孕产妇死亡率和婴儿死亡率下降到$\frac{17.8}{10万}$和5.6‰。全国设有老年医学科的医疗卫生机构3459个……

$\frac{17.8}{10万}$和5.6‰分别是什么意思？

你还知道哪些表示占比的数？

（三）拓展作业

以“××× 百分数 ×××”为题写一篇数学小短文。要求：

1. 字数不少于300字；

2. 文体不限。说明文、记叙文、议论文、诗歌都可以。

**【现场机智调适】**

## 一、引入

板书课题。

师：百分数了解吗？大家想学什么？

生：我想学什么是百分数；百分数的计算；为什么要学百分数？我想学百分数有什么用？百分数与别的数之间怎么转化？……

师：爱因斯坦说过“提出一个问题比解决一个问题更重要”，大家可以再提出些问题。现在我们来深入学习。

## 二、探究

（一）百分数从何而来

1. 分析“谁的表现好”

例题：学校篮球队参加了三场比赛，王老师记录了这三场比赛中的投篮情况。（表9-1）

**表 9-1**

| – | 第一场 | 第二场 | 第三场 |
|---|---|---|---|
| 投篮次数 | 25 | 20 | 30 |
| 投中次数 | 17 | 13 | 18 |

根据投篮情况，你觉得球队哪一场表现好一些？理由是什么？

生1：我觉得是第二场，他投中的次数虽然少，但是他投中的精准率比较高一些。

师：精准率是什么意思？

生 1：比如说投了 5 个，5 个都进了，精准率最高，一个都没中精准率最低。

师：有道理，但是三场都没有全中啊，怎么知道第二场精准率高呢？

生 1：我把它化成分数来算的，第一场投中次数占投篮次数的 $\frac{17}{25}$，第二场 $\frac{13}{20}$，第三场 $\frac{18}{30}$。最后得出 $\frac{13}{20}$ 比其他两个都要大，第二场精准率最高。

教师板书：$\frac{17}{25}$　$\frac{13}{20}$　$\frac{18}{30}$

师：$\frac{13}{20}$ 最大，第二场精准率最高，你们同意吗？

生 2：我觉得第一场应该比第二场高一些。它们分别是 $\frac{17}{25}$ 和 $\frac{13}{20}$，换成同一个单位，分别是 $\frac{68}{100}$ 和 $\frac{65}{100}$。

教师板书：$=\frac{68}{100}$　$=\frac{65}{100}$

师：大家有没有别的想法？根据投篮情况，你觉得球队哪一场表现好一些？（停顿一会儿）我觉得最后一场表现好一些，这有没有道理？

生 3：打球投球准很重要，但他投篮的次数也很重要。第三场投篮次数是 30 次比其他两场都多，所以我觉得第三场表现也很好。

师：有道理！你们怎么看？比赛是以什么为标准来判定胜负的？

许多学生：得分多。

师：对啊，谁得分多谁就赢，第三场 18 个进球是最多的，你能说不好吗？还有没有不同的想法？

（无人回答。）

师：我现在又认为第二场好了，这有没有理由？

生：第一场投了 25 次，只进了 17 次，投篮的和投中的相差 8；第三场投了 30 次，只中了 18 次，相差 12 次；第二场只差 7，就是只投丢了 7 个球。

师：三场比赛中，第二场投丢的最少，表现得好不好？

生：好。

师：你说第二场好，我说第三场好，她又说第一场好，大家怎么看待这事儿？是的，三场比赛各有各的好，第一场精准率最高，第二场投失的最少，第三场投进的最多。（表 9–2）

**表 9–2**

| – | 第一场 | 第二场 | 第三场 |
|---|---|---|---|
| 投篮次数 | 25 | 20 | 30 |
| 投中次数 | 17 | 13 | 18 |
| 没中次数 | 8 | 7 | 12 |
| 命中率 | 68/100 | 65/100 | 60/100 |

事情其实更复杂，比如现在说第三场不好，因为虽然得分最多，但是对方得分更多，我还是输了。所以，我们看问题不要死脑筋，要看得更多一些。

2. 探究“百分数从何而来”

出示：从投中次数占比投篮次数的情况看，哪一场比赛的投球水平更好一些？

师：对于投球来说，什么最重要？

生 1：看谁投中的多，因为比赛看得分高低。

生 2：得分多固然很重要，但是如果你投的比别人多得的多，并不能说明你投篮水平高。

师：你是说不能只看投中的多，还要看投了多少个，对吧？

生 3：我觉得应该看精准率。

师：精准率篮球术语叫得分率。看得分率，理由是什么？

生：因为你得分率高意味着你投中的多。

师：得分率高，投中的就多，在什么情况下成立？

生：在投的次数一样多的时候。

师：投的次数一样，得分率越高，投中的就越多。现在从得分率情况看，哪场表现更好一些？

生：应该是第一场。因为三场得分率别是：$\frac{17}{25}$、$\frac{13}{20}$、$\frac{18}{30}$，可以把它们化成以 100 为分母的分数相比较。因为第一个是$\frac{68}{100}$，大于$\frac{65}{100}$，大于$\frac{60}{100}$，所以第一场最好。

师：$\frac{13}{20}=\frac{65}{100}$，$\frac{18}{30}=\frac{60}{100}$，为什么要把它们分母都变成 100 呢？

生：为了方便比较大小，100 是 25、20、5 的最小公倍数。

师：如果不这样，有没有别的方法比较它们的大小？

生：不用 100 也可以，你只要保证它们的分母是公倍数就行。

师：分母是公倍数就行，200 行不行？（行）300 行不行？（也行）只要分母是它们的公倍数都可以。在所有公倍数中 100 最小，最简便。如果我们不用这种方法，有没有别的方法来比较？

生：可以把每个分数值都算出来，就是用分子除以分母算成小数，比较小数。

师：对，可以化成小数来比较。大家算一下，能口算吗？

生：分子分母都乘以 4，就是$\frac{68}{100}$，就是 0.68.

师：哈，你还是先变成分母是 100 的分数再化成小数。竖式计算比较麻烦，这样方便。其实这个小数就是一个分母为 100 的分数，你看 $17\div25=0.68$，0.68 的小数单位是什么？0.01 或$\frac{1}{100}$，它的分母是不是 100？

（二）百分数是什么

1. 百分数的读写

师：百分数有专门的表示符号。（书写“%”）我们可以用这个百分号来表示这些数。（68%、65%、60%，大家一起读）

2. 百分号的来历

师：百分号怎么来的呢？一个符号的产生是有历史渊源的。

出示“百分号的起源”（图 9–2）。

师：美元里“分”叫什么？（cent）“分”和“百”怎么联系在一起的？不管是美元还是人民币，1 元都是多少分？（100 分）这个符号就是这样演变成的。

“%”这个符号，起源于十五世纪的意大利商人，当他们为自己的货物降价时，会使用一种特定的编写符号：一个小小的P，旁边是一个充满艺术风格的C，上面还画着一个小圆圈，用来代表Percent（百分之……）。

Per（每）　　cent（百、分）

图 9–2

3. 百分数的意义

师：百分号专门用于表示百分数，那什么是百分数呢？请大家一并地回答下面几个问题：

什么是百分数？

百分数与分数是什么关系？百分数为什么要用“%”来表示？

有了分数为什么还要学百分数？

生1：百分数就是分母是100的分数。

生2：我觉得百分数的概念并不是百分之几，而是一个数占另一个数的百分之几。

师：“占”是什么意思？

生：就是两个数相比较。

师：是的，所以百分数又叫百分比、百分率，它表示两个数之间的关系。分母是100的分数不表示关系，有这种情况吗？

生：有，比如说$\frac{3}{100}$吨，它就是0.3吨，它不是百分数。

师：分母为100的分数不一定是百分数，百分数的分母一定是100。想一想什么是百分数？

生：表示一个数是另一个数的百分之几的数，叫作百分数。百分数又叫百分比或百分率。

师：哈，你说的和书上一模一样。（出示书上定义）“是”就是刚才同学说的“占”，它表明两个数之间的关系不是增加或减少关系，也不是倍数关系。我用什么表示“占”的？

生：分数线。（图9–3）

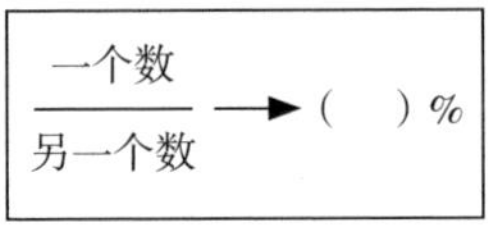


图 9–3

4. 百分数与分数的关系

师：百分数与分数是什么关系？能通过画一个图来表示吗？

学生展示。你能用一个词来表示图中（图 9–4）它们的关系吗？

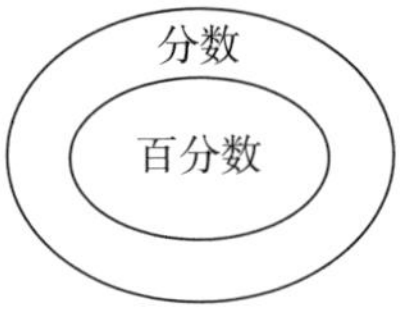


图 9–4

生：包括，分数包括百分数。

师：“包括”非常好。你想说什么？

生：我觉得应该是“属于”。

师：谁属于谁？

生：百分数属于分数。

师：数学上有一个词叫包含，分数包含百分数，百分数包含于分数。我画了这样的图（图 9–5）。

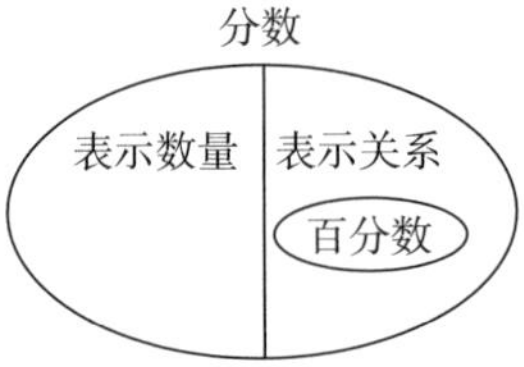


图 9–5

增加了什么东西？

生：增加了一条竖线。将图分成了两部分，一半表示数量，一半表示关系，而且你把百分数分在了表示关系的那一半。

师：这条竖线将分数分成两个不交叉的部分，要么表示数量，要么表示关系。

余下两个问题怎么回答？

生：我觉得用百分号来表示是为了跟普通的分数区分开。若不这样写，它有可能表示数量。用分数表示关系没有用百分数好。

师：用分数表示关系没有用百分数好，是这样吗？大家请看。（出示表 9–3 左边两栏）

表 9–3　各国的高铁线路覆盖率

| 国家 | 分数 | 百分数 |
| --- | --- | --- |
| 中国 | 73/250 | 29.2% |
| 美国 | 3/1000 | 0.3% |
| 日本 | 17/130 | 13.1% |
| 挪威 | 3/200 | 1.5% |
| 西班牙 | 1/50 | 2% |

师：看了之后有什么感觉？

生：很乱，很难比较。

教师出示百分数栏。

师：再看这个，怎么样？一目了然。所以我们通常用百分数表示占比的统计。

## 三、强化

（一）基本练习

第 1 题、第 2 题略（教科书“练一练”和“试一试”）。

第 3 题：根据统计，某地学生的近视情况如图 9–6：

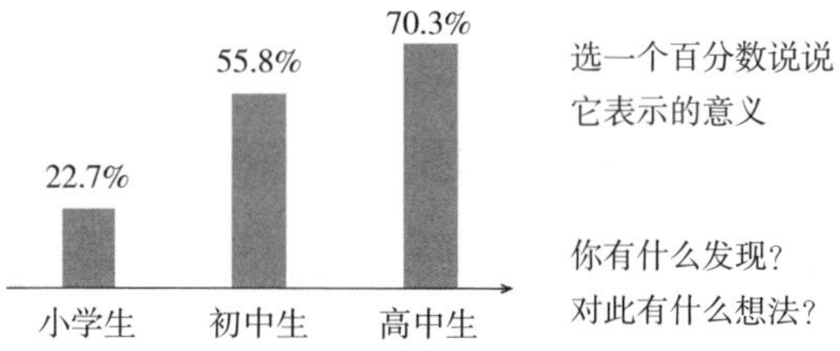


图 9–6

第 4 题：生活中，你还见过哪些百分数？说说下面百分数的含义。

> 我国新产业、新业态、新商业模式的“三新经济”快速发展。2015—2019 年，“三新”经济增加值占 GDP 的比重由 14.8% 提高到 16.3%。

师：这是学习强国 App 上的资料。新产业、新业态、新商业模式称之为“三新经济”，你能举一个“三新经济”的例子吗？疫情防控期间有一种产业不但没有下滑反而往上升，是什么？

生：口罩、消毒液。

师：它们是物品，三新经济方式指一种行业、一种职业。

生：带货。

师：带货，快递、外卖。知道不知道 GDP？若 GDP 不知道，大家回去研究。

（二）知识拓展

1. 认识十分数、千分数

> 截至 2019 年底，我国居民人均寿命达 77.3 岁，比 2015 年增长 1 岁，主要健康指标优于中高收入国家平均水平。数据显示，2019 年，孕产妇死亡率和下降到$\frac{17.8}{10\text{万}}$和 5.6‰。全国设有老年医学科的医疗卫生机构 3459 个……

师：读得很好，两个地方有点问题。（指着“$\frac{17.8}{10\text{万}}$和 5.6‰”）怎么读？什么意思？

学生的读法各种各样。

师：是的，分别读作十万分之七点八和千分之五点六。“‰”这个下面多个 0 叫千分号。$\frac{17.8}{10\text{万}}$的孕妇死亡率和 5.6‰的婴儿死亡率都是非常低的，表明我们中国的医疗越来越好。你们在生活中还有没有见过别的表示占比的数？

生：在电视上看到，每次重启就会出现一个条子，那个条会一直往前面走，上面会显示百分之几。

师：那是数据下载进度，是百分数。表示占比的数还有没有别的形式？

你们去过商场吧，商场会降价打折，比如八折出售，表示什么？

生：以原价的 $\frac{8}{10}$ 出售。

师：这是折数。还有成数，也用十分之几表示，比如庄稼遇到灾害减产了，只有九成了，就是原来的 $\frac{9}{10}$ 。折数和成数都是十分数。请大家考虑一个问题，为什么有了百分数还要出现十分数、千分数，万分数？

生：我觉得表示占比东西的数量不一样，他需要用的这个单位也是不一样的。

师：他用了“单位”这个词，意思是表示占比的精确度。我们粗略一点看占比的话就用十分数，要是精确度比较高或者占比程度非常小，就要用千分数甚至是万分数、十万分数。百分数比较适中，所以使用最为广泛。十分数、千分数，万分数有相同的地方，都表示一个数占另一个数的份额多少。

2. 课外作业

> 以“××× 百分数 ×××”为题写一篇数学小短文。
> 要求：
> 1. 字数不少于 300 字。
> 2. 文体不限，说明文、记叙文、议论文、诗歌都可以。

师：今天家庭作业够特别，数学老师让写作文。你准备怎么写？想起个什么题目？

生 1：可恶的百分数。

师：哈哈，写作文没时间玩了，是可恶。你想说什么？

生 2：实用的百分数。

生 3：神奇的百分数。

师：好，还有没有？我想看看同学们的创新能力，求异思维。

生 4：百分数的好处。

师：有创新，人家说可恶的百分数，他倒过来说百分数的好处。谁再说一个不同的题目？

生 5：充满趣味的百分数。

师：这也是 ×× 百分数，百分数 ×× 呢？

生 6：百分数在生活中的运用。

师：可以吧？这是百分数 ××。你的创新是什么？

生 7：钻研百分数的真正意义。

师：他创新在哪个地方？ ×× 百分数 ××。

生 8：就是百分数。

师：去掉 ××，百分数，很好。今天的课就上到这，期待你们的说明文、记叙文甚至是诗歌。

【智慧教学解读】

## 一、改造课本例题，扩大思考空间

苏霍姆林斯基说，不要让任何一个儿童在低于他才能的水平上学习。我们实行的原则是每一个学生在学习中都应达到他力所能及的成就。为此，本节课对教材例题进行两处改造：一是将“可以怎样比较这三场比赛的投篮情况？”改为“根据投篮情况，你觉得球队哪一场表现好一些？理由是什么？”这一改变增加了问题的复杂性，扩大了思维空间。因为根据投篮情况评价球队表现好坏的角度是多样的。我们可以根据投中的次数来评价，投中的多得分就高。也可以根据出手次数来评价，出手次数多说明控球情况好。还可以根据投篮失误的次数来评价，失误少说明球队训练水平高。当然，还有最重要的一种标准，即根据投中次数与投球次数占比情况来评价，这也是原例题的意图。不同视角会得到不同的结论，这有助于学生对事物复杂性的认识，促进辩证思维的发展。二是将例题中的 16 改为 17，这一“小动作”将教科书“陌生化”了，给课堂制造出个小惊奇——事先预习过的学生出错，引发不同意见。

## 二、基于学习需要，自主建构知识

要让学生成为知识的主人，最好的做法是让其基于需要自己建构出它。在分析“谁的表现好”之后，教学活动聚焦“哪一场比赛的投球水平更好”的问题。大家认识到以“投中数占投球总数”的分数值为评判标准是最好的方式，而且将分数分母统一成 100 更便于比较。此时，同学们已经初步建构了百分数概念。进一步地，同学们还认识到百分数的分母是 100 只是一种选择，其他公倍数也可以做分母。占比结果也可以用小数表示，它与百分数表示的实质是一致的，因为两位小数的计数单位是$\frac{1}{100}$。

## 三、适当扩充内容，深化知识理解

“什么是百分数”是教学核心内容，教材只编有百分数意义、百分号和读写。此处对其进行扩充，一是介绍了百分号来历。图文并茂，直观形象地呈现了百分号的演变过程，让学生学习了英语单词 percent。通过用不同形式表示高铁覆盖率，凸显了百分号的价值和百分数的优点。二是厘清了学生关于分数的认识，它既可以表示数量，又可以表示关系。三是直观呈现了百分数与分数的关系，不仅深化了学生对百分数意义的理解，还使学生的知识更加结构化。

## 四、联系生活实际，发展综合素养

练习强化阶段的内容扩充主要立足于百分数去往何处，即选择百分数在实际生活的应用。其目的有二：深化知识理解与发展综合素养。具体做法分为三个层次。一是通过中小学生近视条形统计图和学习强国 App 上的“三新经济”数据来加深学生对百分数的理解。二是通过学习强国 App 上的资料让学生认识到百分数是一种表示占比的统计量，除了它还有十分数（折数、成数）、千分数（‰）、十万分数（$\frac{17.8}{10\text{万}}$）等。百分数之所以使用得最普遍，因为它的“精确度”比较适中。而十分数比较笼统、千分数和万分数等则适用于占比份额较小的情况。从统计量的角度将它们呈现出来有助于扩展学生的认知结构，让学生认识其本质。三是通过以“× × 百分数 × ×”为题的短文写作来巩固和发展学生对百分数的认识，思维和想象空间较大。既有助于学生个性化学习与表达，又有助于学生将数学知识与其他知识有机地融合，促进数学素养的提高。

这些内容扩充还有助于学生综合素养的发展。练习题的背景涉及学生的视力现状、中国高铁的发展、医疗保健水平的提高、三新经济方式和 GDP 等，这些不仅有助于学生知识面的扩展，还有助于社会主义核心价值观的形成。

总之，本节《百分数》内容的扩充包含三个方面，即百分数“从何而来”“如何发展”“去往何处”。“从何而来”解决学习百分数的需要问题，这是让学生知道知识的来龙，其教学通常处于课的开始阶段。“如何发展”解决的是百分数是什么，它与哪些知识相关联，它们之间有什么样的逻辑关系，其教学通常在课的探究环节。“去往何处”解决的是百分数有什么用的问题，是让学生明白知识的去脉，其教学通常安排在课的强化阶段。

进一步看，为学生提供丰富饱满的内容不仅是满足“能吃”学生的需要，也是帮助学困生的一种有效方式。正如苏霍姆林斯基所言，要防止差生落后的现象，就必须让天赋高、有才能的学生在他们力所能及的那些学科上和创造性活动领域里超越大纲的界限。我们深信，如果班上有几个学生在研究大纲以外的材料，那么班上就永远不会出现考不及格的学生。

当然，为学生提供丰富饱满学习内容的依据是学生的需要，不能简单地增加数量和难度，否则就会产生学生学不了、不想学的问题。更不能颠倒过来，以完成更多的内容为目的而采取硬性灌输的教学方式，使课堂沦落为刷题场、训练营。

## 第二节　《分数除以整数》教学实录与解析①

**【智慧教学设计】**

### 一、教学内容丰满结构

苏教版教材《分数除以整数》内容主要有：分数除以整数的含义、计算的算理、计算方法等，以此为中心进行如下扩充：

（一）知识从何而来

改造教材例题的要求，增加“为什么用除法计算？”并提出探究要求，扩大思考空间。

（二）知识如何展开

1. 用自己的方法来说明怎么算。

① 本课由陈丽老师执教和撰稿。

2. 分数除以整数与分数乘分数之间的内在关系。

3. 会用字母式子 $\frac{b}{a} \div c = \frac{b}{a} \times \frac{1}{c} = \frac{b}{ac}$（$c \neq 0$）表示计算方法。

（三）知识向何而去

体现数与计算的一致性：分数除以整数与整数、小数除以整数一样，都是在算有多少个相应的计数单位。

## 二、教学目标顶天立地

（一）立地目标

知道分数除以整数的含义，理解并掌握分数除以整数的计算方法，并能正确计算。

（二）顶天目标

1. 会用一个含有字母的式子表示出分数除以整数的一般计算方法。

2. 能根据同一幅图，分别写出分数乘分数、分数除以整数的算式。

3. 认识数与计算的一致性。知道分数除以整数与整数除法、小数除法计算道理一样，实际都在算有多少个相应的计数单位。

## 三、学生作业弹性选择

（一）基本作业

1. 教科书“练一练”和练习七第 1 题。

2. 补充：根据同一幅图可以写出几道什么算式？（图 9–7）

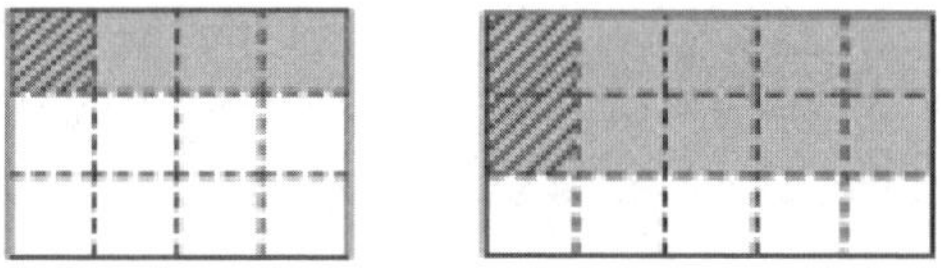

①　　　　②

图 9–7

（二）综合作业

$60 \div 2$　　　　$0.6 \div 2$　　　　$\frac{6}{7} \div 2$

算算这组题，你能发现什么？

（三）拓展作业

课后，欢迎你选一道好题或者一份和本节课知识有关的阅读资料，并带到班级分享！

## 【现场机智调适】

### 一、问题引入

师：老师这里有一杯$\frac{4}{5}$升的果汁，将其平均分给 2 个小朋友喝，每人喝多少升？怎样列式？

生：$\frac{4}{5}\div 2=\frac{2}{5}$（升）。（学生将答案也报出来了）

师：哈，连答案都算出来了。我们先来看看为什么是除法算式？

生：把$\frac{4}{5}$升平均分成两份，求每份是多少，用除法计算。

师：看来啊——分数除以整数的意义和整数除法的意义相同。（板书课题：分数除以整数）

### 二、自主探究

（一）初次探究

1. 引发探讨

师：$\frac{4}{5}\div 2=$ 该怎样计算呢？结果是不是$\frac{2}{5}$？大家先独立思考，再小组交流，请看要求：

> 1. 想：想办法来说明怎么算。
> 2. 写：把你的想法写在学习单上。
> 3. 说：完成后在小组里交流并理解。

展示学生的代表性作品，学生观察、思考。

生 1：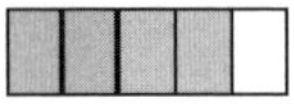

生 2：$\frac{4}{5}\div 2=\frac{4\div 2}{5}=\frac{2}{5}$（升）。

生 3：$\frac{4}{5}\div 2=0.8\div 2=0.4$（升）。

生 4：倒数，$\frac{4}{5}\div 2=\frac{4}{5}\times\frac{1}{2}=\frac{2}{5}$（升）。

生 5：$\frac{4}{5}$升$=800$ 毫升，$800\div 2=400$（毫升），400 毫升$=\frac{2}{5}$升。

生 6：$\frac{4}{5}\div 2=(\frac{4}{5}\times\frac{1}{2})\div(2\times\frac{1}{2})=\frac{4}{5}\times\frac{1}{2}=\frac{2}{5}$（升）。

师：这些观点你怎么看？和同桌讨论一下。

2. 解说算理

师：你想介绍哪一种方法？

生：第 2 种，把 4 个$\frac{1}{5}$平均分成两份，每份是$(4\div 2)$个$\frac{1}{5}$升，也就是$\frac{2}{5}$升。

师：大家再来看看，不同的算法之间有没有什么联系？

生 1：我认为第 2 种方法和第 4 种很接近，第 4 种$\frac{4}{5}\div 2$是把 4 个$\frac{1}{5}$平均分成两份，和第 2 种表示的意思一样。

生 2：还有第一种方法，因为它把 1 个平均分成了四份，又取其中的两份。

生 3：我觉得第 3 种、第 5 种也和它们一样，第 3 种只是把分数化成了小数再除以 2，把 8 个 0.1 平均分成两份，8 除以 2 进行计算，第 5 种是把分数化成了整数再除以 2。

生 4：其实这些方法都是把新知转化成旧知。

师：它们都是把$\frac{4}{5}$平均分成两份，表示其中的一份，表示的就是$\frac{4}{5}$的$\frac{1}{2}$。你们真会学习，方法不同，但道理相通。

（二）二次探究

课件出示：量杯里有$\frac{4}{5}$升果汁，平均分给 _____ 个小朋友喝，每人喝多少升？

师：你想平均分给几个小朋友？每人喝多少升？先自己填填、算算。

生 1：我想平均分给 3 个小朋友。在计算$\frac{4}{5}\div 2$时，可以直接用 4 除以 2，但是这里 4 除以 3 不方便计算，而且转化成 $0.8\div 3$ 也除不尽。把$\frac{4}{5}$升平均分成 3 份，求每份是多少，就是求$\frac{4}{5}$升的$\frac{1}{3}$是多少，$\frac{4}{5}\div 3=\frac{4}{5}\times\frac{1}{3}=\frac{4}{15}$（升）（板书算式）。

生 2：我想平均分给 5 个小朋友，把$\frac{4}{5}$升平均分成 5 份，求每份是多少，就是求$\frac{4}{5}$升的$\frac{1}{5}$是多少，$\frac{4}{5}\div 5=\frac{4}{5}\times\frac{1}{5}=\frac{4}{25}$（升）（板书算式）。

其他举例：$\frac{4}{5}\div 4=\frac{4\div 4}{5}=\frac{1}{5}$（升）；$\frac{4}{5}\div 8=\frac{4}{5}\times\frac{1}{8}=\frac{1}{10}$（升）；$\frac{4}{5}\div 42=\frac{4}{5}\times\frac{1}{42}=\frac{2}{105}$（升）；$\frac{4}{5}\div 800=\frac{4}{5}\times\frac{1}{800}=\frac{1}{1000}$（升）……

（三）优化算法

师：上面这些方法你喜欢哪一种？为什么？

生 1：我喜欢将分数除法转化成分数乘法的方法，因为分数除以的整数较大的话，画图比较麻烦。

生 2：有的分数还不能化成小数。

生 3：我也喜欢将分数除法转化成分数乘法的方法，它更普遍适用。

（四）归纳总结

师：现在你能说说分数除以整数该怎样计算了吗？

生：分数除以整数等于分数乘这个整数的倒数。

师：你能用字母来表示这种方法吗？

在教师帮助下学生得出：$\frac{b}{a} \div c = \frac{b}{a} \times \frac{1}{c} = \frac{b}{ac}$（$c \neq 0$）（教师板书）。

【智慧教学解读】

## 一、提炼关键问题，扩大思维空间

对教学内容的适学化加工是“适合发展”的根本。本节课开始教师直接呈现教材例题，在列出 $\frac{4}{5} \div 2$ 算式后，聚焦“想办法来说明怎么算。”这样就扩展了学生的思维空间，出现了丰富多彩的方法。有分数化小数的，有选择画图的，有化成低级单位的，有利用比的基本性质的。画出的图形有长方形、线段、方格……这些方法来自学生自主思考，是他们对已有的知识的灵活调用，这非常有利于学生解决问题能力的发展。其实，在很多情况下，学生面对新问题不是没有相应的解决问题的旧知识，而是缺乏有效激活调用的能力。

## 二、基于学习需求，自主建构知识

相对于教材预设的计算上的逻辑起点，实际上学生已经处于“越位”状态。课前询问学生：怎样计算分数除以整数？有一部分学生脱口而出他们的计算方法。面对有的知道有的不知道，有的知得多有的知得少“一锅夹生饭”情况，本节课教师设计了一个开放的学习任务，让学生自己填喝果汁小朋友的人数。所填人数与 $\frac{4}{5}$ 之间存在多种关系，需要不同的转化方法。例如，选择填“3”的，发现 4 不能被 3 整除，直接除也不行，得另想他法。选择填“5”的，可以先用 $4 \div 5 = 0.8$，$\frac{0.8}{5}$ 怎么办？这些都是新问题，都需要学生思考。最终学生会发现，只有“将除以一个数变成乘这个数的倒数”才是通法。

设计一个开放问题，让学生自主探究、小组交流、全班汇报成为一种必需，让自主学习真的发生。此时，所有的学生都卷入学习活动中，各自选择，积极参与，避免了资优生不想学，待发展生学不了的情况，让“立地顶天”教学目标有效落地。

## 三、丰富教学内容，深化知识理解

满足学生可能的多样性学习需要，需要对教学内容进行丰富拓展，这意味着对知识进行结构化处理。“贯通联系”是一个很好的策略，具体做法是：第一步，让学生根据同一幅图写出不同算式，以此沟通分数除以整数与分数乘分数之间的内在联系，深化了分数除以整数的含义；第二步，引导学生借助计算 $60 \div 2$、$0.6 \div 2$、$\frac{6}{7} \div 2$，体会分数除以整数与整数除法、小数除法计算道理是相同的，学生透过现象看本质，加深了对计算学习的理解和感悟，对知识结构进行重构，形成更高层次的认知结构；第三步，进行“好题推荐与阅读分享”，以此来巩固和发展学生对分数除以整数的认识，自由度和思维空间较大，便于学生开展个性化学习和跨学科知识学习。

## 四、关联多元表征，发展抽象能力

学生更多的是依靠模仿和记忆“分数除以整数等于分数乘这个整数的倒数”，算法以“定义”方式储存在学生脑海里缺乏生长性与同化性，因此，引导学生自己创建多元理解尤为重要。课堂上有动态的操作表征，用画直观图说明算法；有用语言表征的，“把 4 个 $\frac{1}{5}$ 平均分成两份，每份是（$4 \div 2$）个 $\frac{1}{5}$ 升，也就是 $\frac{2}{5}$ 升。”；还有用算式符号推导的。在后续交流中，学生还将不同表征方式进行联系和转换，得出“它们都是把 $\frac{4}{5}$ 平均分成两份，表示其中的一份，就是 $\frac{4}{5}$ 的 $\frac{1}{2}$。”学生在脑海中建立起多元化又相互关联的“意象”，并进一步抽象出字母式子：$\frac{b}{a} \div c = \frac{b}{a} \times \frac{1}{c} = \frac{b}{ac}$。学生通过思维路径的正迁移学习，多元说理，完成了思维的抽象过程，并构建了算法模型。

多元表征为学生学习进阶提供合适的平台和路径，各种表征相互协调、渗透与互补，有效降低待发展生认知负荷，同时也是资优生智慧生长的核心，达到对数学知识的个性化理解与应用。

## 第三节 《解决问题的策略：从条件想起》教学实录与解析

**【智慧教学设计】**

### 一、教学内容丰满结构

苏教版数学三年级上册《解决问题的策略》主要内容是“从条件想起”策略（综合法），具体包含分步解答和列表解答两种方法，以此为中心进行如下扩充：

（一）知识从何而来

提问：1. 根据这些条件可以解决什么问题？需要哪些条件？

2. 你觉得两个条件中哪个比较难理解？

（二）知识如何展开

1. 画图、代数式等多种方式表示“以后每天都比前一天多摘 5 个”。

2. 区分“数量条件”和“关系条件”。

3. 综合算式解答：35+5+5；35+5×2；35+5×4 等。

（三）知识向何而去

创设实际问题情境，让学生选择不同条件解决不同问题，从而初步渗透综合法树形图。

### 二、教学目标顶天立地

（一）立地目标

知道利用条件解决问题；会用分步算式和列表法解题。

（二）顶天目标

1. 会用画图、代数式等表示“以后每天都比前一天多摘 5 个”条件。

2. 会用综合算式等多种方法解题。

3. 知道条件可以分为“数量条件”和“关系条件”。

## 三、学生作业弹性选择

（一）基本作业

教科书“想想做做”1。

（二）综合作业

教科书“想想做做”2。

（三）拓展作业

根据下面的条件你能解决什么问题？

（1）科技社团有男生 35 人。

（2）科技社团有女生 25 人。

（3）美术社团人数是科技社团人数的一半。

（4）音乐社团人数比科技社团人数少 16 人。

（5）美术社团有男生 2 人。

## 【现场机智调适】

## 一、铺引

师：果园里的桃子成熟了，小猴帮妈妈摘桃，他摘桃的本领越来越强。你瞧！（课件出示例 1 前半部分，图 9-8）

1 小猴帮妈妈摘桃，第一天摘了 30 个，以后每天都比前一天多摘 5 个。小猴第三天摘了多少个？第五天呢？

图 9-8

同学们，从图中你们知道了些什么？

生：我知道小猴第一天摘了 30 个桃，还知道他以后每天都比前一天多摘 5 个桃。

师：你知道的这些信息在解答问题的时候叫它什么啊？（板书：条件）

利用条件我可以求出什么？（板书：问题）

根据这些条件，你能提出哪些问题？

生：第二天摘几个桃？

第三天摘多少个桃？

第四天摘多少个桃？

第五天摘多少个桃？

两天一共摘多少个桃？

……

师：看来大家还可以提出更多的问题，我们选两个："小猴第三天摘了多少个？第五天呢？"（课件出示）你们能解答出这些问题吗？

【简析】这一环节自然地引出了"条件"和"问题"概念，激活学生已有的从条件提问题的经验，为从条件想问题这一解决问题策略的学习做了铺垫。

## 二、探究

（一）理解数量关系

师：解答数学题，首先要读题目。题目的意思你们都能理解吗？哪儿比较难理解？

生：以后每天都比前一天多摘 5 个。

师：你是怎么理解这句话的？

生 1：第二天比第一天多摘 5 个，第三天比第二天多摘 5 个……

生 2：第一天摘的个数加上 5 就是第二天摘的个数，第二天摘的个数加 5 就是第三天……

师在黑板上画箭头表示。（图 9–9）

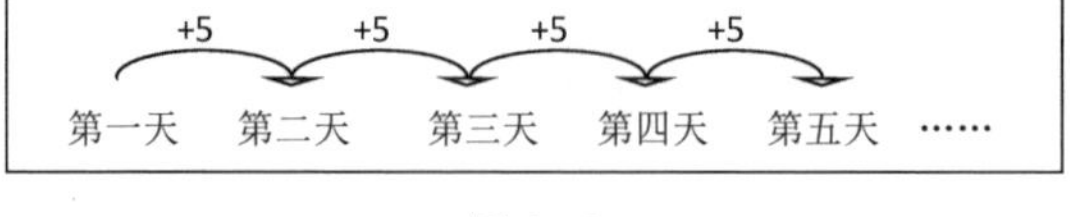


图 9–9

师：这句话还可以怎么理解？

生 3：第三天比第一天多摘 5+5 个，第四天比第一天多摘 5+5+5 个，第五天比第一天多摘 5+5+5+5 个。

师：第六天比第一天多摘多少个？第七天呢？

生 4：第六天比第一天多摘 5 个 5，第七天比第一天多摘 6 个 5，第 $n$ 天摘的就比第一天摘的多（$n-1$）个 5。

师：你真厉害！字母 $n$ 都用上了。刚才大家说的都是和第一天相比的，能不能和别的天数相比再说说呢？

生 5：第三天比第二天多摘 5 个，第四天比第二天多摘 5+5 个。

生 6：第五天比第二天多摘 15 个，比第三天多摘 10 个……

师：大家说得很多了，但是我觉得好像都是一种类型，谁能说出一个和以上说法都不同的呢？

生 7：第一天比第二天少摘 5 个，比第三天少摘 10 个……

师：你的反应真快！这是逆向思维。大家看看，就是“以后每天都比前一天多摘 5 个”这一句话我们可以正着说，也可以反着说，根据它还可以变化出许多种说法，这些说法能说得完吗？

教师根据学生的发言在黑板上画箭头表示。（图 9–10）

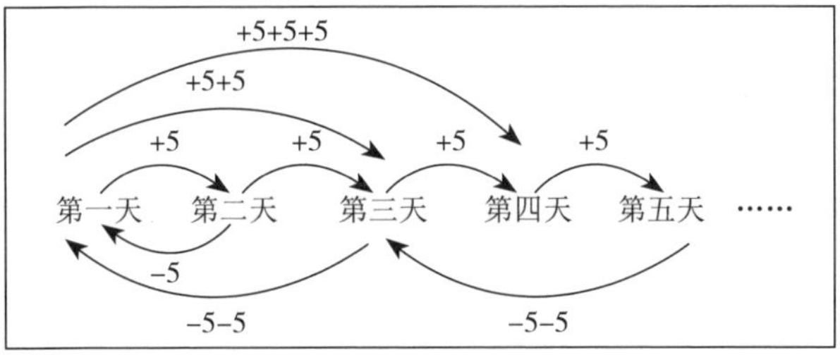


图 9–10

师：其实任意两天之间都有相差的数量关系，数学中表示相互关系的话我们都可以换一种方式来说。

【简析】理解题意是解决问题的首要而且必然要做的事，题目中有许多信息，有些是次要的，有些是重要的；有些是简明的，有些是复杂的。要想成功解题就必须弄清楚那些不明白的信息（条件），抓住那些重要的信息（条件）。在例题中，最难理解的是“以后每天都比前一天多摘 5 个”这句话，这句话概括了许多的数量关系，它是解题的关键。因此，教学要从这句话入手。

本环节，老师大胆放手，通过“以后每天都比前一天多摘 5 个”这句话的多种理解，发散了学生的思维。在老师的鼓励下，各种不同的表达方式不断涌现，学生的思维不断变得深入和广阔。

（二）运用关系解题

师：同学们，现在你们打算怎样解答例题？

学生在随堂本上解答，教师巡视，相机指导，挑选学生的作业，准备展示、交流。

教师按照以下顺序展示学生的作业：（图 9–11）

生 1　　生 2　　生 3

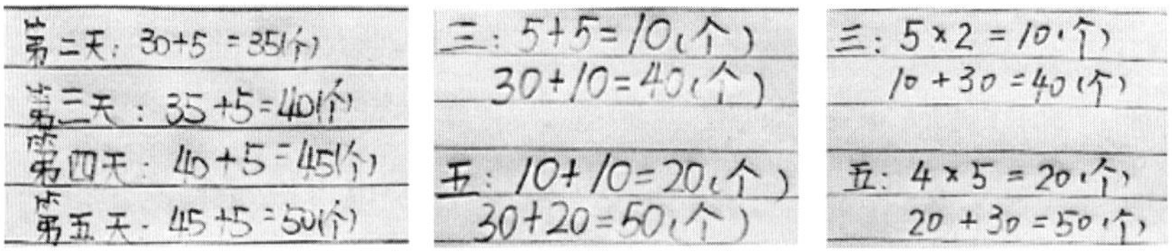


图 9–11

【简析】这个环节比较开放，没有让学生按照课本上指定的分步法和填表法解答。由于前面已经让同学们充分地理解了“以后每天都比前一天多摘 5 个”的含义，并用多种数量及其关系进行了等价的表达。因此，学生自然地利用了不同的关系寻找到不同的解题办法。

课堂开放了，教师的巡视和指导就要落到实处，要善于从学生的作业中选择合适的素材，采用合适的方式呈献给全体学生。选择的作业要能帮助学生理清思路，突出重点，突破难点，对于枝蔓内容要坚决舍掉。实际上，在学生的作业中还有列表、画前段图等表达方式，还有“30+5+5 = 40（个）、30+5×4 = 50（个）”这样的综合算式等，这些只是形式上的差异而不是思维方式上的差异，可根据时间酌情处理。

（三）解释解题方法

师：我们先来看看这三位同学的解答，你们能看懂吗？

……

师：生 1 的做法大家都看懂了，是一步一步地求出第二、三、四、五天摘的桃数。那后面两种做法呢？我们请后面两种做法的同学来解释一下自己的解法。

生 2：因为第二天比第一天多摘 5 个，第三天又比第二天多摘 5 个，所以第三天比第一天多摘两个 5，就是 10 个，所以 30 个加 10 个就是 40 个，就是第三天摘的。

师指着“10+10”：你再说说这求的是什么？

生 2：第三天比第一天多一个 10，第五天比第三天又多一个 10，所以第五天比第一天多两个 10，就是 20，第五天就是 30 加 20，等于 50。

师：现在大家能看懂生 3 同学的解法了吧？

【简析】教学中，教师要善于抓住重点，要相信学生，发挥学生的作用。尽量让学生开动脑筋，让他们“跳一跳，摘桃子”。对于展示的作业，不要急于让学生自己解释，而要先让大家阅读、理解、评价。生 1 的做法很简单，大家都能看懂，不需要解释。生 2 的做法有难度要让学生解释，接受大家的询问和质疑。生 3 和生 1 的解法相似，在第二位学生解释后就可以不用再多说。前者给予学生较大的空间，后者遵循的是“由远及近”的指导原则，二者各有千秋，教师应酌情而为。在呈现学生作品时，可以同时一起出示，也可先出示思维难度大的。

（四）归纳解题策略

师：同学们，这些不同的解法，有什么相同的地方？

生：答案相同，都用到了 30 和 5 这两个条件。

师：是啊，如果答案不同就说明我们的解答有问题了，至少有一个错了，或者两个都是错的。大家回头看看这道例题的解答过程，你有什么体会？

生：要弄清题目中每个条件的含义，看清要求的问题。（板书：理解题意）

从条件开始想起，确定先算什么，再算什么。（板书：分析关系）

可以列式计算，也可以列表找出答案。（板书：列式解答）

师：像这样，从已知条件出发，分析和解决问题的方法，是一种常用的解决实际问题的策略。（边说边板书：解决问题的策略——从条件想起）“策略”一词的意思你们理解吗？大概就是方法的意思，是一种大的方法，希望同学们在今后的解决问题中主动地加以运用这种从条件想起的策略。

【简析】对学生而言，解决问题的策略内容是学生第一次遇到，而且“策略”一词的含义学生理解也不尽然。因此，要强调一下，让学生大概了解其意。

**三、练习**

（一）根据已知条件提出不同的问题，并说说怎样解答。

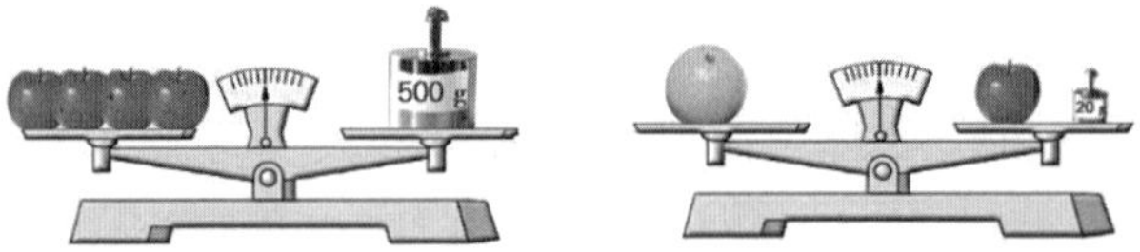


图 9–12

从图 9–12 中你知道了哪些条件？根据这些条件，你可以提出什么问题？

如何解答这三个问题。

学生说，教师板书：（图 9–13）

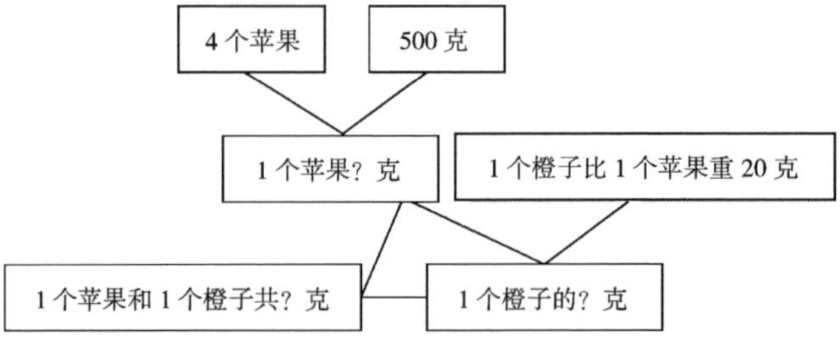


图 9–13

教师相机指出：1 个苹果的重量原来不知道，是要求的问题。当它被求出来后，它就可以作为已知条件了。它和“1 个橙子比 1 个苹果重 20 克”合起来可以求出 1 个橙子的重量。同样，求出来的 1 个橙子的重量也可以作为条件来利用。凡是已经求出来的问题都可以作为条件来利用。

【简析】这道题是用图形来表征条件的，是对学生文字、题意理解方式的扩展。只给了条件而没有给出问题，目的是促使学生自觉地从条件去想问题。强调让学生说解答方法，就是强化学生从条件想问题的思维方式。教师用树形图直观形象地呈现了学生的思维过程，着重说明了求出来的问题可以转化为条件，让学生感受到，解题的过程就是从较少的已知条件出发不断求出未知问题，进而再将其视为条件，再求出新问题的持续累积过程。

一个皮球从 16 米的高处落下，如果每次弹起的高度总是它下落高度的一半，第 3 次弹起多少米？第 4 次呢？（算一算，填一填）

| 开始下落时 | 第 1 次弹起 | 第 2 次弹起 | 第 3 次弹起 | 第 4 次弹起 |
|---|---|---|---|---|
| 16 米 | （　）米 | （　）米 | （　）米 | （　）米 |

学生独立解答。

师："如果每次弹起的高度总是他下落高度的一半"是什么意思？

教师播放课件，演示过程，帮助学生理解。

（三）在学校的老师，每周三下午都会参加社团活动，大家非常喜欢！这里有一些关于社团的信息，你能从中选择一些，然后提出一个数学问题并解答吗？

1. 科技社团有 5 个班。

2. 科技社团每个班有 12 人。

3. 数学社团的人数是科技社团人数的一半。

4. 舞蹈社团的人数比科技社团的人数少 16 人。

5. 科技社团共有 33 位女老师。

学生独立解答，汇报交流后

师：同学们，如果让你们将这 5 个条件分成两类，你怎么分？标准是什么？

生 1：将 1、2、4、5 分为一类，把 3 分为一类。前一类都有数量，后一类没有数量。

生2：将1、2、5分为一类，将3、4分为一类。因为它们都有科技社团，但是3、4还有数学和舞蹈的，其他三个都是只讲科技社团的。

师：你说得太好了，大家看看：1、2、5三个条件中都只有一个对象，就是科技社团，而3、4两个条件中都有两个对象，数学社团和科技社团、舞蹈团和科技社团，像这种表示两个对象之间关系的条件叫关系条件。关系条件在解题中非常重要，解题时一定要将关系条件找出来，理解清楚。（板书：关系）

【简析】这是一道开放题，有多种选择条件的方式，可以有效地体会和巩固学生对从条件想起策略的掌握。同时，可以发散学生的思维，培养思维的灵活性和求异性品质。

## 四、智慧教学解读

《解决问题的策略：从条件想起》是苏教版数学三年级上册的内容，是苏教版教材“解决问题策略”系列内容的起始安排，开启了今后解决问题策略学习的大门。其学习将有助于三年级下册“从问题出发思考”策略乃至其他解决问题策略内容的学习。在学习这一内容之前，学生对“从条件想起”的做法已经有很多的经验积累。例如，在四则运算时，两个数相加（或减、乘、除）就可以求出和（或差、积、商）。在解决一、两步计算的实际问题时，利用已知条件可以求出未知问题。从学生学习的实际情况看，要解决问题就需要用已知条件（这已被学生视为理所当然），而利用已知条件去解决问题的做法则已是学生自然而然的行为。因此，此内容的教学重点不在于让学生知道“从条件想问题”这个方法，而在于向学生明确提出“策略”的概念，形成自觉运用“从条件想问题”策略的意识。更关键地，要让学生通过解决实际问题学会一些如何从条件想起具体的方法。因为学生对策略的真正理解不是从空洞的“策略”一词的说教上掌握的，而是在具体方法学习和运用的积累中逐步实现的。

本节课师生的精力主要投放在让学生掌握“从条件想起”这一策略

的具体方法上，紧扣题目中的关系条件展开教学，抓关系——变关系——用关系构成了本节课的主线。

（一）抓关系

数学是研究数量关系和空间形式的科学。空间形式在某种意义上也可以被看成是各个数学对象在空间的相互关系，从这个角度说，数学也可以看成是研究关系的科学。数学知识可以形象地被视为众多数学对象构成的关系网络，数学问题就是由一些特定的数学对象连接成的关系“局域网”，只不过其中的一些数学对象我们已经知晓，还有一些目前还不知道。知晓的是条件，不知道的是问题，解题就是利用条件顺着关系的线索去弄明白问题。

从问题解决的角度看，题目的条件可以分为两类。一类是单纯的刻画数学对象某种属性的条件，如物体的质量、空间的大小、数量的多少等，这些可以用数量来表示的条件可以称之为数量条件。课中练习第 3 题中的 1、2、5 就属于此类。另一类是描述两个或多个数学对象之间关系的条件，可以称为关系条件，课中练习第 3 题中的 3、4 就属于此类。既然关系条件是连接不同数学对象的桥梁，因此循着恰当的关系条件可以成功地到达所要解决的问题。因此，解决问题时就要重点关注关系条件。

（二）变关系

数学关系是复杂多样的，有的比较直观、有的比较隐蔽、有的简单直接、有的复杂曲折；其表征方式也是多样的，有文字的、有符号的、有图形的，或三者兼而有之。从解题教学的角度看，就是要帮助学生看出隐晦的条件，弄明白复杂的条件，理清楚杂乱的条件，具体方法包括动作演示、画示意图、转换表达等。本节课中，教师抓住例题中“以后每天都比前一天多摘 5 个”这个关系条件鼓励学生尽量多地“换一种说法”，不仅帮助学生深刻地理解了题意，也为学生打开了多个解题通道。

用另一种方式将题目中呈现出的关系进行表征其实质是一种寻找从条件通向问题桥梁的行为，在解决问题的教学中，教师要多进行这种“换一种说法”的训练，帮助学生形成转化关系的思维习惯，提高解题成功率。

（三）用关系

不是所有的关系都有利用价值，要成功解题就要找到那些有用的关系。所谓有用的关系就是一头连着已知条件，一头连着未知问题的关系，起头应该是已知的数量条件。运用不同的关系就会走上不同的前进通道，形成不同的解题方式方法。在本节课的例题教学中，教师放手让学生进行充分的关系变化，多样化的关系表达为解题方法的多样化提供了坚实的基础。在练习题3中，不同的关系条件连接着不同的数量条件和问题，使要解决的问题具有了开放性，这能有效地帮助学生由关系去想问题策略的形成。

# 第十章　图形与几何

“图形与几何”与“数与代数”一样是小学数学课程内容的重要构成，其知识形态特别契合小学生思维从形象到抽象发展的特征。通过这一内容的学习，能有有效地促进学生空间观念和几何直观素养的发展，对小学生其他课程内容的学习具有支持和促进作用。

本章选取其中最重要、最具代表性的内容——图形的认识、图形的计算、图形的变换和确定位置的案例，从智慧教学设计和现场机智调适两个方面进行呈现和解析。

## 第一节　《圆的认识》教学实录与解析

**【智慧教学设计】**

### 一、教学内容丰满结构

苏教版教材《圆》第一课时内容主要有：圆的特征、各部分名称、圆规画圆等，以此为中心进行如下扩充：

（一）知识从何而来

通过套圈游戏方式的公平性，引出圆的特征。

（二）知识如何展开

1. 比较圆形与已学多边形的异同。

2. 用多种方式画圆：用圆规画、拉铁丝（绳子）、徒手画、圆形物描画等。

3. 在长方形纸上画最大的圆；

4. 窨井盖和车轮为什么做成圆形的？

（三）知识向何而去

生活中有哪些地方用到圆，利用了圆的哪些知识？

## 二、教学目标顶天立地

（一）立地目标

1. 认识圆的特征——各部分名称、半径、直径、直径与半径之间的关系。

2. 能用圆规熟练画圆。

（二）顶天目标

1. 感受圆形美。

2. 能用多种方式画圆。

3. 明白窨井盖和车轮等做成圆形的原因。

4. 发展学生的辩证思维。

## 三、学生作业弹性选择

（一）基本作业

教科书“练习”1、2。

（二）综合作业

1. 教科书练习十三 3。

2. 想一想：圆在生活中还有哪些运用？

（三）拓展作业

写一篇与圆有关的小作文，要求：

1. 文题自拟。

2. 字数不少于 300 字。

3. 文体不限，可以是记叙文、说明文、诗歌等。

## 【现场机智调适】

## 一、引入：为什么学习圆

（一）讨论套圈游戏的公平性

出示图片（图 10–1）：

图 10-1



师：哪种方式最公平？为什么？

生：站成圆形是最公平的，因为每个人到中心的距离都相等。

师：是的，这就是圆独有的特征。

【解析】从游戏的公平性问题引出圆的特征和后续的学习，非常自然地与生活联系，既解决了为什么学的问题，又将知识的“真”与价值的“公平”结合起来。

（二）引入圆的学习

师：生活中，有许多圆。圆是什么样的图形？

**二、探究：建构圆的概念**

（一）比较：凸显圆的特征

师：圆形与已学多边形相比有什么相同和不同？

生：它们都是由线围成的图形。不同的是圆没有角，长方形、正方形有角、边是直的，圆的边是弯曲的。

师：你们说得真好！圆是由弯曲的线围成的图形。这条曲线是随便弯曲的线吗？我们可以随便画出它吗？（教师在黑板上随手画条弯曲的线）

生：不是随便画的。

（二）画圆：发散思维，掌握技能

1. 任意画圆

师：你能画出一个圆吗？你打算怎样画？

学生画圆，教师巡视。选择四种情况展示（图 10–2）。

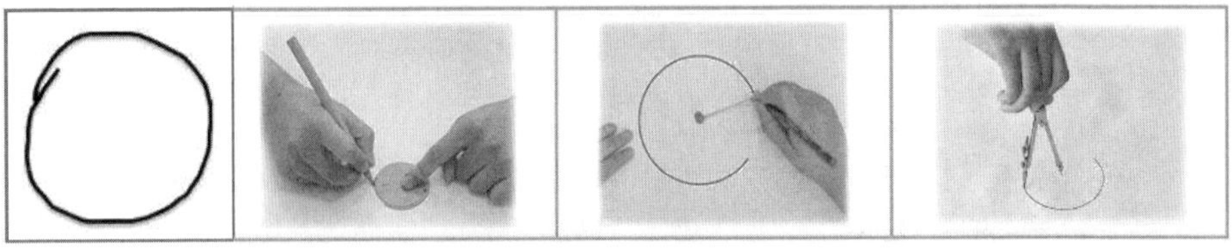

图 10-2

师：你是怎么画的？谁来介绍一下？

你喜欢哪一种方法？说说你的理由。

生：我喜欢照样子描，这样最简单，画得很标准。

师：这种画法有没有不好的地方？

生：它只能画这么大，不能任意改变大小。

师：有没有喜欢别的方法的？

生：我喜欢用圆规画圆，这样最方便、最标准，而且可以任意改变大小。

师：大家怎么看？都是这样看，我也是这样认为的。圆规制造出来就是专门用来画圆的，可以标准、便捷、任意改变大小地画圆。

有没有人喜欢这种用线拴着笔，然后移动笔画圆的？没有？大家为什么不喜欢？

生：没有圆规方便，而且画得不标准。

师：说得有道理，但是这种方法有没有优点呢？

教师点击课件播放学生在操场上画大圆的视频。（图 10-3）

图 10-3

生：拉线可以画比较大的圆。

师：看来每一种方法都有优缺点。照样子描，比较省事，但是不能任意改变大小；用拉线的方法可以画比较大的圆，但是没有圆规方便；通常我们都用圆规画圆，比较便捷而且标准，但是不能画得很大；随手画的圆不标准，但是省事啊，在画示意图的时候也可以用。因此，凡事要一分为二地看。

【简析】通过与多边形的比较，凸显圆是由曲线围成的图形特点。自然地，学生会生出这种曲线图形是怎么画的疑问，产生画圆的需要。教师放手让学生用自己喜欢的方式画圆，然后分析各种方法的优缺点，帮助学生辩证地看待事物。

2. 按要求画圆：认识名称、特征

师：你能在这张纸上画一个最大的圆吗？

展示学生作品，请学生介绍画法。

师：你是怎么画得正好的，既不超出范围，又没有缩在里面？

生：我先画两条对角线，将圆规铁尖扎在它们交点上，然后两脚分开 3 厘米距离就画成了。

师：好，请大家按照刚才说的方法，在本子上画一个圆。

【简析】教师在此处设计了一个画圆情境——在 10 厘米 ×6 厘米的长方形纸上画一个最大的圆（图 10–4），这个设计有助于很多目的达成。一是找圆心的方法是多样的（对角线交点、中线交点、中线中点等），有利于学生调用多种旧知，培养创新性的解题能力。二是引导学生先去找中心点，确定圆规两脚之间距离（半径），从而为学习之后的圆心、半径、直径、对称轴、直径是圆内最长线段等内容做了铺垫。三是可以让学生积极主动地反复尝试画圆，有利于提高用圆规画圆的能力。四是感受到圆的位置是由圆心位置决定的、大小是由半径决定的。

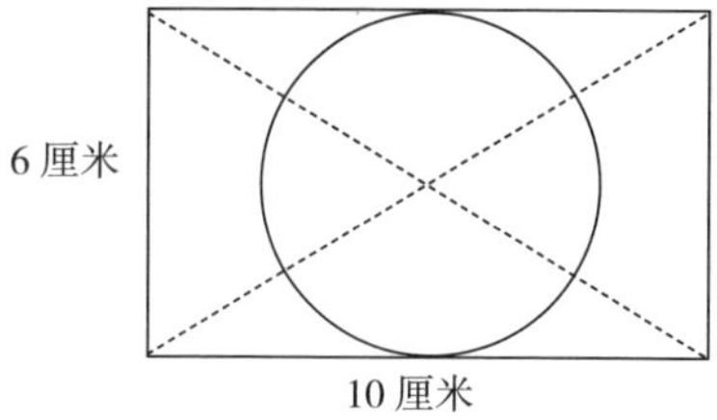

图 10-4

（三）认识名称，发现特征

师（指着圆中心问）：大家知道这个点叫什么吗？

生：圆心。

师：对，圆心通常用字母 O 表示。关于圆，你还知道哪些名称？

生：我还知道半径和直径。

师：你能上来画一下吗？

学生上黑板画，教师标注：半径 $r$、直径 $d$。

师：大家仔细观察直径与半径，你能发现些什么？

生 1：圆心是直径的中点，直径两个端点都在圆上；半径一端是圆心，另一端在圆上；一个圆可以画很多条直径。

生 2：直径长度是半径的 2 倍。

师：怎么证明？

生 2：一条直径就是两条半径接起来的嘛。

师：是的，一眼就看出来了。（板书：$d=2r$）还有别的发现吗？

生 3：我发现直径是圆上两点间最长的线段。

师：这是什么意思？我不明白。你解释一下。

生 3：就是在圆上不管你怎么画线段都不会比直径长。

师：这是真的吗？你怎么证明？

学生走上讲台，在黑板上的圆上画线段，说：你可以随便画一条线段，它都没有直径长，最多和直径一样长。（图 10–5）

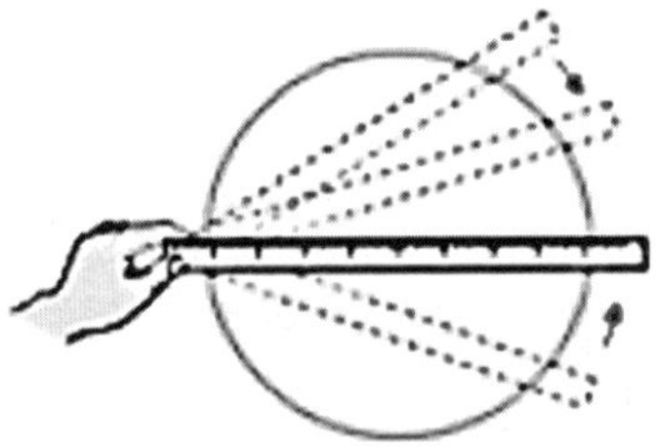

图 10–5

师肯定后演示课件。

板书：直径是圆上两点间最长的线段。

师：若不用这种方法，大家还能不能说明清楚这一点？

没有学生回答。

教师启发：在园内画多条线段，然后选一条线段，分别将端点 A、B 与圆心连起来形成一个三角形。（图 10–6）

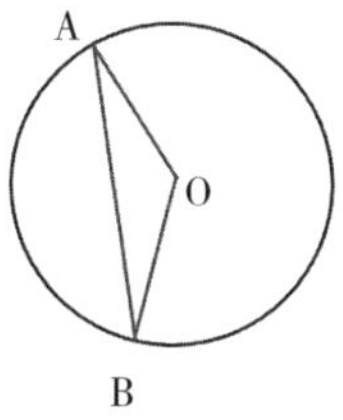

图 10–6

问：线段 AB 的长能超过两条半径之和吗？为什么？

生：不能超过，因为三角形两边之和大于第三边，两个短边就是半径，它们的和是直径。圆上最长线段是直径。

师：还有什么发现？

生 4：直径是圆的对称轴，沿着直径对折，两边能够重合。

师：这位同学不仅发现直径是对称轴，而且做了验证。真棒！

（板书：对称轴）

【简析】在认识图形各部分名称的时候，很多人的做法是将其直接呈现给学生。但是由于此前教师要求在长方形纸上画圆，学生们已经对中心点（圆心）、圆规两脚之间的距离（半径）、最长线段不能超过长方形宽等方面有所认识，所以自然地会引出圆心、半径的概念。不仅如此，这一做法还有利于学生观察，发现直径是对称轴，是圆内最长线段等。这里老师大胆地提出要学生证明“直径是圆上两点间最长的线段”，虽然学生没有直接回答上来，但是教师的演示和三角形三边关系旧知的运用让学生初步感受到实验证明和几何证明。

### 三、拓展：圆有什么用

（一）圆形应用：窨井盖

师：生活中有许多圆形物体，利用了圆的特征，你能解释一下为什么将窨井盖做成圆形吗？

生1：没有尖角比较安全。

生2：美观。

师：是的，古希腊毕达哥拉斯学派认为，一切平面图形中最美的是圆形。

生3：不会掉下去。

师：为什么说不会掉下去？是不是这样。

教师拿出圆形盒子和方形盒子，演示盖子会不会掉下去的情况。

师：为什么圆形的盖子掉不下去而方形的却会掉下去呢？

生：圆上两点间直径最长，长方形的对角线比长和宽长。

（二）各有所用：圆形车轮和方形车轮

教师播放视频（图10–7），学生观看。

图 10–7

师：对此，你们有什么想说的？

生：方形车轮在平地上走不动，但在波浪路上可以行走。而圆形车轮在平路上开得平稳，到波浪路上就走不动了。

师：这说明事情都有两面性，我们看问题不要太简单。

【简析】知识有用，学生才愿意学。圆形窨井盖掉不下去，圆形车轮行驶平稳，都源自圆形的特征。因为知识的运用还有一个具体情境的问题，所以我们要灵活运用知识。世界是复杂的，应该辩证地看待事物。

（三）课外作业

以“圆的运用”为主题写一篇小作文，字数不少于300字。

【智慧教学解析】

## 让学生成为知识的主人

无论从数学、美学还是文化学，甚至是教育学的角度看，圆都是值得深入研究的对象。中国文化特别喜欢圆形之物，例如太阳、月亮、玉珏、铜钱等，认为圆形象征着事情的圆满、关系的和谐、方法的圆通。古希腊毕达哥拉斯学派也认为，一切平面图形中最美的是圆形。

从数学家的角度看，圆的美可能不仅指美学意义上的平衡、对称、和谐，还在于圆较之其他图形具有更为丰富的数学知识，涉及更多的数学对象，蕴藏着非常多的数学奥秘。事实上，与圆相关的球体、圆锥曲线、圆周率 $\pi$ 等构成了数学的研究对象，它们的研究推动了数学的发展。

从小学数学教学的角度看，圆是小学阶段学习的第一个由曲线围成的图形，学习圆对于学生发展价值有别于既有的由直线围成的几何图形。圆是一座数学教学研究的富矿，许多数学教师，其中不乏许多名师，都用它作公开课来展示自己的教学理念、教学主张，张扬自己的教学个性、艺术风格。

本节课，以苏教版教材为主，借鉴人教版教材的编写。通过探究学习和知识运用，努力让学生成为知识的主人。

### 一、变被动接受为主动建构

如果知识是别人给予的，学生只是“装在身上”，那很可能装得越多，累赘越多，行动就越迟缓，书呆子此之谓也。只有学生自己建构出来的知识，学生才能运用自如。让学生进行知识建构，须注意以下三点：

1. 激发主动学习

知之者不如好之者。本节课为了激发学生好学的心态，采取了多种办法，学生自始至终保持积极的学习状态。以课的前部为例，开始就提出了一个套圈游戏公平性的问题，从而引出了对圆的学习兴趣。既然圆有特别之处，那么让大家与多边形进行比较就是自然做法。这种基于观察的比较，让各种水平的学生都有话可说，因而踊跃发言。最后大家发现，圆的特殊之处就在于是曲线围成的图形。这种曲线不是随便乱画的曲线，是怎么被画出来的呢？接下来的多种画圆环节应需产生。讨论游戏公平性、与多边形进行比较、多法画圆，三个环节逻辑紧扣，自然而然。

2. 变接受为探究

数学知识总体上可以分为陈述性知识和程序性知识两大类。像《圆的认识》这类知识属于陈述性知识，教材中有许多，如长方形、正方形、平行四边形、角、三角形、长方体和正方体等。这些内容教材编写时往往采用陈述的方式，具体为：呈现生活中的相关事物→抽象出数学图形→介绍图形各部分名称→通过观察和操作活动认识特征→练习，强化理解。许多教师在教学这类知识的时候，往往习惯于采用陈述的方式，即按照教材的方式向学生陈述知识，学生进行有意义地接受学习——了解是什么、理解为什么。

其实，陈述性知识也可以进行探究式教学，让学生在主动的观察、操作、猜想、尝试和验证的过程中发现是什么、为什么等。

本课中，通过在指定的长方形上画一个最大的圆，将中心点（圆心）、长方形宽（直径）和圆规两脚距离（半径）推到学生面前。在反复尝试画这个最大的圆过程中，学生不断探究，充分掌握了它们的内涵——圆心就是圆的中心点，它到圆上任意点的线段就是半径，两端都在圆上且经过圆心的线段就是直径，它是半径的 2 倍。

3. 引发深度思维

真正的探究就意味着深度的思考。本课提出了多个需深度思考的问题。例如，圆上两点间线段直径最长怎么证明？窨井盖为什么要做成圆形的？方形车轮为什么照样行驶？等。这些问题为学生的深度思考创设机会和空间。圆上两点间线段直径最长，这可以直接看出来，但要证明它却不容易。直尺转动的实证法和三角形两边之和大于第三边几何证明法对于学生来说都能被理解却都不易被想到，非得深度思考不可。

## 二、在复杂情境中灵活运用知识

### （一）创设知识运用情境

直接要求学生运用知识解决问题，不如创设情境激发学生自己去想办法，因为运用知识解决问题的意识就是一种重要素养。本课中有两次画圆任务，第一次对画圆方法没有限制，学生可以采用多种方法，目的是让学生在横向上的思维多样化。第二次对画圆方法画圆有了限定要求，目的是让学生聚焦圆规画圆方法，探究圆心、直径、半径的相关知识，着眼于深度思维。

### （二）鼓励多种方法解题

解决问题的方法一般都不止一种，让学生自主解决问题必然会出现多种方法。本节课的画圆、证明直径最长、写小作文《圆的运用》等都在为学生创设多种方法解题的任务。圆在生活中运用广泛，有用今天所学知识解答的，还有许多用后面知识解答的。例如，窨井盖是圆的另一个理由是节约材料，因为同样的面积，圆的周长最短；树干等植物横截面都是圆形；电缆、铁丝等都被绕成圆形则是避免折痕扭曲。

### （三）复杂中促辩证思维

书呆子的典型特征就是认死理，不知灵活变通，缺少辩证思维方法。辩证思维方法又称辩证分析方法，它认为客观世界的各种事物和现象是普遍联系和永恒变化的，世界的发展变化是自身所固有的各种矛盾发展变化的结果。人类思维的发展，一般是由形象思维到抽象思维，再由抽象思维到辩证思维。辩证思维是最高形式的思维运动，辩证思维方法是最高层次的科学方法。[①] 虽然小学生思维才处于由形象思维到抽象思维的第一阶段，但这绝不意味着我们就绝对地不能涉及第二阶段。事实上，就现在小学生的认知发展实际来说，我们适当进行辩证思维的渗透还是可行的。本课中，主要有两处渗透：一是各种画圆法既有优势，又有短处，要根据具体画圆情境选择适合的方法；二是方形圆心车轮竟然也能平稳

---

① 李庆臻．科学技术方法大辞典[S]．科学出版社，1999.

行驶，关键是路面是圆弧形的，但在圆弧形路面上圆形的车轮行驶不动。这两个事例让学生感受到尺有所短，寸有所长的辩证思想。

## 第二节　《认识周长》教学实录与解析①

【智慧教学设计】

### 一、教学内容丰满结构

苏教版教材《认识周长》第一课时内容主要有：一周边线的意义、周长的概念、测量图形和树叶的周长等，以此为中心进行如下扩充：

（一）知识从何而来

依据教材例题的编写意图，创设“天正园里进行冬季长跑锻炼”的真实情境，指认每个年级的跑步路线，引入“周长”概念。

（二）知识如何展开

1. 周长与一周边线的联系。

2. 测量直边图形和曲边图形的周长。

3. 探究周长的长短与其呈现的形状无关。

（三）知识向何而去

1. 了解中国古文字中的“周”。

2. 周长在生活中的运用。

### 二、教学目标顶天立地

（一）立地目标

结合具体事物或图形，认识周长；通过观察、操作等活动，计算直边图形和曲边图形的周长。

（二）顶天目标

1. 通过比一比、算一算、辨一辨等数学活动，体会化曲为直、平移中的转化等数学思想方法。

---

① 本课由蔡小倩老师执教，撰写初稿。

2. 认识到图形的周长与图形的大小无关，只是一周边线的总长度。

## 三、学生作业弹性选择

（一）基本作业

教科书“练一练”和“试一试”。

（二）综合作业

请算一算右图中操场的周长。

（三）拓展作业

寻找生活中的“周长”，测量并计算出它是多少？记录下测量方法和过程。

**【现场机智调适】**

### 教学片段一：引入“周长”

1. 认识一周边线

出示校园图（图 10-8）。

南京市天正小学示意图

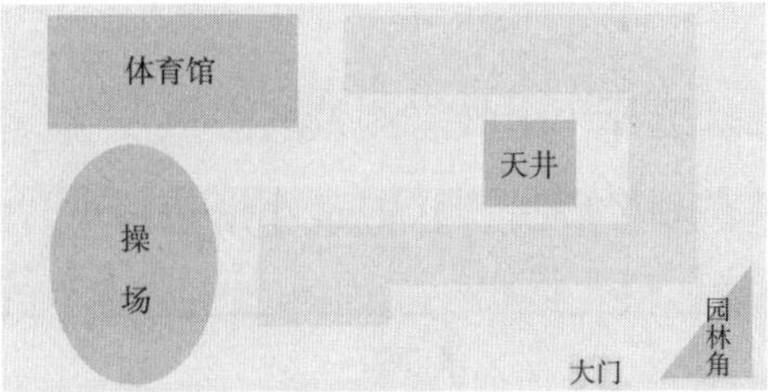


图 10-8

师：这是我们美丽的天正园，也是我们冬季进行长跑锻炼的地方。大家知道我们每个年级的跑步路线吗？低年级绕着操场跑，我们中年级围着校园跑，高年级的哥哥姐姐们需要在校园外围跑。你能指出他们跑一圈的路线吗？

启发：你准备从哪里出发？

学生指画。

师：像这样绕着操场一周的线，叫作操场的一周边线。（板书：一周边线）

你知道哪里是学校天井的一周边线吗？

生：从这里出发，这是天井的一周边线。（一边指一边说）

课件出示：天井的一周边线

2. 揭示周长概念

师：大家可以给这些一周边线分分类吗？同桌可以相互讨论。

生：椭圆形操场的一周边线是弯曲的，其他地方的一周边线是直的。

师：听起来很有道理呢！也就是说一周边线有直有弯。（板书：直边、曲边，张贴图形）还有呢？

生：天正园的一周边线比其他地方的一周边线要长很多。

师：对，不同图形的一周边线是有长有短的，在数学上，我们把一周边线的长度叫作它的周长。（板书：的长度叫作它的周长）

师：三角尺一周边线的长度就是三角尺的周长。椭圆一周边线的长就是椭圆的周长。

**教学片段二：测量“周长”**

活动要求：

（1）同桌商量，选择一个最想测量的图形。

（2）相互讨论，测量周长，并记录在学习单上。

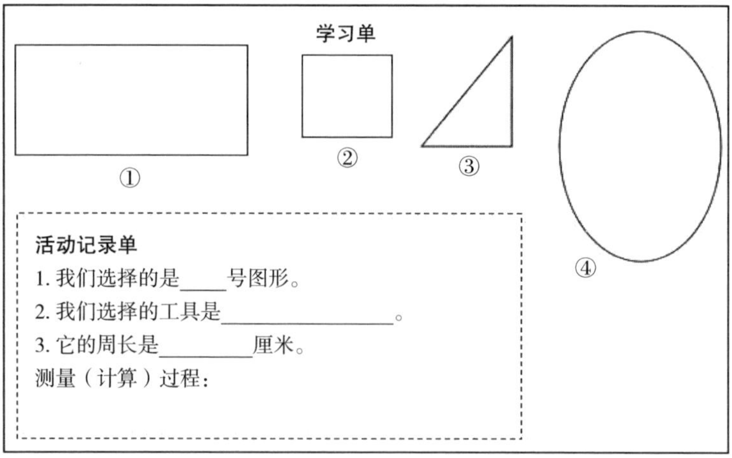


学生活动、汇报。

1. 直边图形

生 1：我选的形状是三角形，分别量出这三条边的长度，把它们相加，得到 12 厘米。

生 2：我选的是梯形，在测量每条边的长度后，把它们相加。

生 3：我测量的是正方形，用尺子量了每一条边的长度，然后把它们相加，得到 12 厘米。

师：你们发现有什么相同的地方吗？

生：他们都是用直尺测量的，然后把所有边的长度相加，就得到了周长。

师：真善于总结呀！围成的平面图形有几条边，周长就是它各条边长度的总和，也就是一周边线的长度。（板书：直尺、各条边的长度总和）

长方形和正方形的周长还可以用乘法计算，这样更简便。其实，在测量的时候也可以简便些，长方形只要量出两条边，正方形只要量出一条边就可以了。

2. 曲边图形

生：我量的是第 4 个图形，还没有测量出来。

师：为什么？

生 1：难测量。因为它的周长是弯的，直尺是量不出来的。

师：那怎么办？

生 2：我有一个方法能量出来，就是用这根绳子。

师：那请你上来演示一下。

学生在实物投影下，操作演示：先绕一圈，再用直尺测量。

师：花了好长时间，真不容易。大家看懂了吗？

生 1：先用这根线把椭圆围起来，然后用直尺量一下这根线有多长。

生 2：绕一半会更简单一些，绕一整圈的话太难了，用手按不过来的。把线绕着椭圆一半，再乘 2 就可以了。

师：是不是觉得这个办法很好？这位同学想办法帮他提高了我们的

操作的可行性，掌声送给他。

像这样绕图形一圈，然后把它拉直，用直尺量出长度的方法，数学上我们有一个专门的名字叫作“化曲为直”。（板书：化曲为直）

师：请同桌两人为一组来配合再次测量这个图形的周长。

学生再次操作，然后汇报。

……

师：为什么大家测量的结果不一样?

生：这个绕一圈的时候也许是准确的，也有可能是有误差的。

师：是啊，化曲为直的方法在测量时会产生误差。

**教学片段三：计算周长**

1. 巧用“平移”算一算

师：请大家迅速算出 A、B、C 三个操场的周长。（图 10–9）

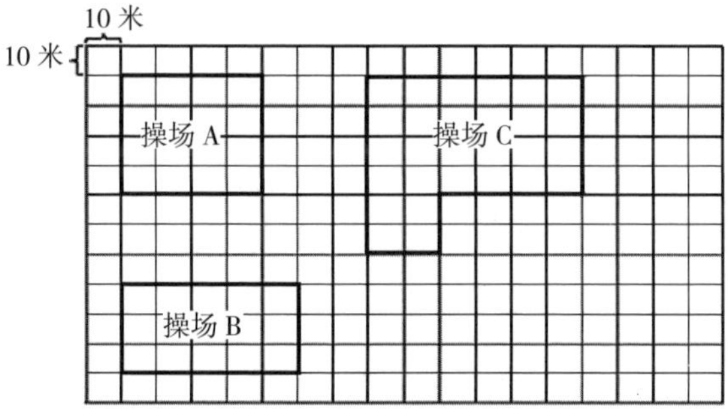


图 10–9

生 1：操场 A 的周长是 160 米。首先一格是 10 米，有 4 个格子，这是它的边长。然后再乘 4，就是 160 米。

生 2：操场 B 的周长也是 160 米，宽有三格，就是 30 米。长是 50 米，（30+50）×2 = 160（米）。

师：操场 C 的周长是怎么算的?

生 3：我是把这条边平移下来，把这条边平移到旁边去。就变成一个正方形，接着算 4×60 = 240（米）。

师：这样把边平移下来不会改变操场 C 周长的大小吗?

学生指着图形，说：你看原来是两格移到右边还是两格，这个移到下面还是4格，不会改变的。

师：把一周边线移一移、补一补，将短边合并为长边，（板书：合短为长）这样可以让周长计算更方便。“合短为长”这种方法其实也是一种“化曲为直”。（教师用手势演示）

2. 依据“对应”辨一辨

师：如图10-10所示，男生和女生进行跑步比赛，绕着操场甲或者乙的一周边线跑步，谁先跑完谁就获胜。可老师非让男生沿着操场乙的一周边线跑，有的男生觉得不公平，因为操场乙的地方比操场甲的大。这样想对吗？

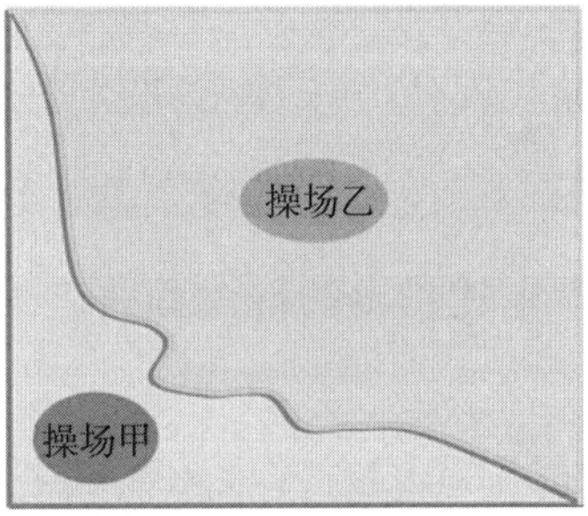


图 10-10

生：都可以。因为甲区和乙区的两条直边长度相同，中间这条曲线也是一样长的，所以路程是一样的。

师：原来，不同形状和大小的图形它们的周长可能相等。你们看操场C在合短为长后图形格数是不是比原来多了？但是它的周长没有变化。操场乙的图形明显比操场甲大，可是周长却也是一样的。那什么才是影响周长的关键因素？（一周边线的长度）

你能试着画出两个图形，让图形大的周长反而小吗？

【智慧教学解析】

## 让学习活起来

灵活运用知识解决问题是发展数学素养的重要目标与内容，而知识活用的前提是学生的活学。让学生的学习真正活起来需要教师的精心设计和现场的机智助推。

## 一、创设情境，激发思维活力

让学生想学，面对学习任务有着一种跃跃欲试的情绪状态，进而使思维活跃起来，主动思考，主动探究，这是一节活学数学课的首要任务。

本节课一开始就创设了学校冬季长跑的情境，提出“同学们介绍各年级跑步路线”的活动要求。这个活动的内容就是同学们在校园日常生活中亲身经历体验的真实事件，既熟悉又简单，所以大家的参与积极性高。教师首先让学生指出低年级学生绕操场跑一圈的路线，然后利用课件动态演示，这样自然引入了“一周边线”。接着让学生以校门为起点，描出高年级学生跑一圈的线路，在比一比找不同的活动后，建构图形“周长”的概念——周长就是图形一周边线的长度。这一环节的设置，变“告诉”为“建构”，对于学生自主建构出的概念而言，学生自己就是它的主人，就可以更加自如地运用。

为了让学生积极地投入学习，自主探究，任务的难度要适中，要为学生提供适当的“脚手架”。本课采取的方法是充分借助学生的现实世界，周长概念的形成是这样，后面的练习巩固也是如此。通过设计“算一算操场的周长”“比一比跑步路线的长短”等问题情境，贴近学生的生活，既调动了学生的思考积极性和解决问题的兴趣，又借助生活经验支撑来获得解题的成功。

小学的数学知识很多都来源于生活，每一个知识点都会在实际问题或生活实践中找到相应的事例。教师平时要带着一双数学的眼睛深入观察生活，要善于挖掘生活实际中的数学素材，对其恰当加以利用。我们要经常思考：这些常见的现象背后隐藏着哪些数学知识？这些知识的形成与发展中曾经发生过哪些有趣的故事？这些事物对培养学生的数学素养有哪些价值？我们如何加以利用？……

## 二、任务驱动，扩大思维空间

要让学生的数学学习真正活起来，在激发其活动的积极性之后还要让他们有事可做，有很多挑战性的事要做。在本课测量周长活动环节，教师呈现了学校操场示意图，要测量的图形有 4 个，包含多边形和椭圆形。这些图形周长的测量有的容易，有的困难，其方式多样。这不仅为不同学生提供了不同的任务，而且可以能者多劳，能者深思。在独立完成任务之后，小组交流体验，互相取长补短，进一步丰富所获：直边图形可以用直尺测量各边的长度，然后加起来就是周长；曲边图形不方便用直尺直接测量，可以借助毛线环绕后测量毛线的长度。多样的活动使学生积累了测量周长的活动经验，找寻出解决问题的有效办法，进一步加深了周长的认识，培养思维的灵活性和适度性，同时发展学生的量感。

计算周长活动环节中，教师同样布置了多样的任务，出示了不同形状的操场，包含长方形、正方形和不规则图形。学生在解决问题的过程中，不仅发现了计算周长的简便方法，还了解了平移这一重要的策略。

总之，任务驱动是让学生学习活起来的好办法，它可以引发学习兴趣，拓展思维，激活课堂。有利于学生独立思考、合作学习，让不同的学生在学习活动中得到不同发展。

## 三、机智调适，助推活力学习

让学习活起来不仅需要精心的设计，还需要在教学现场捕捉契机，及时地加以助推，不断挖掘学生的思维潜能。本课中，全班交流曲边图形周长测量的时候，学生的讨论十分精彩，教师及时机智助推。当学生指出用毛线绕椭圆一圈“困难”时，有学生提出“×2”的奇思妙想，教师因势利导，追问学生这样做的原因。将它与长方形周长计算方法的“×2”进行比较，共同之处都是对称的图形都可以简算，不同的是这儿是为了减少“麻烦”。接下来教师继续助推学生深度思考，提问“都是用毛线绕的方法测量，为什么大家的测量结果不一样？”，引发大家激烈讨论，学习活动逐步走向深化。

再如，计算不同形状操场周长时，教师借学生的话引导大家分析对比平移前后的变化，什么变了，什么没变，不仅得出“合短为长”也是一种“化曲为直”，还让学生认识到图形的周长长短与图形的大小并不是完全一致的，较小的图形照样可以有较大的周长。

在讨论甲、乙操场周长时，教师及时将其与前面的“合短为长”内容相勾连，做出总结：不同形状和大小的图形它们的周长却相等。进一步提出新问题让学生继续深入思考：什么才是影响周长的关键因素？你能画出两个图形，让图形大的周长反而小吗？

从“算法巩固”到“拓展延伸”，层层深入，步步提升，一方面深化学生对周长意义的理解，另一方面突破概念无关本质属性的干扰，在没有数值支持的情境中，进一步强化周长的基本属性：周长的长短与其呈现的形状无关，培养了学生的观察、分析、推理以及几何直观能力，从而为深度学习创设了有利条件。

课堂教学中，教师应当着眼于数学知识的整体性与关联性，结合学生当前阶段的思维特征和发展需求及时捕捉好的核心问题，调动学生的学习积极性，引发学生的深入思考与探究，促进学生对数学知识形成深刻的、结构化的理解，从而形成自己的、可迁移的问题解决策略，指引着学生的思维向更深处进阶，达成立地顶天的学习目标。

## 第三节 《用数对确定位置》教学实录与解析①

**【智慧教学设计】**

### 一、教学内容丰满结构

苏教版教材《用数对确定位置》这一课时内容主要有：数对的产生、数对的读写以及含义。围绕本节课学习内容进行了如下的拓展：

① 此课由孟兆飞老师执教，撰写初稿。

（一）知识从哪里来

教材中的例题不变，但是问题改变为“猜猜这个班班长的位置在哪儿？”由此扩展了思维空间，学生出现多种表达方式，由此产生“约定”需要，知识“来了”。

（二）知识如何发展

1. 用两个数表示位置，引出不唯一的矛盾。

2. 确定行和列，出现先后顺序的问题。

3. 在辨析中约定数对的表达规则。

（三）知识向何处去

1. 数对确定位置方式在生活的应用。

2. 平面直角坐标系的建立。

## 二、教学目标顶天立地

（一）立地目标

会读、写数对，能初步理解数对的含义，会用数对表示具体情境中物体的位置。

（二）顶天目标

1. 在教师帮助下经历数对产生的过程，建构和数对相关的知识。

2. 发展空间观念和数学思维能力，体会数对在生活中的应用，为平面直角坐标系的认识奠定基础。

## 三、学生作业弹性选择

（一）巩固作业

1. 读写数对并解释每个数对的含义。

2. 用数对确定“班长”的位置。

（二）综合作业

1. 在班级座位图上用数对表示自己的位置。

2. 开展数对“寻人”游戏。

（三）拓展作业

根据已知数对在方格图上找到对应点，连起来，说一说发现了什么？

## 【现场机智调适】

### 一、找位置，形成约定需要

（一）找位置：引发分歧

师：同学们看这个座位图，猜猜班长的位置在哪儿？

生：……

师：哈，所有的座位都有可能，这可不行，看来老师要给点提示。

（二）给提示：还有分歧

师：他的位置可以用 4 和 5 两个数表示，他可能在哪儿？

| 任务一：看提示，找位置<br>一找：班长的位置可以用 4 和 5 来表示，他可能在哪儿？（可以在点子图上圈一圈）<br>二想：班长的位置还可能在哪儿？<br>三说：在 4 人小组里交流你的想法。 |
|---|

小组合作交流，学生汇报。（图 10–11）

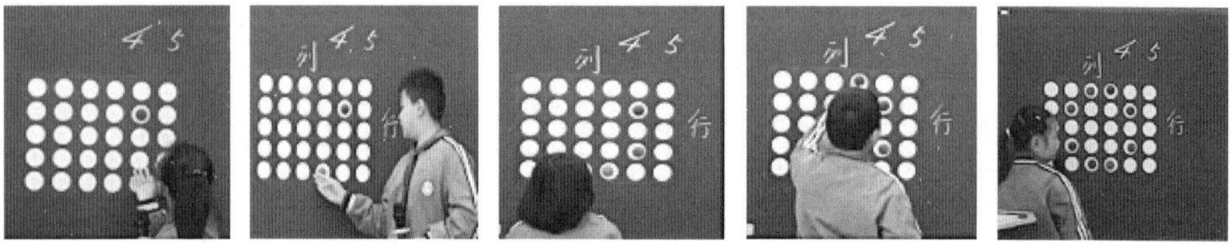


① ② ③ ④ ⑤

图 10-11

生 1：我觉得它可能在这，因为这个是竖着从下往上数是第四排，横着从左往右数是第五排。（图 10–11 ①）

师：我留意他说到了横排和竖排，有谁知道横排和竖排数学上分别叫什么吗？

生 1：横排叫作行，竖排叫作列。

师：你知道的可真多。（板书：行、列）刚才同学找的是这个位置，有不同意见吗？

生 2：我觉得可能在这儿，我是先从左往右数第 4 列，再从上往下数

第 5 行。（图 10–11 ②）

师：看来这个也是成立的。我们也把掌声送给他，还有其他可能吗？

生 3：班长在这儿，我是这样数的，从上往下数是第 4 行，从左往右数是第 5 列。（图 10–11 ③）

师：也为他的想法鼓掌。真好，三个了，还有没有其他可能？

生 4：我觉得还有可能在这儿。（图 10–11 ④）

师：同意不同意？“4”在哪里？“5”又在哪里？太棒了，掌声鼓励。还有吗？

……

师：大家真厉害！我们数数看一共有多少种？（8 种，图 10–11 ⑤）

**二、解决分歧，约定数对规则**

（一）约定顺序：先列后行

师：根据两个数字，我们居然找到了 8 个不同的位置，为什么会这样？大家先独立思考再在小组交流。

生：因为有的将 4 作为列，有的把它当作行。

师：那就是说 4 和 5 谁是列谁是行没有确定是吧？列和行的先后顺序怎么确定呢？（板书：顺序）

生：……

师：其实你们说的都是可以的，但是为了不产生混乱，数学家就规定“先列后行”。在生活中，我们也是习惯于这样先横着数再竖着数的方式。因此，这个 4 和 5 表示的就是第 4 列和第 5 行。现在你们能确定班长坐在哪儿了吗？

学生上台在 8 个点中排除和选择，出现 4 种不同意见。

师：为什么还是不能确定班长到底坐在哪儿？

生：因为没有规定列是从左往右数还是从右往左数，行是从前往后数还是从后往前数。

师：确实是这样，虽然我们规定了先列后行的顺序，但是我们没有规定列和行数的方向。（板书：方向）方向不知道，我们就产生了4种可能。看来我们要确定班长的位置，还必须制定一个规则。

（二）约定方向：列是左→右、行是前→后

学生活动，教师巡视指导，学生汇报。（图10–12）

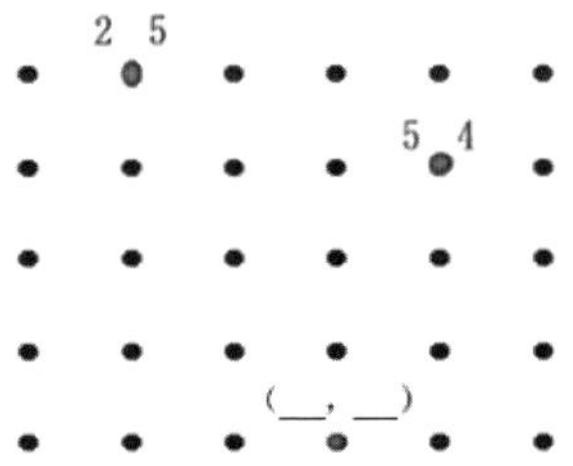


任务二

（1）两个点分别用“2 5”和“5 4”来表示，由此你能发现列和行数的方向吗？

（2）四人在小组内交流你的想法。

（3）请填（____，____）中的数，说一说是几列几行。

图10-12

生：因为先说列后说行，所以第一个点上的数表示的是第2列第5行，第二点上的数表示的是第5列第4行。列是从左往右数的，行是从前往后数的。教师板书：列：左→右　行：前→后

师：（____，____）填什么数？表示几列几行？

生：4和1，表示第4列第1行。

师：为什么数列的方向是从左往右，数行的方向是从前往后？

生1：这是规定。

生2：因为习惯了。

师：是的，我们已经习惯了从左往右数，你看数轴从0开始，箭头向右越来越大。既然0在这儿，数行就从前往后了。（师边画图10–13边说）

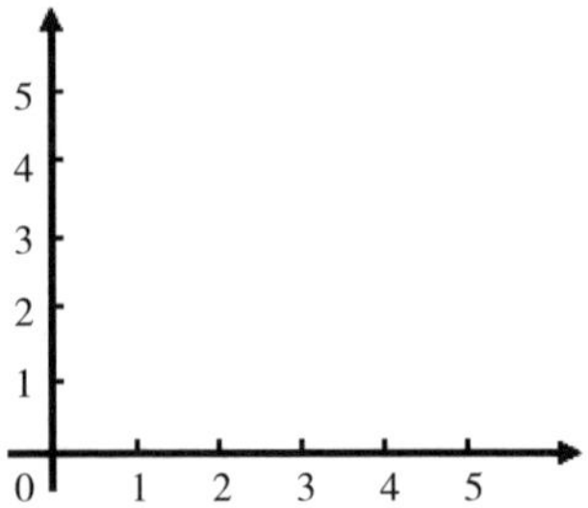


图10-13

（三）约定“数对”表示方式（图 10–14）

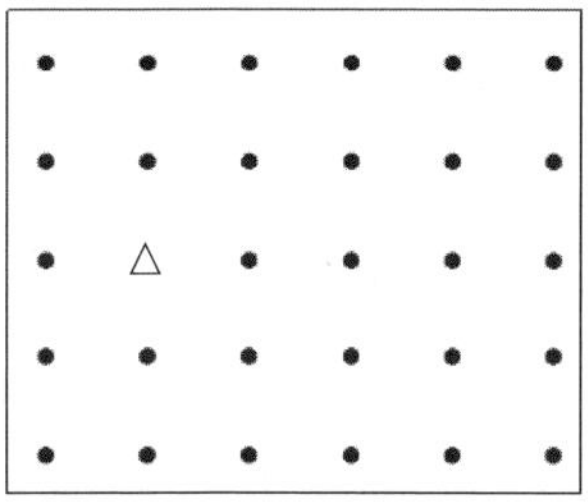


任务三

（1）现在班长坐在△位置，你怎么用文字表示出它的位置吗？

（2）四个人为一组，在小组内交流你的想法。

图 10-14

呈现学生的表示方式：（图 10–15）

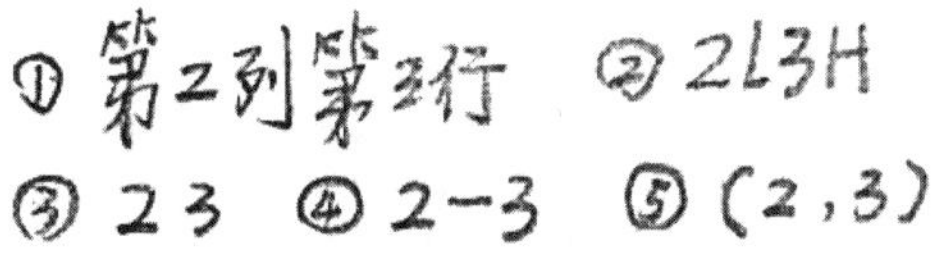


图 10-15

师：这五种方式，大家觉得哪种好一些？

生 1：第三种“2 3”，因为它最简便。

师：大家同意吗？

生 2：我不同意，如果列和行很多的话这样就分不清了，比如“123”是“第 1 列第 23 行”，还是“第 12 列第 3 行”呢？

师：很有道理，所以要在两个数之间加“，”。那就用“2，3”行不行？

生 3：也不行，因为如果连着表示两个位置，就会乱，例如，2，3 和 12，5，大家很可能以为是 2，31 和 2，5 呢，每个点的两个数要用括号括起来。第五种方式最好。

师：你说得太好了！数学家门就是这样想的，大家都同意这种表示方法，把它称为数对表示法。（板书：数对）

**三、巩固、拓展，深化“数对”规则**

（一）基础练习

用数对表示下面△的位置

学生汇报。（10–16 图）

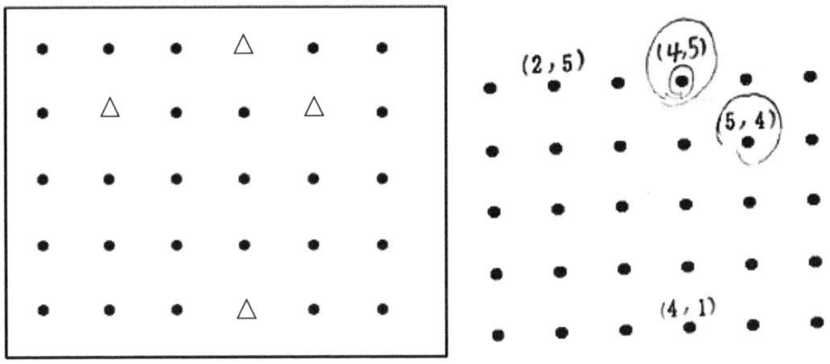


图 10-16

师：我们一起来观察这两个数对有什么样的相同和不同？（用红笔圈）

生：一个是在第 4 列的第 5 行，而另一个却在第 5 列的第 4 行。

师：虽然说数字相同，但是因为顺序不一样，所以——

生：位置不一样。

（二）拓展练习

| |
|---|
| 任务三：连数对，说发现。 |
| 一分：组长随机分发材料。 |
| 二找：每人根据数对找出相应的位置。 |
| 三连：用水彩笔顺次连接这些位置。 |
| 四说：在四人小组内说说你发现了什么？ |

学生汇报，展示作品，教师点评。

……

师：同学们，其实数对在我们生活中运用得非常广泛，比如国际象棋、电影票、高铁票、飞机票上的座位等都是用数对表示的。我们也可以用数对表示地图上南京的位置。（课件出示地图等）

同学们，数对在生活中还有哪些应用？请大家课后找一找。

【智慧教学解读】

## 充分自主约定，“再创造”中发展数学素养

弗赖登塔尔在《作为教育任务的数学》一书中认为，学习数学的唯一正确方法是实行“再创造”，也就是由学生本人把要学的东西自己去发现或创造出来。教师的任务是引导和帮助学生进行这种再创造工作，而不是把现成的知识灌输给学生。如果学习者不进行再创造，他对学习的内容就难以真正地理解，更谈不上灵活地运用了。要想学生成为知识的主人而不是书呆子，那就尽量让学生进行数学知识的“再创造”。

很多老师认为《用数对确定位置》这类内容是一种规定性知识，没有什么道理可探讨的，通常的做法是直接呈现给学生。其实，知识都有其产生的需要和形成的过程，我们让学生去经历这样的需要和过程就是一种再创造的过程。具体到用数对确定位置的规则而言，它是大家共同约定出来，其中具有规定的合理性。这种合理性体现在符合人们的生活经验和习惯方式，契合数学的抽象、简介和逻辑的一致性。本节课教师的智慧体现在充分让学生自主约定，在“再创造”中发展数学素养。

### 一、多种可能：引发约定需要

学习《用数对表示位置》不仅可以让学生掌握其具体规则，还为后续的直角坐标系学习作铺垫。如果我们仅将规则的获得与运用技能作为教学目标，那就会减少培养学生自主思考、合作探究的机会，不利于学生空间观念的培养。因为学生素养是在知识的“再创造”中发展起来的。就《用数对表示位置》这一内容而言，其“创造”主要体现为“约定”活动，而开展“约定”活动需要具体问题来引入，需要学生参与的积极性。

教学伊始，教师提问“班长位置在哪儿”激起学生参与学习活动的兴趣。没有任何提示，猜想漫无边际，这样不行。教师自然地给出提示——他的位置可以用 4 和 5 两个数表示。据此，同学们立即开始新的寻找。

课中，老师让学生充分展示自己的想法，竟然出现了 8 个不同的位置，确定班长的位置仍然不能确定。为什么会这样呢？大家很自然地会产生

这样的疑问，这必然导致师生后续行为的发生。

## 二、智慧施教：推动三次约定

有了约定的需要还要善于安排约定的过程，本课中共安排三次约定，都是基于问题引发学生开展约定行为，但在具体做法上各不相同，体现了教师的教学智慧。

第一，约定行列的先后顺序。在没有任何条件限制的情况下，班长的位置难以确定，这个大家容易理解。但班长的位置用 4 和 5 来表示后，竟然还存在 8 个位置。这是为什么呢？显然大家很想揭秘原因，分析讨论的结果发现问题出在没有明确 4 表示的是行还是列，也就是没有明确行和列的先后顺序。虽然哪个在前都是可以的，但生活中我们习惯先横着数再竖着数，数学家规定先列后行也就易于被大家公认。

第二，约定数行、数列的方向。明确了先列后行，学生在 8 个点中进行排除和选择，还是存在 4 个不同位置。那这又是因为什么呢？大家继续进行分析、讨论，发现原因是没有规定列是从左往右数还是从右往左数，行是从前往后数还是从后往前数。怎么办？继续约定。只不过这次采用了“倒叙”的方式，先出现两个标有数的点，让大家观察寻找其共性。结果大家发现：列是按照从左到右的顺序数，行是按照从前往后的顺序数。较之于第一次约定的“顺叙”方式，这样的做法既避免了单调，又给学生观察、发现提供了机会。

第三，约定数对的表示方式。虽然先列后行，数行、数列的顺序都已约定，但是用两个数表示位置的具体方式还没有确定，这还需要约定。这次老师给出一个具体位置放手让学生呈现自己的表示方式，然后通过比较和分析，得出了用“（2，3）”这种方式来表示。

## 三、规则约定：感受数学建构

数学哲学观中有一个“数学约定主义”，由法国数学家、哲学家庞加莱提出。庞加莱认为，几何公理实质上是一种人为的“约定”，这些约定并不能说明哪一种几何公理为最真实，而是使人们知道哪一种几何公理最为便利。几何对象和公理是人们发明创造的产物，这不是随意发明的，而是要受经验的引导和限制。几何公理的自由约定的性质，并不意味着“任意性”。约定主义不考虑几何对象是否客观存在，只要求它的定义本身与先前认可的命题都不发生矛盾。①

用数对表示位置的规则本质上是大家约定出来的，但是这种约定并不是一种“任意性”行为，而是要受经验的引导和限制。具体而言，就是要遵循生活的经验和数学抽象性和逻辑统一性的要求。“先列后行”符合大多数人观察事物的习惯。（中国人看书原本习惯从上往下看，现在已经和西方人从左往右看的习惯相统一。）“行从左往右数，列从前往后数”：既然数数是习惯从左向右进行，所以数轴方向是向右的，原点是0。0是原点，那么竖着从前（0的位置）往后数就是自然的方式，否则横与竖就不能统一。“数对的表示方式”这是从科学合理和简洁的角度进行的约定。让学生经历上述约定的过程，有助于学生对数学本质形成更全面的认识，认识到数学不仅是从人类生活实践中产生，得到经验的支持，具有“发现”的性质。同时还具有“发明”的性质，是人类赋予其形式和运演的规则。②

## 第四节 《图形的平移》教学实录与解析③

**【智慧教学设计】**

### 一、教学内容丰满结构

苏教版数学教材四年级《图形的平移》一课的内容主要有：认识图形的平移，在方格纸上画出平移后的图形等，以此为中心进行如下扩充：

---

① 数学辞海第六卷 https://baike.baidu.com/item/ 数学约定主义 /19146266.

② 郑毓信 . 新数学教育哲学 [M]. 上海：华东师范大学出版社，2015：20.

③ 本课由潘柯琪老师执教，撰写初稿。

（一）知识从哪儿来

基于三年级认识生活中的平移现象，通过想象图形是怎样平移的并用手势表示，初步感受图形平移的特征。

（二）知识如何展开

1. 观察方格纸上图形沿水平或垂直方向平移并进行描述。

2. 观察发现平移的本质特征，用语言进行概括。

（三）知识向何处去

借助图形的平移解决实际问题。

## 二、教学目标顶天立地

（一）立地目标

认识图形的平移特征，能辨别和想象简单图形平移后的图形，能画出简单图形沿水平或垂直方向平移的图形。

（二）顶天目标

理解平移的本质是图形上任意点一起向相同的任意方向移动相同的距离；能用数学语言概括平移的概念；能主动从图形平移变化的角度分析问题、解决问题。

## 三、学生作业弹性选择

（一）基本作业

教材“试一试”“练一练”。

（二）综合作业：

1. 图中平行四边形的运动是平移吗？为什么？

2. 如果是，平行四边形是怎样平移的？先在图上画一画，再和同学说一说。（图 10–17）

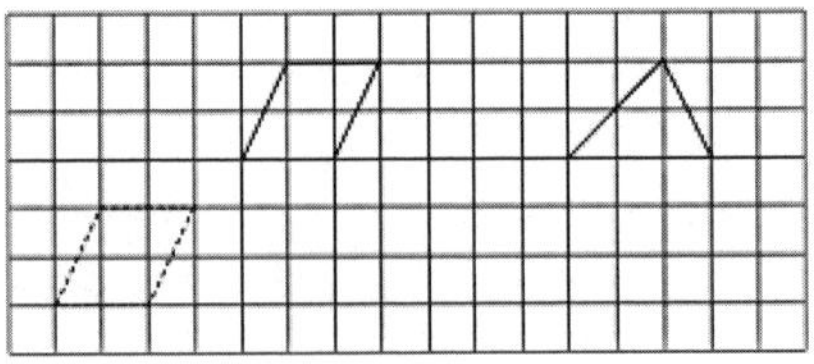

图 10–17

3. 画出图中三角形先向下平移 4 格，再向左平移 5 格后的图形。

（三）拓展作业

如图 10–18 所示，明明和冬冬分别给一块长方形草坪设计了供人通行的小路（小路的宽度都相等）。这两块草坪的面积相等吗？为什么？

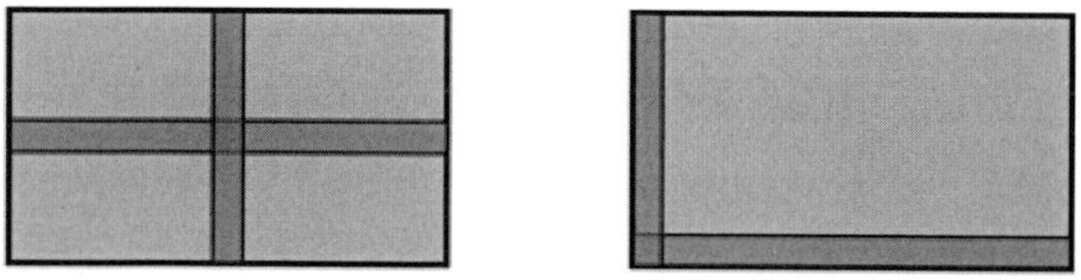

图 10–18

【现场机智调适】

## 一、引入

师：三年级时我们认识了物体的平移，你能用手势来表示平移运动吗？生活中哪里有平移的现象？

学生纷纷做手势示意：电梯，教室窗户，火车 ......

师：平移是怎样的运动？谁来说一说。

生：平移是直直地移动的。

师：说得不错！关于平移，你们还知道什么？

生：平移之后的图形的形状不变。

生：平移之后的图形大小也不变。

师：那平移后什么变了？

生：位置。

师：看来同学们了解平移，今天我们再一起深入学习图形的平移。

## 二、探究

（一）理解“平移”的内涵

1. 感知平移的方向和距离

课件出示动画：（图 10–19）

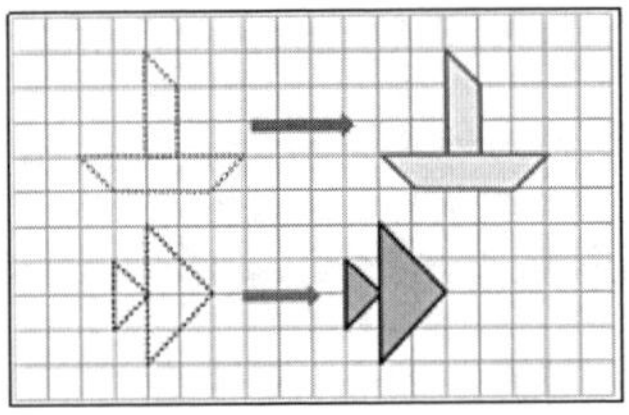

图 10-19

师：仔细观察，图 10-19 中的小船图和金鱼图分别是怎样运动的？它们的运动有什么相同点和不同点？

生：小船图和金鱼图都是在向右平移。

师：怎么看出来是向右平移？

生：中间有向右的箭头。

生：左边图形是虚线，右边的图形是实线。

师：这说明什么？

生：虚线表示的应该是平移前的位置，实线表示现在的位置。

师：说得对，这是平移的方向。还有什么发现？

2. 探究平移的特征

生：我觉得小船图平移得比金鱼图更远一些。

生：我还发现小船图平移的距离是 9 格。

师：真厉害！你是怎么数出 9 格的？请上台来数一数。

生：（边画边讲解）我是从平移前小船上船顶的这个点出发，一直数到平移后船顶的这个点，中间一共有 9 格。

师：其他同学也是采用这个方法吗？

生：我选的是另一个点，（上台边操作边讲解）我们可以找船头的这个点，从这个点出发数到平移后船头的这个点，中间一共有 9 格，所以平移的距离是 9 格。

师：船头到船头是对应的，我们可以把它们叫作一组对应点。

大家还能在图中找到像这样的对应点吗？先找一找，再数一数它们之间的距离。

（学生动手操作，验证距离）

生：我是从船尾那个点开始数，数到船尾的对应点，距离是 9 格。

生：我是从船底最左边那个点出发，数 9 格。

3. 理解平移本质

师：看来，想要数出图形平移的距离，就要先找到？——对应点！

想一想，像这样的对应点，你能在图上找到多少组？每一组对应点之间的距离都是 9 格吗？为什么？

生：能找到无数组，每一组的距离都是 9 格，因为所有点都向右平移了 9 格。

师：小船图上这条边也向右平移了 9 格吗？

生：是的，因为这条边上的每一个点都向右平移了 9 格，这条边自然也向右平移了 9 格。

师：借助动画，我们再来一起数一数小船图运动的距离。（演示小船一格一格平移的动画）

师：想象一下，如果对应点之间的距离不一样，会出现什么情况？

生：图形会变形。

师：是的，随着小船图的平移，图上的每个点、每条线都向相同的方向平移了相同的距离。如果不这样会怎么样？学生想象，画图，验证。正因为这样，平移之后的小船形状和大小才没有发生改变。

4. 归纳“平移”概念

师：通过刚才的研究，谁能说说什么是平移？

生 1：像小船图和金鱼图这样的移动就是平移。

生 2：整个小船图上的各部分都向同一方向移动。

生 3：而且图形上的点移到对应点的距离都是一样的。

师：说得越来越到位了！平移就是图形上的任意一点的移动方向和距离都一样。（师指金鱼图上的鱼嘴、鱼身和鱼尾上的点说明）

出示图 10–20。

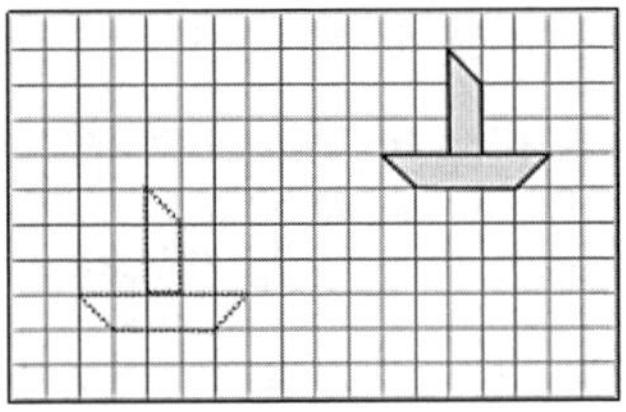

图 10-20

师：图中小船的移动是平移吗？

生 1：我猜是的，小船先向右平移，再向上平移。

生 2：也可以看成先向上平移，再向右平移。

生 3：我认为它是向右上方斜着平移的。

师：想知道它是不是平移，可以怎样验证？自己动手试一试。

生 1：我找了三组对应点，发现每一组点都先向右移 9 格，再向上移 4 格，说明它们移动的方向和距离都一样。

生 2：我把几组对应点连起来，发现连成的几条线段都是平行的，而且我量了它们的长度，大约都是 98.5 毫米，所以我认为小船是平移。

……

师：图 10-21 中小船图的移动都是平移吗？

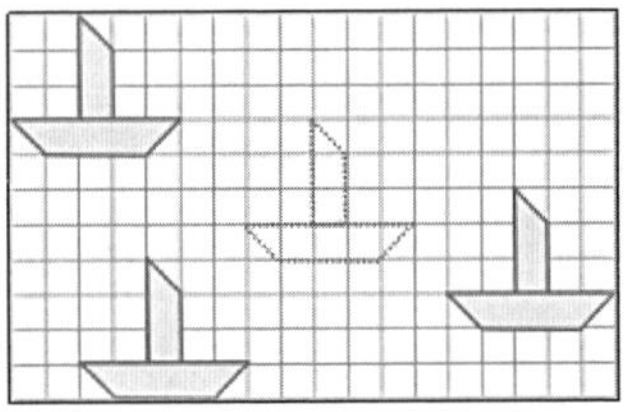

图 10-21

生：是！

师：通过这幅图，谁再来说说什么是平移？

生：平移就是图形上的每一点都向相同的方向移动相同的距离。

生：方向不一定是上、下、左、右，任何方向都可以。

师：平移就是图形上的任意一点都向任意相同的方向移动相同的距离。

（二）探究作图方法

师：我们知道了什么是平移，你能按要求画出平移后的图形吗？先自己动手试一试，完成后在四人的小组内说说你是怎样画的。

课件出示教材中的“试一试”。（图 10-22）

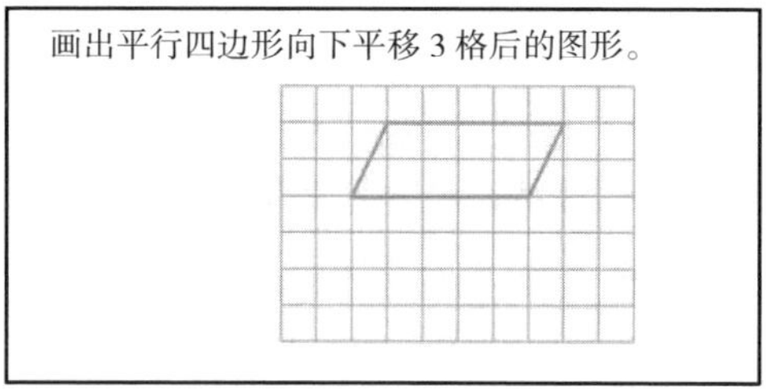


图 10-22

学生独立完成后，先在小组中交流画法，最后集体交流。

生 1：我先确定平行四边形的 4 个顶点，然后都向下平移 3 格，描出对应点，再把 4 个对应点连一连，就得到了平移后的平行四边形。

生 2：我是先把原来平行四边形的上、下两条边分别向下平移 3 格，再把这两条边的两端连在一起，就得到了平移后的平行四边形。

师：也是个好方法。如果只平移原来平行四边形下面的这条边，能不能得到平移后的图形？只平移一个点呢？

生 3：也可以得到平移后的图形。不过，画的时候，要按照原来平行四边形的形状画，不能变形。

生 4：我觉得一些简单的图形可以凭借一个点或一条边画出来，一些复杂图形就不太好画了。

师：确实是这样的，谁还有什么要提醒大家注意的？

生：不能忘记画箭头，箭头表示平移的方向。

生：平移前后图形的形状和大小是不变的，画完之后可以检查一下。

**三、强化**

完成作业（略）。

【智慧教学解读】

## 一、拓展内容，加强知识理解运用

适合发展课堂提倡丰富饱满且结构化的学习内容，本课围绕平移概念的本质和运用对课堂内容进行拓展，主要扩充了两项内容。

第一，是针对平移概念的理解。在探究环节的最后，教师先后出示了小船向斜上方平移的图和小船向不同方向平移的图，请学生判断小船的移动是不是平移。此项内容实际是对例题的变式，打破了方格图上行、列的限制，给予了学生更多的想象空间。在此过程中，有一部分学生有所犹豫，无法判断；还有一部分学生认为小船图经过了两次平移；还有个别学生则认为是小船图在向右上方平移，随后通过观察想象、操作验证等活动，体会到“向相同方向移动”不只可以向上、下、左、右移动，还能向“任意”方向移动，只要任意一点移动的距离也一样，就是在平移，进一步加强了对平移概念本质的理解。

第二，是针对平移知识的运用。只有当学生知道了知识有什么用，并能主动运用知识解决问题，才能成为知识的主人。在先前的练习中，无论是根据已有图形进行描述或是根据描述作图，学生都是在被动地运用平移知识进行图形变化，而更高层次的变化应当是由学生主动进行的。因此，教师联系实际情境设计了强化环节的第三道练习。这个问题中，学生无法获得图形之间直接的变化关系，也没有直接的数据来计算，只能主动运用图形的平移变化将分散的四个小长方形聚集到一起组成一个大长方形，才能解决问题。在此过程中，学生能感受到平移变化的作用，为之后学习图形的转化打下基础。

## 二、提高目标，自主建构知识

《义务教育数学课程标准（2022 年版）》中对本课内容的要求描述为“能在方格纸上进行简单图形的平移和旋转；能从平移、旋转和轴对称的角度欣赏生活中的图案，能借助方格纸设计简单图案，感受数学美。”此项描述可以视为适合发展课堂的“立地”目标，即每一位学生都要求达到的，除此之外，本课还提出了“顶天”目标，旨在让部分学力强的学生获得更高的发展。史宁中教授在《数学思想概论：图形与图形关系的抽象》一书中指出：“只有通过图形的运动或者图形的变换，才可能真正地把握图形的性质。”本课学生学习平移的概念，要想达到“顶天”目标，就不能只是被动掌握“静态的”陈述性知识和机械的操作技能，而应在此基础上自主建构“动态的”图形运动表象并尝试用数学语言进行概括表达。

学生在探究环节前期的观察和操作活动中，通过几组对应点的变化，已经初步理解了什么是平移，能够描述小船图在方格纸上进行上、下、左、右四个方向的平移运动，并能用自己的语言概括出平移的特点和方法。在此基础上，教师在探究环节的最后对小船图的平移方向进行变式，不仅要理解上、下、左、右方向的平移，还要知道平移运动可以向任意方向。在变式的过程中，学生经历了由观察发现、提出猜想、操作验证、总结归纳的过程，自主建构出平移的概念。之后，进一步尝试用数学的语言概括表达，从起初“各部分”到后来“对应边、对应点”再到“任意点”“任意方向”，学生在不断完善、修正的过程中完成概念的数学化表达。

这里需要特别说明的是，“顶天”目标并不是要求全体学生都要达到，提高目标的目的是让能吃的学生吃得多、吃得好，让这部分学生努力获得更适合的发展，从而带动其他学生的发展。

### 三、适合指导，促进空间观念发展

适合发展课堂要求学生充分自主，教师作用在于为学生自主学习营造机会和空间，在他们遇到困难时及时相助，在学有所成时将其引向深入，即对其进行适合的指导。

学生在本课学习之前已经认识了生活中事物的平移现象，对平移运动有所了解，但平移的概念仍是比较抽象，尤其是要达成“顶天”目标，对于学生有一定思维难度。基于学情，教师在指导时进行了智慧的处理。在探究环节的前半部分，基于学生的已有经验，充分放手让学生自主探究，由远及近进行指导。例如，教师一开始出示图片和问题：图中的小船图和金鱼图分别是怎样运动的？之后的活动，都是由学生自主生成、串联起来的。学生通过观察、交流，对问题进行了充分的讨论和表达，有学生想到方向相同，有学生想到距离远近，还有学生能自发地想到在图上数一数、画一画求得平移的距离，不同层次的学生在对问题的交流和讨论中都获得了对图形平移特征的直观感受。随后，教师再将问题逐步聚焦，“想要数出图形平移的距离，就要先找到？”“像这样的对应点，你能在图上找到多少组？”“每一组对应点之间的距离都是 9 格吗？如果距离不一样，会出现什么情况？”。而在学生努力要达到“顶天”目标时，教师则由近及远指导，为其进行一定铺垫，例如先出示小船向斜上方平移的图，再出示小船向不同方向平移的图，让学生逐步理解“任意方向”。在尝试用数学语言概括概念时，适当进行指点，最后再出示完整的数学概念，以帮助学生进行数学化表达。

总而言之，适合指导首先是顺学而教，在此基础上扩大思维空间，让学生尽可能多地得到有一定负荷思维的机会。学生在这样的思维空间中，充分地进行想象、观察、操作等活动，促进了空间观念的发展。

# 第十一章　统计与概率

统计与概率是义务教育阶段数学学习的重要领域之一，其教学有助于学生了解统计与概率的基础知识，感悟数据分析的过程，形成数据意识。本章选取“数据收集、整理与表达”“随机现象发生的可能性”和“统计图（表）”三个重要内容的课例，对智慧教学设计和现场机智调适进行呈现和解析。

## 第一节　《数据收集和整理（一）》教学实录与解析①

【教学智慧设计】

### 一、教学内容丰满结构

苏教版教材《数据的收集和整理（一）》第一课时的内容主要有：进一步感受分类的作用，经历简单数据收集和整理的过程，初步感悟数据背后蕴涵的信息。以此为中心进行如下扩充：

（一）知识从何而来

修改教材例题，增加“对于这些不同的邮票，你能提出哪些数学问题？”引发统计动机，拓展思考空间，激活学生思维。

（二）知识如何展开

1. 分类收集。

2. 方法优化。

3. 构建模型。

① 本节由丁维虎老师执教、撰稿。

（三）知识向何而去

体会数据能够反映或说明情况，体验统计活动能够获得需要的数据，是解决实际问题的一种有效方法。

## 二、教学目标顶天立地

（一）立地目标

能根据给定的标准或者自己选定的标准，对事物或数据进行分类统计。

（二）顶天目标

1. 能用自己的方式（文字、图画、表格等）呈现整理数据的结果。

2. 通过对数据的简单分析，体会运用数据进行表达与交流的作用，感受数据蕴涵的信息。

## 三、学生作业弹性选择

（一）基本作业

教科书“想想做做”。

（二）综合作业

改编教材例 1 的题图。学生直接提问题，做到有顺序、有道理；学生独立解决问题，做到方法优、想法多。

（三）拓展作业

以“× × × 班最喜欢的体育活动”为主题，组织一次调查研究。

要求：1. 有序分类；2. 数据准确。

## 【现场机智调适】

## 一、感知信息，提出问题

教师出示课件小华的邮票。

师：对于小华带来的邮票，你有什么想问的？

生 1：小华带了什么样的邮票？

生 2：小华一共带了多少张邮票？

师：我们就带着这些问题来欣赏邮票图片。

教师通过课件播放小华的邮票。

师：现在能解决哪个问题？

生：一共有 11 张邮票。

师：有没有不同的意见？

生：没有。

师：第二个问题解决了。那第一个问题，谁来回答？

生 1：我看到了杜鹃花的邮票。

生 2：我看到了荷花的邮票。

师：杜鹃花与荷花，我们统称为鲜花。

师：还有不同的邮票吗？

生 1：我看到了 200 分的邮票。

生 2：我看到了横着的邮票。

生 3：我看到了军人的邮票。

……

教师根据学生的回答适时点拨并板书：鲜花、200 分、横着、军人、竖着、100 分、80 分、党旗。

师：对于这些不同的邮票，你又能提出哪些数学问题呢？

生 1：每种邮票各有多少张？

生 2：哪种邮票最多？哪种邮票最少？

师：这里有 8 种规格的邮票，每一种有多少？最多、最少各是哪种邮票？难道你们要让老师播放 8 次？有没有什么好方法能比较快地解决这个问题？

生：分类。

师：谁愿意到前面来分类？分类的标准是什么？

……

师：同学们，你同意他的分类吗？谁知道他分类的标准是什么？

教师根据学生的回答板书：板式、内容、面值。

师：分类可以让信息有序、有条理、不重复、不遗漏；但分类要有一定标准，同样的邮票，按不同标准分，可以有不同的分法（2种或3种）。分类后，还需要播放8次吗？

生：不需要。

师：解决问题可以从分类开始。

## 二、尝试探究，解决问题

（一）用自己的方法收集信息

师：现在能解决同学们提出的三个问题（每种多少张？哪种最多？哪种最少）？还缺少什么？

生：每种邮票的数据。

师：怎样才能得到数据呢？我们先来搜集第一组中两个问题的数据。你想好用什么方法来收集了吗？可以借助老师提供给你的研究单，在上面写一写，画一画，勾一勾。

教师第二次播放动态课件。

师：收集到横着、竖着的邮票张数的同学请举手。你是用什么方法收集到的？

生1：我是用右手手指头表示横着的邮票张数，左手手指头表示竖着的邮票张数。

生2：我和他相反，我是用右手表示竖着的邮票张数，左手表示横着的邮票张数。

师：你们俩收集的结果一样吗？

生：不一样。

师：看来至少有一人收集的数据是不准确的。还有不同的收集方法吗？

生1：我是用画“√”方法来记录邮票张数的。

师：谁能看懂这位同学的方法？谁愿意来解释一下。

生 2：一个“√”代表一张邮票，竖着的后面有 4 个“√”，代表有 4 张竖着的邮票。

师：还有不同的方法吗？

生 3：我是用画“正”字的方法来表示邮票张数的。

生 4：我是用画“○”的方法来表示邮票张数的。

……

师：后面几位同学的方法之间有什么共同的地方？

生：都是用简单的符号来表示邮票的张数，有几个符号就表示有几张邮票。

师：评一评后几种方法？你认为哪种排列更好些？为什么？

生：画“√”排列更好。它上下一一对齐，能一眼看出谁多谁少？

师：对于后几种方法，你有没有什么更好的建议？

生：在符号的后面添上数字，让人一眼看出邮票的张数。

师：在收集数据的时候，为了使数据更直观、醒目，还可以把收集到的数据进行整理。

师：回顾刚才解决问题的过程，发现结果不一致。第一次尝试，结果不一致，很正常。要想得到准确一致的结果，该怎么办？

生：再来尝试一次。

师：如果再尝试一次，你准备用什么方法？要注意什么？现在想清楚了吗？

（二）用逐一记录的方法收集、整理信息

师：谁愿意当小老师，在黑板上收集、整理信息（找一个学生板演）。

教师第三次播放动态课件。

师：黑板上收集、整理的信息准确吗？有没有不一样的结论？

生：没有。

师：为什么这次的结论如此一致？

生：用简单的符号依次收集、整理数据，不容易出错。

（三）收集、整理和分析数据

师：刚刚解决横着、竖着的邮票的张数。现在还剩下两组邮票的张数不知道。接下来，你们准备怎样研究？

生1：播放两遍课件。

生2：同桌合作，播放一遍就可以了。

师：老师接受第二个建议。请同桌现在就分工，在研究单上先写好要收集的内容。

师：哪两位同桌愿意当小老师，在黑板上收集、整理信息（找同桌两人板演）。

教师第四次播放动态课件。

师：收集、整理党旗、鲜花、军人邮票并整理其张数的同学，请起立。得出与黑板上一样结论的同学，请坐。还有不一样的吗？没有。收集、整理80分、100分、200分邮票张数的同学，请起立。得出和黑板上结论都一样的同学，请坐。

师：结论现在一致了，到底对不对呢？怎样验证呢？

生：再播放一次。

教师同时出示所有邮票，学生快速对照，教师强调验证时要有序，可以用笔做记号，一一对应。

师：还有不同的验证方法吗？

生：算出每种分类中邮票的总数，看总数是否相等。

教师带领学生验证。

师：通过两种方法验证，同学们收集、整理的数据是正确的。现在能解决前面提出的两个问题了吗？

……

师：如果把三组数据放在一起比较，你又会有什么发现？这些发现是根据哪些数据得到的（组内交流）？

教师根据学生的回答板书：标准不同，结果不同，总数相同。

师：得到了数据，我们还要进行多角度分析，就会有更多的发现，这样才能体现收集、整理数据的价值。

**三、建构模型，推广应用**

出示“想想做做”第一题。

生 1：红色有 5 个，黄色有 3 个，蓝色有 5 个。

生 2：长方体有 5 个，正方体有 3 个，圆柱有 2 个，球有 3 个。

师：有不同意见吗？你还能发现什么？

生：分类标准不同，但最后的总数一样。

师：这是校园的一角，从图中你能提出哪些数学问题？

生：老师和学生各有多少人？

师：还能提出哪些不同的问题？

生 1：下棋、看书、做游戏的各有多少人？

生 2：站着和坐着的各有多少人？

生 3：男生和女生各有多少人？

师：你们分类的依据是什么？ 任选两个自己感兴趣的问题来解决。完成后在组内交流。

……

师：今天学了什么内容？你有什么收获？在解决问题的过程中，你印象最深的是什么？

……

**【智慧教学解读】**

**一、把提问权还给学生，引发统计动机**

有强烈的问题意识，有独到的数学眼光，善于发现问题和提出问题，是数学核心素养之一。然而，我们已经习惯“教师问，学生答”“只有老师问问题，没有学生问问题”的做法。其实不是学生不聪明，而是教学模式及其评价，压制了学生的提问欲望，抑制了学生自主参与的热情。为此，教学要把提问权还给学生，让学生有疑而问、有疑敢问。

统计来源于解决问题的需要。本课伊始，从“不同邮票”的情景出发，引导学生由浅入深地观察和思考。“看到什么”是表象，“想问什么”是本质，多次引导学生用数学的眼光提问题，并尝试用统计的思维解决生活中的问题。同时，把教材中一次性静态出现的信息，改为动态信息依次呈现，让学生产生分类整理的真实需求。

**二、把质疑权还给学生，经历统计过程**

学生相聚在一起组成的课堂，如同“生命的林子”，在充满合作、相互交融中不断互促共生。哪怕是学习活动中错误的，不完善的想法和行为，都是学习资源。学生出错，让同伴做分析，也是学习过程。因此，数学课堂要鼓励学生质疑，让“我补充、我反对、我还有更好的”等成为儿童口头禅、课堂风景线。要以学生质疑，焕发深入思考的激情，使质疑成为学生适合发展的通道和诠释。

发展统计意识，最主要的是让学生体会到统计是有用的。教学时要跳出细节，让学生带着大“统计”的意识审视、诠释学习内容。一方面追求“真情”，从而“生情”。数据整理后引导学生回归问题，明确是何种分类整理解决问题的。在此基础上，组织学生比较不同的分类整理结果，让他们说体会、谈感受，使之言之有物、言之有情、言之有理。另一方面探索“真理”，从而“生理”。运用统计意识，恰当地使用分类统计方法解决问题，让分类思想、方法在学生心中落地生根，经历自我探索、优化的全过程。在培养学生的数据分析观念时，引导学生有意识地从数据的角度去考虑问题，对有些问题的判断不能仅凭感觉，要用数据说话，从而真正体会数据在分析和解决问题中的作用与价值，充分感受到收集数据的必要性。

**三、把总结权还给学生，感悟统计作用**

一节课下来往往是由教师来总结的。其实，这样总结，更多的是总结教师的教，而不是反映学生的学。在课堂上，留点时间，让学生悟一悟、自主总结收获，可以强化学生主体感受，促进其树立学习数学的自信。

“学生学习充分自主”是“适合发展”课堂的重要特征，本节课自始至终体现这一特色。例如，把原有例题作为练习题，放手让学生提问题，学生在充分自主思考下进行分类整理。然后引导学生按不同的标准对收集的数据进行整理从而解决简单的问题，让学生感悟按不同标准分类整理的现实意义，真切体验数据所蕴含的信息、数据会说话的全景模型，并组织学生回顾和反思，梳理数据收集、整理的一般过程，积累统计活动的知识经验，从而培养学生的统计意识和统计兴趣。在这一过程中学生发现一些简单的规律，进一步学会用数据表达和解决问题，体验用数据“说话”的统计价值。在结尾阶段，教师让学生进行自我总结，这有利于学生的学与教师的教相互对照，促进教师的教学智慧的形成。

## 第二节 《可能性》教学实录与解析①

**【智慧教学设计】**

### 一、教学内容丰满结构

《义务教育数学课程标准（2022 年版）》中对“随机现象的可能性”的内容包括：1. 通过实例感受简单的随机现象及其结果发生的可能性。2. 在实际情境中，对一些简单随机现象发生可能性的大小作出定性描述。基于此，进行如下内容扩充：

（一）知识从何而来

基于学生已有经验，调整教材例题顺序，将“试一试”内容前置，创设游戏情境，从规则公平性入手，引发学生对随机事件的初步思考。

（二）知识如何展开

1. 简单随机现象的特点、确定事件和随机事件的联系区别、所有可能发生的结果。

2. 随机事件发生的可能性有大有小、谁大谁小。

3. 随机现象背后的规律。

① 本节由潘柯琪老师执教、撰写初稿。

4. 抛硬币、掷骰子、幸运大转盘等生活中的随机现象。

（三）知识向何而去

可能性在生活中的应用价值。

## 二、教学目标顶天立地

（一）立地目标

能正确认识随机现象；能列出简单随机现象中所有可能发生的结果并判断其发生可能性的大小；能列举生活中的随机现象并在实际情境中根据数据提供的信息判断其发生的可能性。

（二）顶天目标

1. 理解确定事件和随机事件的联系与区别。

2. 通过推理或对一定数量的数据分析判断随机事件发生的可能性的大小。

3. 运用可能性的知识分析和解释日常生活中常见的随机现象。

## 三、学生作业弹性选择

（一）基础作业

放球游戏：取出信封中的三个“口袋”和三色“小球”，按要求“放一放”。（图 11–1）

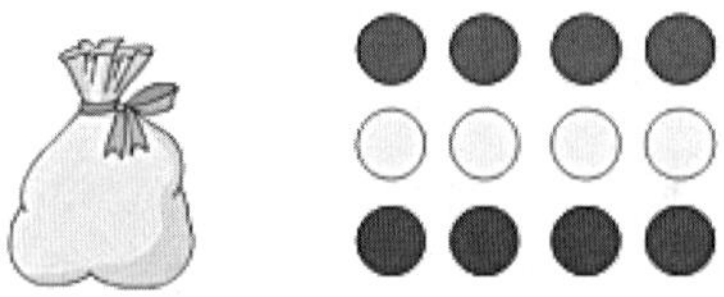

图 11-1

第一关：任意摸一个球，一定是绿球。

第二关：任意摸一个球，不可能是绿球。

第三关：任意摸一个球，可能是绿球。

（二）综合作业

猜口袋游戏：任意从三个口袋中拿一个（图 11–2），猜一猜，可能是哪个口袋？你怎么猜？

图 11-2

（三）拓展作业

幸运大转盘设计：

1. 抽奖活动总共设立了一等奖、二等奖、三等奖以及“谢谢惠顾”。

2. 小组合作，拿出学习材料袋中的空白转盘和彩笔，开始设计。

【现场机智调适】

## 一、游戏引入“可能性”

师：同学们，黑袋子中有 2 个球，你们任意摸 1 个，摸完后放回。谁摸到红球，可以获得一份神秘大礼！

三名学生依次上来摸球，结果都是黄球。学生们开始小声嘀咕起来。

师：大家猜一猜，下一次会摸出什么球？

生 1：下一次肯定是红球了！

生 2：下一次还是有可能摸到黄球，但摸到红球的可能性更大。

生 3：我猜袋子里肯定都是黄球，老师在忽悠我们！

师：你能肯定袋子里一定都是黄球吗？

生 2：不能百分百确定，但是有很大可能，三次摸出来都是黄球，运气也太差了。

师：看来我们还不能确定口袋里究竟是什么球，但能确定的是——

生：里面至少有 1 个黄球，因为有同学摸到了。

师：要想确定里面两个球是什么颜色？有什么办法？

生 1：一直摸下去，如果摸到红球就能确定了。

生 2：把两个球拿出来不就知道啦！

学生们大笑，表示赞同。

师：对，还是眼见为实，我们把两个球拿出来看一看。

生：果然都是黄球。

师：在这样的口袋里可能摸到红球吗？

生：不可能。

师：那现在老师这样放（放入两个红球）。

生：这样摸出来的肯定是红球。

师：你们觉得怎么放比较公平？

生：放一个黄球和一个红球。

师：好。在这样的袋子里，任意摸一个球，会摸到什么？

生：可能摸到红球，可能摸到黄球。

师：为什么你们觉得这样放比较公平？

生：因为摸到红球和黄球的概率是一样的。

师：这里同学说的“几率”，也就是我们今天要来学习的“可能性”。

## 二、活动认识“可能性”

### （一）认识“一定”和“可能”

> 活动一：
> 从装有 2 个球的袋子中，任意摸出 1 个球，可能摸出哪种颜色的球？
> 要求：
> 1.六人小组活动，组长拿口袋，组内成员按顺序每人摸一次。
> 2.摸好后，在表格中记录球的颜色，并把球重新放回口袋。
> 注意：把球放回口袋后，要抖一抖口袋，不能用眼睛看。

学生活动并记录，教师进行指导、反馈：教师用红、黄色圆形磁铁将各小组结果贴在黑板上的表格内，结合表格进行纵向、横向的观察与比较。

1—6 小组进行反馈。

师：每次摸之前，能不能肯定一定能摸到哪个颜色的球？一定能摸到黄球吗？你能肯定第几次摸到黄球吗？红球呢？

7—8 小组进行反馈。

师：第 7 小组活动结果是连续 6 次摸出黄球。有学生惊呼：“这也太巧了！”

师：如果再摸一次，你觉得会摸到什么颜色的球？

生：都摸出 6 次黄球了，我觉得下次肯定是红球！

生：那可不一定，每一次摸球都可能摸到黄球或红球。

生：还有可能是口袋里有两个黄球。

师：看来还不能确定。那就请第 7 组的同学把口袋里的两个球拿出来看一看。口袋里有两个黄球。

师：现在可以确定什么？

生：不管摸多少次，一定都是黄球。

师：在这样的口袋里面任意摸 1 个，大家觉得结果会怎样呢？

生：摸到的一定是黄球。

第 8 组活动结果是连续 6 次摸出了红球。同样请组长把两个球拿出来给大家看一看。口袋里有两个红球。

师：在这个袋子里，可能摸到黄球吗？

生：不可能。

（二）感受可能性大小

活动二：

如果将这 4 张扑克牌（图11–3）打乱次序反扣在桌子上，任意摸出 1 张，结果会怎样？可能摸出哪一张？

图 11–3

生：可能摸到红桃，也可能摸到黑桃。

生：我觉得摸到红桃的可能性大一些，因为有 3 张牌都是红桃。

师：我们来验证一下。

活动要求：

1. 组长分工，一人洗牌，一人记录，其余四人每人摸 10 次，共摸 40 次。

2. 在每次摸牌前，都要重新洗牌，把牌打乱。

3. 用“画正字”的方法，把每一次摸牌的结果记录在表 11–1 中。

**表 11–1**

| — | 组 1 | 组 2 | 组 3 | 组 4 | 组 5 | 组 6 | 组 7 | 组 8 | 合计 |
|---|---|---|---|---|---|---|---|---|---|
| 红桃 | 29 | 27 | 32 | 31 | 29 | 24 | 30 | 35 | 237 |
| 黑桃 | 11 | 13 | 8 | 9 | 11 | 16 | 10 | 5 | 83 |

活动结束后，组长汇报，教师汇总数据。

师：观察各小组得到的数据，你有什么体会？

生：红桃牌张数比黑桃牌的多，所以摸到红桃牌的可能性大。

师：比较摸到红桃和黑桃的次数，你还有什么发现？

生 1：我发现有几个小组摸到红桃的次数大约都是摸到黑桃次数的 3 倍。

生 2：摸到红桃的总次数大约是摸到黑桃总次数的 3 倍。

师：从数据来看是这样的，为什么会出现这样的情况？

生：我猜因为红桃是 3 张，而黑桃是 1 张，红桃的张数是黑桃张数的 3 倍，所以摸到红桃的可能性也是摸到黑桃可能性的 3 倍。

师：如果想摸到红桃和黑桃的可能性相等，有什么办法？

生：可以把 1 张红桃换成黑桃。让红桃和黑桃一样多，可能性就一样大。

## 三、巩固强化

（一）基本作业：放球游戏（略）

（二）综合作业：猜口袋游戏

师：如图 11–4，有 3 个口袋，我从中任意拿一个口袋。猜一猜，我手里拿的可能是几号口袋？

图 11–4

生：3 个口袋都有可能。

师：光靠猜能确定吗？可以怎么办？

生：可以通过摸一摸来判断。

师：如果要尽快地判断是哪个口袋，你们觉得把球摸出来之后要不要放回去？

生：不放回。

师：请几位同学上来摸一摸。

生 1：我摸到黄球，还不能确认，因为三个口袋里都有黄球。

生 2：我摸到红球，可以肯定不是 3 号袋。

生 3：我摸到黄球，判断不了。

师：在下一位同学摸之前，我们先猜一猜，下一次可能摸到什么球？

生（齐）：可能摸到红球，也可能摸到绿球。

生 4：我摸到了绿球，是 1 号袋！

师：老师课前摸了一次就确认了，你们猜我摸到的是哪个球？

生：绿球！

师：如图 11–5，这儿还有 3 个口袋，课前老师在其中一个口袋中摸了 4 次，结果连续 4 次都摸到绿球。

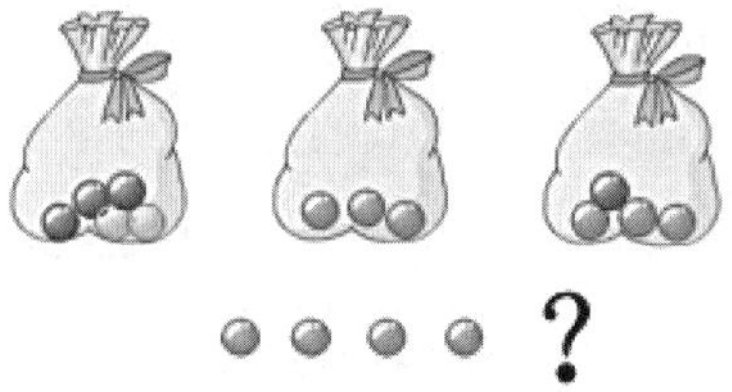

图 11–5

师：大家觉得老师摸的可能是几号口袋？不可能是几号口袋？

生：可能是 2 号口袋，也可能是 3 号口袋。

生：不可能是 1 号口袋。

师：说得好，其实老师摸的是 3 号口袋。如果再摸一次，你觉得可能摸到什么颜色的球？摸到哪种颜色的球可能性大一些呢？

生：可能摸到红色，也可能摸到绿色。摸到绿球的可能性大一些。

**（三）拓展作业：幸运大转盘设计（略）**

【智慧教学解读】

## 一、变化例题情境，促进认知重构

变化情境是适合发展课堂拓展内容的途径之一。学生在生活中对于不确定现象的认识非常有限，且存在片面性或错误认知。消除学生对可能性的片面认知，帮助学生建立对可能性的正确认知是本课教学的一个重要目标。因此，教师在引入时将教材中“试一试”提前，并创设“抽奖”情境，先引导学生凭借已有的生活经验对摸球结果进行判断、分析和预测，在交流过程中通过对话、质疑使学生自发体会到之前对“抽奖”这件事的认识或许并不正确。学生大致有这几种想法：一部分学生认为前三次都摸到了黄球，下一次肯定能摸到红球；另一部分学生认为下一次虽然还有可能摸到黄球，但是因为已经连续摸到三次黄球，所以摸到红球的可能性更大；还有一小部分“机灵”的学生则根据三次都摸到黄球的结果推测袋子里很大可能都是黄球。因此，从感受不可能事件引入，再从抽奖公平性入手提问：“你觉得怎样放球才公平？为什么？”引发学生对随机事件的思考，初步感受随机性。

## 二、活动充分自主，深化知识体验

学生学习充分自主是适合发展课堂提倡的学习方式，要想适合学生学习那就尽量让学生自主。对“可能性”的深层理解，需要学生在动手操作、实验等活动中自主体验并进行思考。

例如，在“摸球”活动中，学生学会用“一定”“可能”“不可能”描述简单随机现象中所有可能的结果，加深对其的认识，数据分析观念也得到增强。接着，发现藏在确定性事件背后的随机事件，学生感受到“处处存在可能”。教师在摸球活动中，将第 7 组和第 8 组口袋中的两个球分别在设置成 2 个黄球和 2 个红球。学生在活动中，不停地去猜、去推理、去感受，感受确定性事件的特点，感受“不可能”背后存在的“可能”，进一步加深对简单随机现象的认识与体验。在“摸牌”活动中，学生在体会到“红桃张数比黑桃多，所以摸到红桃的可能性大”后，教师继续引导学生从数据中比较摸到红桃和黑桃的次数，进行思考。学生能发现摸到红桃和黑桃的次数可能存在某种定量关系并将其和黑桃、红桃的张数联系在一起，这样的发现是学生在活动中自己"摸"出来的，摸的次数多了，就能从数据中发现一些规律。学生随着对随机事件体验的不断丰富，逐渐领悟概率的思想方法。

**三、作业弹性选择，加强知识应用**

适合发展课堂的弹性作业布置应具备两点：一是，作业内容层次丰富，同一知识内容的练习可供不同层次学生得到适合的巩固强化；二是，作业设计应贴近生活，体现数学知识的应用价值。基于此，教师分别设计了基础作业、综合作业、拓展作业。

基础作业为"放球"游戏，要求每位学生都要掌握。综合作业为"猜口袋"游戏，教师设计了两个层次：第一个层次，学生在知道三个口袋里分别是什么球，通过一次次摸球得到的结果来一步步判断口袋的可能性。第二个层次，学生由四次摸球的结果，判断"不可能"和"可能"，同时在最后思考"如果再摸一次，可能会摸到什么？"。拓展作业为"幸运大转盘设计"，从而拓宽了学生解决实际问题的范围，对学生的想象力、动手能力都具有一定的挑战性，在探寻"赢"的策略的过程中进一步深化对简单随机现象的认识，帮助学生从"掌握知识"发展为"应用知识"。

## 第三节　《复式统计表》教学实录与解析①

**【智慧教学设计】**

**一、教学内容丰满结构**

苏教版教材《复式统计表》第一课时内容主要有：初步认识复式统计表的构造，体会复式统计表的优点等。以此为中心进行如下扩充：

---

① 本节由丁维虎老师执教、撰写。

（一）知识从何而来

改造教材例题，增加“把四张统计表发给两家客服，一家客服回复‘笑脸’，一家回复‘哭脸’，怎么回事呢？”引发学生思考。

（二）知识如何展开

1. 单式表合并。

2. 优化完善。

3. 建构模型。

（三）知识向何而去

1. 复式统计表在生活中的应用。

2. 转化为复式统计图。

## 二、教学目标顶天立地

（一）立地目标

认识复式统计表的结构，能根据收集、整理的数据填写复式统计表。

（二）顶天目标

1. 能选择适当的方式整理和描述数据，能通过对数据的分析解决一些简单的实际问题，进一步理解统计方法，发展统计观念。

2. 进一步感受统计与现实生活的密切联系，体会数据的意义和价值，积累统计意识。

## 三、学生作业弹性选择

（一）基本作业

教科书“练一练”。

（二）综合作业

教科书“练习十五”第一题。

（三）拓展作业

以“×××班学生血型情况”为统计内容，小组合作，制作复式统计表。要求：

1. 数据准确，表格美观。

2. 观察表格，你知道了什么？

【现场机智调适】

## 一、创设情景，激发学习需求

师：五年级成立了四个小乐器社团，老师想为学生网购一些小乐器和领结。她先在网上乐器专卖店选择了四种乐器，在服饰专卖店选择了两种领结。如果你是网店的客服，你需要知道哪些信息？

生：乐器店的客服需要知道每种乐器的数量，服饰店的客服需要知道男、女领结的数量。

师：老师已经统计好有关的数量（教师出示表 11–2）。有没有什么更好的方式把这些数据清楚、简洁地表达出来？

表 11–2

竖笛社团：男生 15 人，女生 20 人；
口琴社团：男生 22 人，女生 18 人；
陶埙社团：男生 16 人，女生 23 人；
葫芦丝社团：男生 23 人，女生 13 人。

生：统计表。

师：没错！统计表是统计数据的常用方式，请看这四个统计表（表 11–3）

表 11–3

竖笛社团人数统计表

| 性别 | 合计 | 男生 | 女生 |
|---|---|---|---|
| 人数 | 35 | 15 | 20 |

口琴社团人数统计表

| 性别 | 合计 | 男生 | 女生 |
|---|---|---|---|
| 人数 | 40 | 22 | 18 |

陶埙社团人数统计表

| 性别 | 合计 | 男生 | 女生 |
|---|---|---|---|
| 人数 | 39 | 16 | 23 |

葫芦丝社团人数统计表

| 性别 | 合计 | 男生 | 女生 |
|---|---|---|---|
| 人数 | 36 | 23 | 13 |

师：这些统计表由哪几部分组成？

生：由标题、项目和数据组成。

师：音乐老师把四张统计表发给客服，结果两家店的客服回复了两种不同的表情，一个“笑脸”，一个“哭脸”，怎么回事呢?

生：乐器店客服能一下子找到所要的数据，所以回复“笑脸”。而服饰店在表中不能直接找到需要的数据，所以回复“哭脸”。

师：你有什么好办法呢?

生：把这四张表合并起来。

## 二、恰当点拨，逐步完善表格

师：该怎样合并表格呢？先独立尝试，然后在小组里交流想法。

……

师：谁愿意展示自己的作品？其他同学评价作品好在哪里？你有什么建议?

生 1：我把这 4 张统计表上下对齐放在一起，这样所有社团的男生人数都在一列，所有的女生人数也都在一列，一下子就能让我们同时看到四个社团人数的情况。

生 2：你把表这样放在一起确实方便比较，但是这样排列并不简洁，有 4 个标题、4 个日期、4 个表头。

师：那你有没有什么好建议?

生 2：我建议先把表内重复的部分删除后再合并，只留下 1 个标题、1 个日期和 1 个表头，最后把标题改成“五年级乐器社团人数统计表”。（出示表 11–4）

**表 11–4　五年级乐器社团人数统计表**

2022 年 10 月

| — | 合计 | 男 | 女 |
|---|---|---|---|
| 竖笛社团人数 | 35 | 15 | 20 |
| 口琴社团人数 | 40 | 22 | 18 |
| 陶埙社团人数 | 39 | 16 | 23 |
| 葫芦丝社团人数 | 36 | 23 | 13 |

生 3：这样合并使数据简洁了，但是合并后的统计表上看不出这些数据分别是哪个社团的。建议把“人数”改成社团名称。

师：你接受他的建议吗？

生 2：接受。

现场修改表格。

师：还有别的建议吗？

生 4：这张表格不能快速解决“四个社团一共有多少人”的问题。我觉得还得再添加一行“总计”

师：在哪里加？还有不同的想法吗？教师和学生一起修改表格（表 11–5）

**表 11–5　五年级乐器社团人数统计表**

2022 年 10 月

| — | 合计 | 男 | 女 |
|---|---|---|---|
| 竖笛社团 | 35 | 15 | 20 |
| 口琴社团 | 40 | 22 | 18 |
| 陶埙社团 | 39 | 16 | 23 |
| 葫芦丝社团 | 36 | 23 | 13 |
| 总计 | 150 | 76 | 64 |

师：现在，还有建议吗？

生：我有个疑问，“人数”这栏变多了，这里只写“性别”还不够，是不是要填一个“人数”？

师：这位同学想把空白的部分用斜线一分为二，这个问题非常有价值，真了不起！是的，这个地方现在变得极为重要，它不仅要表示横栏内容，还表示竖栏的内容，更要表示中间的数据，它要表示三组信息，我们把它叫作“表头”。

教师示范，完善表格。

师：比较现在的统计表和原来的统计表，有何不同？

生：现在的统计表简洁、清楚，也方便比较，有“总计”就能更快知道总的数量。

师：只表示一组数据的统计表称为单式统计表，项目相同的单式统计表可以合并成复式统计表。这张复式统计表还可以怎么设计？

生：把横栏和纵栏对调。

教师展示该学生的作品。课件动态演示由四张表格合并成一张表的过程。

师：你会填写复式统计表里的内容吗？完成学习单练习部分的第一题。

……

师：根据填好统计表，你能获得哪些信息？

生 1：有 76 名男生、64 名女生，一共有 150 人。

生 2：男生比较喜欢口琴和葫芦丝，女生比较喜欢竖笛和陶埙。

……

师：现在把这张统计表发给两家店的客服，猜猜他们会怎么回复。

生 3：都会回复“笑脸”了，因为数据都很清楚明了。

师：复式统计表有什么优点？

生 4：方便比较、信息丰富、清楚明了。

**三、联系生活，培育统计意识**

师：你们知道最常见的血型有哪几种吗？

生：常见的血型有 4 种，A 型、B 型、AB 型、O 型。

师：如果想研究咱们班同学的血型情况，该怎么办呢？

生：我们可以进行现场统计。

师：也就是要收集数据。如果要清楚地呈现班级男生和女生的血型情况，需要用什么样的统计表？ 你能想象一下这张统计表的样子吗？

（呈现两张不同的统计表）

师（现场统计完成血型统计表后引导）：再来看看这张统计表，你能知道些什么？ 你能想象一下全国的血型情况吗？ 哪一种血型的人数最多？

生 1：我们班 O 型血人数最多，AB 型人数最少。

生 2：有可能全国人口中 O 型血人数最多。

生 3：不一定。我们班人数少，我们班的血型情况不能代表全国的血型情况。

……

师：生活中你见到过复式统计表吗？什么时候会用到复式统计表呢？老师也带来一些统计表，我们一起来看一看。

出示体重情况统计表、水果营养成分统计表、常见运动消耗热量统计表。

观察这些不同复式统计表，你有什么想法？

……

**【智慧教学解读】**

## 一、问题引领，激发探究兴趣

学生充分自主学习需要学习动机，学习动机来源于学习兴趣的激发。所谓“学起于思，思源于疑”，问题是学生数学学习的动力。课堂上，教师通过设计核心问题去驱动学生思考、学习，有意识地让学生围绕问题来寻求解决的方法。

基于课本教材，先创设老师为孩子们网购乐器和领结的情境，利用问题“如果你是这两家网店的客服，你需要知道哪些信息？”引导学生收集和整理数据；再通过问题“把四张统计表发给客服，结果两个客服回复了两种不同的表情，一个‘笑脸’，一个‘哭脸’，怎么回事呢？”，让学生体会到不能直接找到所需数据的麻烦，自然地产生把四个单式统计表进行合并的需求。这不仅能有效地调动学生参与学习活动的积极性，还能培养学生初步学会用数学视角去观察和分析问题的能力，增强解决问题和应用数学的意识。

## 二、有效引导，力促数学思考

为了激发学生的数学思考，促进学生的思维发展，教师要精心设置问题情境，让学生有时间和空间去经历观察、实验、探索和体验，为学生创设一个思维的训练场。学生在探究合并单式统计表的过程中，通过引导学生交流比较制作不同、有待完善的复式统计表，让学生不断地质疑、批判、对话、反思，从而完善对复式统计表的认知。同时，学生的学习能力和数学思维得到提升。在交流过程中教师适当地介绍“总计”与“表头”，交流活动后，通过课件演示，学生静静地观察复式统计表形成的过程，从而让学生在头脑中形成复式统计表的表征。然后通过与单式统计表进行对比，让学生发现复式统计表在反映数据信息方面的优点，即信息丰富、便于比较。另外，统计的核心是数据分析，在制作完成统计表后，让学生观察复式统计表“说一说你能获得哪些信息？”有助于学生形成数据分析的意识。结合有效引导，以导促思是改善学习和生成智慧的有效路径。学生也就在不断探究、质疑、优化中生成智慧，发现数学的本质。

### 三、多元开放，彰显学科价值

统计的核心是数据分析。只有在真实、多彩的生活场景之中，才能让学生体会到复式统计表中蕴藏着的数学信息，了解到对于同样的数据有不同的分析处理方式，就会得到不一样的结果。教学唯有与生活实践发生联系才能生动和富有生命力，才能更好地适应学生学习的需要。习题教学是课堂教学的重要内容，也是落实教学目标的重要环节。教学中，要重视习题教学，精心设计有利于较大限度激发学生学习兴趣、发展学生思维、沟通知识之间联系和关注学生个体差异的高价值的习题，切实提高课堂教学的效益。只有这样，学生才能学到有价值的数学，才能体会到学习的快乐。课堂中，让学生根据需要解决的问题，先开展本班学生血型调查活动，再整理数据，并将其填入统计表，然后利用表格里的数据思考问题，作出简单的判断、推理。这样的设计，鼓励学生自主设计调查方案，制作调查表，充分体现统计是解决实际问题的有效方法。

# 第十二章　综合与实践

"综合与实践"是小学数学学习的重要领域，具有实践性、探究性和丰富性的特点，引导学生以主题活动的形式感悟现实世界中的数学，运用数学及其学科的知识与方法解决真实情境中的问题，对学生核心素养适合发展具有重要而独特的作用。

## 第一节　《我们身体上的"尺"》教学实录与解析①

【智慧教学设计】

### 一、教学内容丰满结构

苏教版教材1—2年级主题活动《我们身体上的"尺"》内容主要有：认识一拃、一庹、一步、一脚等"身体尺"，用"身体尺"进行测量和估计等，以此为中心进行如下扩充：

（一）知识从何而来。

改造教材直接引入方式，利用视频呈现现实情境。让学生由解决"亮亮家到超市和到学校哪个远一些？"产生要知道"一步"长度的想法。

（二）知识如何展开。

1."身体尺"的独特性和共通性。

2."身体尺"和学生尺、米尺间的关系。

3."身体尺"的适用范围。

① 本课由陈丽老师执教、撰写。

（三）知识向何而去。

作为测量工具，“身体尺”优势、劣势及其在生活中的应用。

## 二、教学目标顶天立地

（一）立地目标

认识一拃、一庹、一步、一脚等“身体尺”，会用“身体尺”进行测量和估计。

（二）顶天目标

1. 认识到每个人“身体尺”的独特性，相同年龄“身体尺”有一定的范围。

2. 理解“身体尺”和学生尺、米尺的测量道理是一样的，能根据物品的特点，灵活选择合适的“身体尺”进行测量。

3. 通过学习，促进学生长度方面的量感发展。

## 三、学生作业弹性选择

（一）基本作业

教科书“用‘身体尺’量”活动。

（二）综合作业

阅读《古代的“身体尺”》。

古代的“身体尺”有哪些？分别运用在哪里？

（三）拓展作业

我们身体上还有哪些“尺子”？它们能帮我们解决什么问题？如果你感兴趣，课后可以继续去研究。

**【现场机智调适】**

## 一、认一认我们的“身体尺”

（一）引出“身体尺”

播放课件：亮亮去超市和学校。

师：怎样才能知道亮亮家到超市和到学校哪个远一些？

生：用尺子量。

师：现在没有尺子怎么办？

生：看他分别走了多少步。

师：是的，不用尺子也能量出路的长短。“步”就是我们身体上的“尺”子，我们正常走路时，一个脚尖到另一个脚尖的距离。

课件演示。

师：小朋友们，除了“一步”这样的“身体尺”，你还了解哪些身体上的尺子呢？现在就让我们一起来研究——我们身体上的“尺”。（板书课题）

（二）探究“身体尺”

师：同桌同学互相说一说你已经了解了哪些“身体尺”。

互相交流后，汇报。

生 1：我知道手上尺子，“一拃”。（教师注音 zhǎ，学生比划“一拃”。）

师：“一拃”指的是手指用力张开后，大拇指指尖到中指指尖之间的距离。比划出你们的“一拃”。

生 2：食指的宽大约是 1 厘米，“一指”。

生 3：我知道“一脚”。“一脚”是脚尖到脚跟的距离。

师：我也有个尺子，（伸展双臂）这叫“一庹”。指的是两臂伸开，从这个手的中指指尖到另一个手的中指指尖之间的距离。（教师注音 tuǒ，学生比划“一庹”）

师：小朋友们，我们身上有这么多的“尺子”。一指、一步、一拃、一脚、一庹都可以帮助我们测量长度呢。

## 二、量一量我们的“身体尺”

（一）小组合作测量

师：大家想了解一下自己的“身体尺”有多长吗？请大家选择两个“身体尺”，用学生尺或米尺测量，然后填写记录单（表 12–1）。

表 12-1

| 姓名 | 一拃 | 一庹 | 一脚 | 一步 | 其他 |
|---|---|---|---|---|---|
| | | | | | |
| | | | | | |
| | | | | | |

（二）交流测量结果

小组上台，展示一个小组的记录单。

师（捂住姓名栏）：你能根据表中一庹长度，猜猜分别是谁的吗？怎么猜出来的？

生：个子高的手臂肯定长。

师：咱们来比一比。（学生按个子高矮排成一队，同时展示自己的一庹。）

师：大家仔细看看测量的结果，你有什么发现？

生 1：所有的数据都不太一样。

生 2：但是它们相差不大。

生 3："身体尺"每个人不一定相同，我们二年级的孩子"一庹长"有的是一米二十几厘米或者一米三十几厘米。

师：是的，虽然我们的"身体尺"不一样，但你们这个年纪的孩子的"身体尺"在一定的范围。（出示表 12-2）

表 12-2

| 二年级学生身体尺 | 一拃 | 一庹 | 一脚 | 一步 |
|---|---|---|---|---|
| | 16 厘米 | 1 米 30 厘米 | 22 厘米 | 50 厘米 |

大家想一想，如果你长大了，"身体尺"会怎么样呢？

看来我们的"身体尺"会随着年龄发生变化。

（三）沟通联系

师：小朋友们，请你把刚才"身体尺"测量的结果和厘米尺、米尺比较一下，发现了什么？

生 1：我发现“一拃长”和 15 厘米的学生尺长度接近，“一脚长”比学生尺要长，“一庹长”要比米尺长很多，我们的“一步长”接近米尺的一半。

生 2：“身体尺”有大有小，厘米尺、米尺长度是固定的。

## 三、用一用我们的“身体尺”

（一）基本练习

1. 小组实地测量

师：用“身体尺”测量的物体长度，并填写记录单（表 12–3）。

表 12–3

| 测量的物体 | 选用的身体尺 | 测量结果 |
| --- | --- | --- |
| 课桌的长 | | |
| 黑板的长 | | |
| 教室的长 | | |
| | | |

2. 交流测量结果

展示两个小组的活动单。

师：你们有什么想说的、想问的？

生 1：黑板的长，怎么有 3 庹、4 庹不同的结果？

生 2：因为他们的“身体尺”不一样长。

师：怎么才能知道这个黑板到底有多长呢？

生：我量黑板的长是三庹多一些，接着用拃去量，结果是三庹 + 三拃。

师：你们怎么看？

生：他是用两个“身体尺”来量的，这样比只用“庹”量更准一些。

师：是的。那你们是怎么确定选用什么“身体尺”的？

生 1：比如，教室的长度比较大，用“拃”要量好多次才能测完，这时用“一庹”来量比较省事。

生 2：测量场地长度时可以用“一步”，比较短的时候用“一拃”，像量铅笔长度。

师：大家头脑真灵活，能根据物品的特点选择合适的“身体尺”。“身体尺”和厘米尺、米尺的道理是一样的。有几个一拃就是几拃，有几个一步就是几步，有几个一庹就是几庹。

3. 分享活动感受

师：刚才我们用“身体尺”测量黑板的长，结果不统一。对于这种情况你有什么想说的？

生：“身体尺”虽然方便，但结果不是那么准确。

师：是的，要精确测量还是要借助厘米尺、米尺这样的工具。

（二）知识拓展

1. 了解古代“身体尺”

古代没有精确的尺子，人们就用身体的一部分作为测量长度的单位。

古代把女子的一拃长称为“咫”，男子一拃长称作“尺”，因二者相差不大，因此，成语“咫尺之间”也有相近的意思。

唐太宗李世民把他的两步，即左右脚各走一步，称为“步”，每步五尺，三百步一里。

古埃及的长度计量单位也很有趣，是以国王手臂作为标准，将肘拐至中指尖的距离定为“腕尺”。闻名于世的胡夫金字塔，就是以胡夫国王钦定“腕尺”作为标准来修建的。（图 12–1）

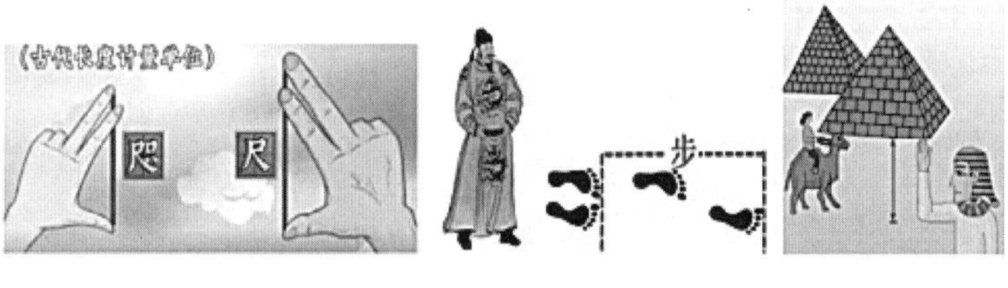


图 12-1

到了 18 世纪，人们开始觉得用人体作为长度标准有许多缺点。他们渴望找到一个固定长度的测量单位。

师：古代的“身体尺”有哪些？分别运用在哪里？

2.“身体尺”在生活中的应用

师：我们身体上还有哪些“尺子”？能帮我们解决什么问题？如果你感兴趣，课后可以继续去研究。

【智慧教学解析】

## 一、大问题扩展思考空间

问题情境创设要立足于学生“最近发展区”，这样的问题才能引领学生达成“顶天”目标。本节课有许多问题，其中思维空间较大的问题有两个。

一是，“亮亮家离超市和离学校哪个远一些？”比较远近时，通常要知道路程的长短，要用尺子去测量。而课中的情境是在没有尺子的情况下比较远近的。所以逼着学生想出了“看他分别走了多少步”的办法。因为身体上的尺子学生没有在课堂上学习过，日常生活经验用得比较少，学生自然就需要知道“身体尺”到底是多少。这个问题情能够引发学生的积极思考，得到一定负荷的思维机会。

二是，“刚才我们用身体尺测量黑板的长，结果不统一。对于这个你有什么想说的？”这个问题比较开放，学生想说的可以是“身体尺”的优缺点：虽然方便，但结果不是那么准确。也可以是测量长度要统一长度单位，这样便于比较。还可以是在大“单位”有剩余的时候采用小“单位”。这种思维空间较大的“最近发展区”问题，能够满足不同水平学生的需要，有利于“顶天立地”目标的达成。实际操作时要遵循由远及近的原则，学优生先回答，再借助学优生的力量让较多的中等生理解掌握，最后通过中等生的帮助直至后进生也有所收获。

## 二、实测量发展学生量感

量感主要是指对事物的可测量属性及大小关系的直观感知。量感需要学生在实际的测量中深度体验，逐步形成和发展。本节课给予学生充分的测量体验机会，主要有两个环节。

第一个环节是测量“身体尺”。这个环节不是简单地提出测量要求，而是引导学生探究如何测量身体上的尺子。学生通过不断经历解决测量困难的过程，掌握测量的方法。学生针对要测量的“身体尺”选择合适的度量工具进行度量，在实践操作中积累丰富的测量经验，记录测量的结果，直观感知“身体尺”的可测量属性。在与同学交流、分享中感受到“身体尺”的大小关系，将直接经验与间接经验相结合，逐步发展量感。

第二个环节是用“身体尺”测量。主要分为三个层次：第一个层次是自选“身体尺”测量，初步感受用“身体尺”测量的方法，并在测量过程中加深对米和厘米的认识，强化已经建立的长度观念，感知物体的可测量属性；第二个层次是选择合适的“身体尺”度量，学生在比较、选用“身体尺”时，也是在建构对物体估测的量感，是对物体大小关系的直观感知，同时学生初步感知到所选“身体尺”和测量方法引起的误差，学会合理得到度量结果；第三个层次是在比较中感悟用“身体尺”测量的优劣，这是学生通过实践活动对用“身体尺”度量意义的深刻体会。

## 三、巧比较引导学生发现

本课让学生经历了多次比较，通过比较让学生发现差异与共性，从而培养学生的发现、创新意识。

一是“仔细看看大家用‘身体尺’测量的结果，你有什么发现？”学生自主运用测量中所形成的经验去分析、对比，得到同一“身体尺”测量得到的数据不太一样，但相差不大，结果都是合理的。学生对测量的学习没有停留在对标准测量单位的认识上，而是还创造出了非标准测量单位。

二是对于用“身体尺”测量的结果，“你们有什么想说的、想问的？”有学生说黑板的长有3庹、4庹，还有学生说自己是用“3庹+拃”来表示的，学生实际是在比较这些数据，找到更加精确的度量方法。学生进而由此认识到“身体尺”会因人而异，需要用米尺这个大家公认的标准尺才能得到标准的长度，这个测量结果大家会共同承认。

三是“怎么确定选用什么‘身体尺’的？”学生初步学会通过多种

实物的测量，发现被测量物体长度比较大时应该用“一庹”，比较短时用“一拃”比较合适，测量场地长度通常用“一步”。这些经验最终积累形成了学生的一种认识，那就是要根据需要测量的物品特点灵活选择合适的“身体尺”，这样测量才有效、准确和迅速。

## 第二节 《数字与信息》教学实录与解析①

**【智慧教学设计】**

### 一、教学内容丰满结构

《数字与信息》作为苏教版教材四年级下册“综合与实践”内容之一，围绕“数字与信息”主题有四个活动环节：提出问题、比较分析、设计方案、拓展延伸，本活动以此进行如下扩充：

（一）知识从何而来

布置前置性作业，让学生收集素材，带着问题进行课堂学习探讨。

（二）知识如何展开

1. 小小调查员：分享、交流、反馈课前所了解并收集的相关资料。

2. 小小解读员：研究身份证号码是怎样表达信息的。

3. 小小编码员：为全校同学设计学号。

（三）知识向何而去

深入了解各种编码的使用和价值，能根据实际需要设计编码。

### 二、教学目标顶天立地

（一）立地目标

体会数字编码在生活中的应用，了解数字编码的简单方法，设计简单的编码。

（二）顶天目标

1. 突破“数字”的原有认知，认识数字的信息携带功能；

① 本课由蔡小倩老师执教和撰写初稿。

2. 较为广泛地了解数字编码的应用，能运用编码知识解决实际生活中的问题。

## 三、学生作业弹性选择

（一）课前作业

【我阅读】

阅读下面的文字，找出里面所有的数字，感受它们所表达的信息，给它们分分类。

近日，上海警方捣毁一处位于 ×× 小区 3–201 内的网络诈骗窝点并抓获 5 名犯罪嫌疑人（有一人在逃跑中受伤并已拨打 120 急救）。据悉，现场共收缴手机、电脑等作案工具 17 件，现金、信用卡等财物约 20 万元。上海警方提醒各位市民，警惕各种网络诈骗骗局，有任何困难都可以尽快拨打反诈电话寻求帮助。

我这样分类：

【我收集】

在生活中收集一些像上述材料中“3–201”“120”这样的数字材料，把它记录在表 12–4 里（至少一个）：

表 12–4

| 我收集的数字 | 在哪里看见的 | 它们表示什么信息 |
| --- | --- | --- |
| | 例：身份证上 | |
| | | |
| | | |

【我提问】

在上述两项活动的过程中，你有没有产生什么疑问？如果有，请记录在下面，我们课堂一起来探讨。

我的疑问：

## （二）课后作业

### 作业超市选购单

欢迎同学们来到《数字与信息》课后作业超市！你可以在【我整理】【我设计】【我实践】三个货架上任意挑选一项作业任务来完成，期待你的多多选购！

【我整理】☆

| 任务1： | 任务2： |
| --- | --- |
| 将常用的应急电话号码、政府部门服务号码搜集、整理、分类，介绍它们的用途。印发到同学手中，让他们遇到紧急情况时能够及时拨打电话求助。 | “数字与信息”这一部分的内容很多，而且与我们的日常生活联系得非常紧密，为了帮助大家很好地复习、记忆这部分知识，请编一期“数字与信息”的数学小报。 |

我选择任务（　　）进行整理

【我设计】☆☆

| 任务1： | 任务2： |
| --- | --- |
| 今年学校的元旦庆祝活动，准备增加一些趣味性：设置一个抽奖环节。要举办抽奖活动，需要给每位同学设计一个抽奖编码，你觉得该怎样设计？ | 鼓楼区“苗苗杯”书法、绘画大赛如期举行。现在，要将参赛的每一幅作品用数字编码形式存入资料库中，以便将来能准确查到。我们可以用怎样的编码规范、合理、简洁地表示所有参赛同学们的作品呢？ |

我选择任务（　　）进行设计
我的设计的编号信息包含：
它们的排列顺序是：
举例：

【我实践】☆☆☆

| 任务1： | 任务2： | 任务3： |
| --- | --- | --- |
| 在大信息时代背景下，数字信息与我们的生活密不可分，时时刻刻都会用到。就如何“保护自己的个人信息，不让不法分子有机可乘”，向同学、家人以及亲朋好友提出几点建议。 | “橄动天正　青春童年”，每天的阳光大课间离不开橄榄球的使用。我校学生在橄榄球的使用上，需要回收和反复利用。请就橄榄球编码问题向学校体育组提出合理的修改方案。 | 书香校园里的孩子最爱阅读。我校每个班级都设有图书角，里面的书籍种类丰富，同学们在平常都十分喜欢前去挑选书籍。请你为每本书籍设置编码，方便大家借阅和管理。 |

我选择任务（　　）进行实践
我的想法是：

【现场机智调适】

## 一、小小调查员：初步感知数字与信息

师：同学们课前都进行了阅读、收集和研究，大家先在小组内交流一下，再推选代表上来汇报你们的预习成果。

生 1：我家的门牌号是 803，8 就是说我家住在 8 楼，803 就是 2 单元 8 楼 3 号门。

生 2：我知道电话号码 119。119 是火警电话，当有火灾发生时，只要打这个电话，消防车就会赶来扑灭大火。110 是报警电话，114 是查询电话。

生 3：我知道身份证号码前面 6 位是地址码，中间 8 位是出生日期码，后面三位是顺序码，最后一位是校验码。

师：是的，日常生活中，人们经常用 0—9 这 10 个数字，将它们按一定的规则进行编码来表达信息。我们就从比较复杂的身份证号码开始，展开研究。

## 二、小小解读员：了解数字编码的特点

（一）研究

身份证号码是怎样表达信息的？

要求：

1. 说一说：以自己的身份证号码为例，向小组同学介绍获得的信息。

2. 比一比：小组内四个人的身份证号码有什么相同的地方？

| 身份证号码 | 性别 |
| --- | --- |
| □□□□□□ □□□□□□ □□□□□□ | （ ） |
| □□□□□□ □□□□□□ □□□□□□ | （ ） |
| □□□□□□ □□□□□□ □□□□□□ | （ ） |
| □□□□□□ □□□□□□ □□□□□□ | （ ） |

作业单：

师：哪个小组能到前面来分享你们的发现？

生 1：我们发现第 7 位至第 14 位表示出生日期。

师：你们能自己验证一下吗？有谁在身份证号码中找到了出生日期？通过验证，发现了其中的秘密。还有别的发现吗？

生 2：我们发现倒数第二位表示性别：单数表示男性，双数表示女性。

师：请全班所有男生看一下，你的身份证号码倒数第二位是单数吗？所有女生来验证一下，倒数第二位是不是双数？

（全体学生进行验证，发现刚才得到的结论是正确的。）

生 3：我们发现前 6 位表示出生地址，其中前面两位表示省级地区，中间两位表示市级地区，最后两位表示县区级地区。

生 4：我们发现了后 4 位的秘密：倒数第二、三、四位表示同一县区同一天内出生的顺序码，最后一位表示校验码，是根据前面 17 位计算出来的。

生 5：没错。最后一位校验码，它的计算比较复杂，其中有一步是求除 11 的余数，所以共有 0、1、2……10 这 10 种可能。

师：你是怎么知道这些信息的？

生 6：我是通过上网查找知道的。

师：上网查找资料是一种很好的学习方法，你们还有什么其他发现吗？

生 7：我发现身份证号码都是 18 位。我的末尾是 X, X 是罗马数字表示 10。如果直接用 10，身份证号码一共就 19 位，不统一了。所以用罗马数字 X 表示。

师：大家对身份证号码了解得真多，让老师收获了很多。

（二）纠错

表 12–5 中的身份证号码有两个录入错误，你们能找出来吗？

表 12–5

| 姓名 | 身份证号码 | 性别 |
| --- | --- | --- |
| 小红 | 320106 20120831 246 3 | 女 |
| 小明 | 320201 20120131 356 X | 男 |
| 小亮 | 320404 20110910 135 0 | 男 |
| 小雨 | 320113 20130229 312 3 | 女 |

生 1：小明是男生，身份证号码倒数第二位应该是奇数，而他的身份证号码倒数第二位是“6”，所以判断录入错了。

生 2：小丽应该录入错了，因为她的生日 2013 年太小了，不可能上四年级。

**三、小小编写员：感受数字编码的价值**

（一）我设计：请为全校同学设计学号，你想表达哪些方面的信息？准备怎样设计？

我设计的编号信息包含：
举例：
我设计的理由是：

师：谁来说说你编的号码？

生 1：4320010403，我用“4”代表四年级，用“3”代表三班，后面是我的出生日期。

生 2：如果咱们班有同年同月同日生的人呢？

师：看来这种编码方法不可行。

生 3：我编的号码是 0403A01，用“43”代表四年级三班，A01 表示 A 组 1 号同学。

师：你的想法不错，表达也很清晰，但是有没有更简洁的编法呢？

生 4：040304，用“0403”代表四年级三班，04 是我的班级学号。

师：大家怎么看？

生 5：刚才的几个编码只能在今年使用，而我编的 2018040312 可以一直使用到六年级。

生 6：这个方法可以简化，因为前面的 2018 表示入学年份，从这个年份可以推算出今年四年级。所以，就用 20180312 表示就可以了。左四位表示入学年份，右两位表示班级学号，中间两位表示班级。

师：在大家的共同努力下，编码越来越科学合理了。每个人都有收获，老师真为你们高兴。

【智慧教学解析】

“综合与实践”是发展学生数学核心素养的重要载体，充分利用其知识内容的特点，对其进行适学化加工，让学生在充分自主的空间里学习有助于学生的适合发展。因此，本课在设计和执教上主要有以下两方面体现。

**一、设置立地顶天的教学目标**

恰当的教学目标是一节好课的前提，只有在定位准确的目标引领下开展教学活动才更有针对性、才更有效。过高的目标会让学生难以达成，过低的目标会导致课堂的低效，过于紧缩的目标不利于学生多方面发展，区间过小的目标不利于不同学生的多样发展。

“适合发展”课堂区别于其他课堂的显著特征就是教学目标的“立地顶天”，即下要保底，上不封顶。让待发展生努力企及国家课程标准，实现自我突破。让资优生潜能得到最大限度的发掘，优势得到最大程度的发展。设置和达成这样的目标，要做好以下两点：

第一，要用发展的眼光来看待学生，相信学生的潜能都是巨大的。现有课标和教材的编写是基于全国学生的平均水平来设置内容数量和学业水平的，对于具体地区和学校来说，要有自己的“第二套大纲”，即根据当地和学校具体学情制定的地方和校本课程标准。本课的教学目标是基于南京市天正小学的学生情况，不仅设置了立地目标：体会数字编码在生活中的应用，了解数字编码的简单方法，设计简单的编码。还设置了顶天目标：突破“数字”的原有认知，认识数字的信息携带功能；较为广泛地了解数字编码的应用，能运用编码知识解决实际生活中的问题。

第二，教师要对教学内容有深刻的理解，能发现和发挥其促进学生数学素养发展的营养价值。本课中，课前让学生搜集生活中的数字编码，课堂进行门牌和其他号码的解读与交流活动，培养学生“用数学的眼光观察现实世界”；通过对比不同的身份证号码，引导学生合乎逻辑地解释蕴含在身份证号码中的信息，培养学生“用数学的思维思考现实世界”；

通过为本校同学学号编码的“我是小小编码员”的活动，引导学生有意识地“用数学的语言表达现实世界”。

需要强调的是，“立地顶天”的教学目标要指向数学思想的体验与感悟。曹培英老师认为，数学基本思想承载了独特的、鲜明的学科育人价值，可教、可学，是名副其实的学科核心素养。[①] 对此，本课有多处落实：用简单的数字来表示复杂的信息，体现了抽象、符号化思想；每个身份证号码对应着一个人，每个学号对应着一名学生，体现了一一对应思想；观察不同的身份证号码，发现不同数字段表示的信息，体现了归纳、分类的思想；由身份证号码的编码规则设计学号的编码规则，体现了类比、迁移的思想……这些做法让学生有意无意地感受和体会到数学的思想方法。

## 二、组织充分自主的学习活动

要促进学生适合发展，那就尽量让学习活动充分自主，教师指导要秉持由远及近、因人而异、随机应变的原则。

第一，学习活动充分自主是促进学生适合发展的前提条件。学生没有自主权，其心灵就不能自由，思维就会受限制。由此产生的被控制的感觉会让学习失去快乐和兴趣，从而导致动力缺乏。本课中，搜集生活中的不同数字信息，解读编码和作业超市都具有较大的自由度，学生可以根据自己的生活环境、兴趣爱好和学业水平进行自由发挥。

第二，教师善于指导是智慧教学的核心之一。让学生的学习充分自主，不是一味的放纵，任其妄为，而是要适时、适法地进行指导。就此而言，由远及近的指导是一个原则性要求，要根据具体情境进行变化调整，即因人而异、随机应变。从教学任务难度的角度看，对于难度过大的和过小的任务，教师都不需要去指导。难度大的内容，学生不易完成，教了收效不大；难度小的内容，不需要指导。由远及近的指导是针对难度适中——最近发展区内的任务而言。目的是让尽量多的人都能承担适当难度的任务，得到适当负荷的思维活动机会。如前所述，本课中的几个大环节都是

---

① 曹培英．从学科核心素养与学科育人价值看数学基本思想[J]课程·教材·教法，2015(09)：40-43.

先让学生自己活动——收集、交流、观察、思考、发现，这就是“远”。在“我设计”环节的交流中，教师先后提出疑问“如果咱们班有同年同月同日生的人呢？”“如果我们升入五年级了呢？”这也是“远”。教师要善于利用学生来“及近”，本课中许多“指导”是利用学生实现的。例如下面的环节：

生4：040304，用“0403”代表四年级三班，04是我的班级学号。

师：大家怎么看？

生5：刚才的几个编码只能在今年使用，而我编的2018040312可以一直使用到六年级。

师：都同意吗？

生6：这个方法可以简化，因为前面的2018表示入学年份，从这个年份可以推算出今年上四年级，所以就用20180312来表示就可以了。左四位表示入学年份，右两位表示班级学号，中间两位表示班级。

当学生出现错误时，老师没有直接跳出来说明，而是说“大家怎么看？”“都同意吗？”惜字如金，把指导的机会让给学生。

## 第三节　《谁的面积最大》教学实录与解析

### 【智慧教学设计】

### 一、教学内容丰满结构

以苏教版教材四年解决问题策略的例题为基础进行扩展。

（一）知识从何而来

① 王大叔用22根1米长的木条围一个长方形花圃，怎样围面积最大？

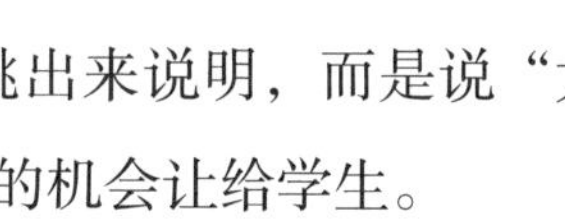

（二）知识如何展开

1.变化教材例题条件，将“22根1米长的木条”改为“22米长的铁丝”，求怎样围长方形使面积最大？

2. 举例说明，画图证明：“周长一定时，正方形的面积最大”

（三）知识向何而去

1. 变化情境运用知识：

不用计算，怎么判断 $1.234 \times 8.766$ 与 $1.235 \times 8.765$ 谁的积哪个大？

2. 拓展：在面积相等的长方形中，周长会有什么规律？请举例说明或画图证明。

① 王大叔用 22 根 1 米长的木条围一个长方形花圃，怎样围面积最大？

## 二、教学目标顶天立地

（一）立地目标

1. 通过具体例证知道“在所有周长相等的长方形中正方形的面积最大”。

2. 通过思维、观察、操作、猜测、验证、推广和应用等一系列活动，培养同学们的合情推理能力。通过小组合作研究、师生交流培养学生的合作能力和探究精神。

（二）顶天目标

1. 在周长一定的情况下，通过长方形长与宽的变化让学生感受到图形不断趋近正方形，其面积也不断变大，以此渗透无限逼近的思想。

2. 通过规律的归纳和概括，渗透数形结合的数学思想方法，发展符号意识。

## 三、学生作业弹性选择

（一）基本作业

1. 张大伯家想用 200 米长的竹篱笆围出一块长方形养鸡场，围出的面积最大是多少？

（二）综合作业

2. 不用计算，你能判断出 $1.234 \times 8.766$ 与 $1.235 \times 8.765$ 谁的积哪个大？

3. 如果张大伯家想用竹篱笆围出一个面积是36平方米的长方形养鸡场地，最少需要用多少米长的竹篱笆?

3. 拓展作业

在面积相等的长方形中,周长会有什么规律?你用什么办法说明和证明?

## 【现场机智调适】

### 一、铺引

同学们，我们已经学过计算多边形的面积，还学过运用列举的策略来解决问题，今天我们来复习一下。

（一）温故

出示已学例题。

师：你会解答吗？你是怎么想的?

生1：表12–6。

表12–6

| 长 / 米 | 10 | 9 | 8 | 7 | 6 | 5 | 4 | 3 | 2 | 1 |
|---|---|---|---|---|---|---|---|---|---|---|
| 宽 / 米 | 1 | 2 | 3 | 4 | 5 | 6 | 7 | 8 | 9 | 10 |
| 面积 / 平方米 | 10 | 18 | 24 | 28 | 30 | 30 | 28 | 24 | 18 | 10 |

师：这位同学通过一一列举，我们知道用22根1米长的木条可以围出5种不同形状的长方形花圃，其中长6米、宽5米时面积最大。

生2：不用这么麻烦，就是 $5\times6=30$（平方米）。

师：你是怎么知道这个30就是最大的面积?

生2：长和宽越接近，长方形的面积就越大。

（二）引新

师：大家同意他说的吗？我们将题目条件改动一下，看看是不是这样。

出示改编题：

| 用22米长的铁丝围一个长方形，怎样围，面积最大？ |
|---|

（板书课题）

## 二、探究

（一）感知：无限逼近

师：请大家先自主解答，再在小组内交流。

教师巡视，并出示提示语：围出的长方形还是5种不同的形状吗？

师：围出的长方形有多少种不同的形状？

生1：不止5种，有6种，第六种是长和宽都是5.5米的正方形。

生2：我不同意，不同形状应该有无数种，长和宽可以是几点几的小数。

师：大家同意有无数种形状吗？好，同意。无数种长方形面积的变化有什么规律呢？

生：我发现，长和宽相差越大，面积越小；长和宽相差越小，面积越大。

师：什么时候面积最大？

生：长、宽都是5.5米时，面积最大是30.25平方米。

师：那么什么时候面积最小呢？

生1：长11米、宽0米时，面积是0平方米。

生2：没有最小的，因为长方形的宽可以无限小。

师：面积没有可能是0平方米，只要是长方形就有一定的宽度，可能宽越来越小，面积才越来越接近0，但是永远都不会是0。

课件演示图12-2。

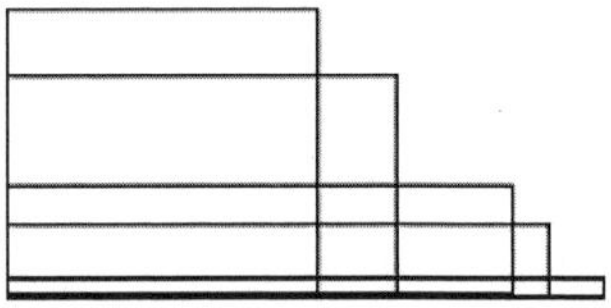

图 12-2

（二）证明：正方形面积最大

1. 引出重叠法

师：周长一定，围出的长方形的长和宽相等时，面积最大。如果周长不是22米，而是任意长度，这个规律也存在吗？

小组合作研究一：

**小组研究一**

1. 图12-3中的正方形与长方形的周长相等，长度任意，你有办法知道谁的面积大吗？
2. 还有不同的方法吗？

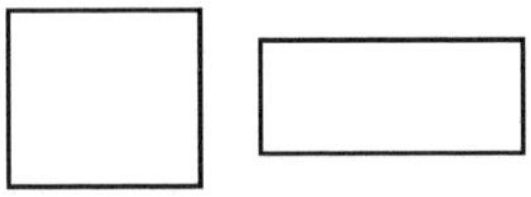

图 12-3

小组合作研究，教师巡视指导。学生展示作品并介绍。

生 1：我假设它们的周长都是 20 厘米。正方形的边长是 5 厘米，长方形的长是 7 厘米、宽是 3 厘米。面积分别是 $5 \times 5 = 25$（平方厘米）、$7 \times 3 = 31$（平方厘米），正方形的面积大。

生 2：我们将两个图形重叠，然后去掉重叠的部分，比较余下的两个小长方形面积的大小就行了。

师：这组同学的方法特别好，不需要知道长方形和正方形边的长短，并且重叠部分相同，只要比较 A、B 两个小长方形的面积就行了（图 12–4）。

2. 研究“宽”相同

出示小组合作研究二：

**小组研究二**

当大正方形和大长方形周长相等时，小长方形 A 的面积和 B 的面积哪个大？（图12–4）

你是怎么知道的？

拿出长方形和正方形纸片来研究一下。

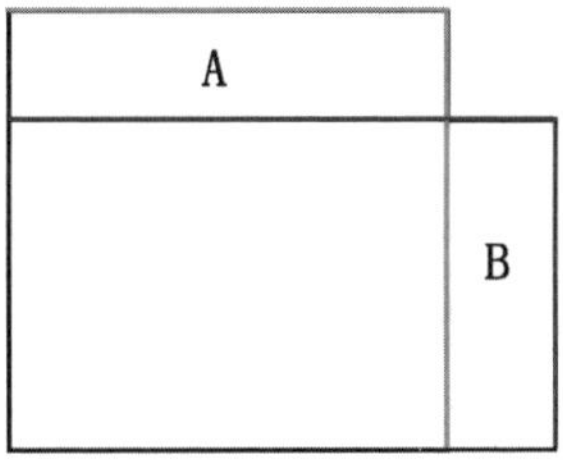


图 12–4

……

师：小长方形 A 和小长方形 B 谁的面积大？

生：A 的面积大。

师：你是怎么知道的？

生：将 A 和 B 重叠，A 大。

师：A 比 B 大的理由是什么？

生：A 比 B 长，宽相等。

师：为什么长方形 A 的宽与 B 的宽正好相等？

教师用课件演示分段（图 12–5）

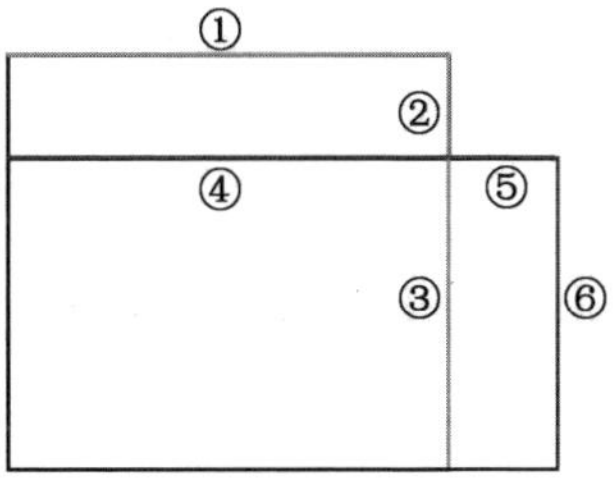


图 12–5

教师板书说理过程：

因为：①+②+③=④+⑤+⑥；
①=④；③=⑥；
所以：②=⑤。

3. 归纳规律

师：谁能总结一下今天学到的规律？

生：长方形的周长一定，长和宽的差越小，面积就越大；长和宽的差越大，面积就越接近 0；长 = 宽时，面积最大。

师：还有没有不同的表达？

生：和定积最大。

师：非常简洁，许多老师都这样总结的，有没有别的表示方法？能用字母表示吗？

生：$a+b$ 一定，$a=b$ 时，$a\times b$ 最大。

师：用字母表达规律更简洁了，每个字母可以代表任意的数，现在不仅仅代表长和宽了。

## 三、强化

略。（具体见“学生作业弹性选择”）

附板书设计：

**谁的面积最大？**

周长一定，
长与宽差越小，面积越大；
长与宽差越大，面积越接近 0。
长=宽时，面积最大。

$a+b$ 一定，
$a=b$ 时，$a\times b$ 最大。

因为：①+②+③=④+⑤+⑥
①=④；③=⑥。
所以：②=⑤。

**【智慧教学解析】**

本节课是综合与实践课，以已学教材例题为引子，“谁面积最大”问题为载体，使学生经历观察、操作、猜想、验证、合作、讨论等过程，综合运用所学的知识，促进学生推理意识、符号意识、运用意识等数学素养的适合发展。其智慧教学主要体现在以下四点：

（一）教学目标设置：立地顶天

本节课的教学目标设计充分体现了三维目标的要求。在知识上，巩固和深化学生对长方形和正方形有关知识的理解，使学生认识到：在所有周长相等的长方形中，正方形的面积最大。在数学思考上，通过思维、观察、操作、猜测、验证、推广和应用等一系列活动，培养同学们的合情推理能力，发展数学思维。通过长方形长与宽的变化向学生初步渗透无限逼近的数学思想，通过规律的归纳和概括来渗透符号意识和数形结合的数学思想方法。在问题解决上，让学生感受从旧知中发现新问题的方法，从“谁的面积最大”问题的解决中体验解决问题方法的多样性。在情感态度上，让学生感受数学知识的奇妙，激发了其好奇心。通过小组合作研究、师生交流培养学生的合作能力和探究精神。

教学目标设计充分考虑到不同学生的发展需求。从长方形、正方形周长和面积的知识出发，逐渐提升思维高度，为各层次的学生提供思维活动的机会。例如，在“小组研究一”中设计的问题：下面正方形与长方形的周长相等，长度任意，你有办法知道谁的面积大吗？还有不同的办法吗？解决问题的方法可以是测量长和宽的长度法，也可以是假设正方形的边长、长方形的长和宽的长度法，还可以是图形重叠法。这三种方法的抽象度逐渐提高，思维难度不断增加，满足了不同思维层次学生的需要。

（二）知识内容开发：旧题翻新

在知识内容开发上巧妙地对旧题进行翻新。铺引题是以前学过的旧知，将它出示并让同学们解答，既激活了新知学习所需的相关知识，又为后面新问题的引入提供了素材。原有问题的条件是 22 根 1 米长的木条，因为木条不能被随意弯折，所以用它围长方形的情况就不会太多，利用列举法就可以得出答案。设计的智慧在于只是简单地将条件中的木条换成铁丝，问题的复杂度便立刻增加了。原本使用的解题方法显出局限性，需要另寻他法。问题具有开放性，不同学生都可以从中获得适当思维的空间。

（三）教师帮助充分：多力合一

实事求是地说，探究“在周长相等的长方形中，长宽相等时面积最大”这样的规律，对于小学六年级的学生来说是有难度的，这就需要教师给予智慧地帮助。本课中充分发挥了多种力量来降低难度：首先是发挥好人力，在独立思考的基础上进行小组研究，发挥小组同学的力量，然后全班交流发挥全班学生的力量，最后教师参与并发挥教师的指导力量。教师进行了多次铺垫，梯度适中，有助于学生攀爬。设计的课件直观形象，让学生直观感受到无限逼近的数学思想。配合课件演示的板书让学生较为容易地理解了两个小长方形的宽相等的道理。其次是利用学具、课件和纸片重叠，帮助学生来思考。利用课件的动态演示，引导大家聚焦问题解决思路，逐步走向成功。

（四）把握知识本质：发展素养

首先，教师深刻地把握了数学知识的本质。原来例题情境是适合利用列举方法解决问题的，这种列举的方法具有很强的操作性、直观性。就数学学习而言，这种操作性和直观性要逐步迈向更为抽象的合情推理和演绎推理，推动学生数学思维的发展。其次，教师将旧题翻新，将木条换成铁丝，变成了新的问题情境，新旧情境的差异造成了学生认知的冲突，极大地调动了学生研究兴趣。再次，本节课特别注重学生学科素养的发展。在目标达成上充分体现三维目标，从知识学习、数学思考、问题解决和情感态度方面都给予恰当的机会。学生思维从简单的数据列举说明，到普遍性的图形证明，再到运用符号的归纳表达，推理意识被有效增强，抽象思维能力得到提高。

# 第十三章　复习课、练习课、讲评课

实际教学中，复习课、练习课和讲评课是常见的课型。它们的教学各有其独特价值定位，呈现出独特的教学特征。复习课要帮助学生建构知识体系，实现“温故而知新”的目的；练习课要找准“练点”，让学生熟能生巧；讲评课要有的放矢，让学生进行“再学习”。

## 第一节　《倍数、（百）分数和比问题总复习》教学实录与解读

【智慧教学设计】

### 一、教学内容丰满结构

（一）知识从何而来

倍数、分数、百分数和比的知识学习贯穿了整个的小学阶段，在新知学习和阶段性复习中已经建立了不少联系，学生初步认识到它们之间存在着共通之处。

（二）知识如何展开

1. 借助线段图让学生进行等价表征，建立各种表征之间的联系。

2. 通过将条件换一种说法帮助学生认识关系本质，提高沟通能力。

3. 运用关系转换，解决实际问题。

（三）知识向何而去

将倍数、分数和百分数表示的数量关系统一到比表示方式上。

## 二、教学目标顶天立地

（一）立地目标

能够将倍数、分数、百分数和比表示的数量关系进行相互转换。

（二）顶天目标

1. 将倍数、分数和百分数表示的数量关系统一到比表示方式上。

2. 能够通过恰当地进行关系转化来解决实际问题。

## 【现场机智调适】

## 一、等价表征，自主联系

【环节 1】根据线段图 13-1 说数量关系

图 13-1

师：同学们，你们能根据所给的线段图说出它们的数量关系吗？

生 1：红花是白花的$\frac{4}{5}$或 80%。

生 2：白花是红花的 1.25 倍。

生 3：白花比红花多 25%。

生 4：红花和白花的朵数比是 4 : 5。

生 5：红花是红白花总数的$\frac{4}{9}$。

师：全部说完了吗?

生 6：还可以说白花比红花多$\frac{1}{4}$。

生 7：红花比白花少$\frac{1}{5}$。

……

师：可见同一个数量关系可以用不同方式来表达，这些不同的表达方式是可以分成哪几种类型?

生：可以分为分数、百分数、倍数和比四种不同的类型。

师：同一个线段图的数量关系可通过这四种不同类型的表达方式表达出来，这些表达方式都是等价的。

## 二、强化沟通，认识本质

【环节 2】将条件换一种说法

男生人数比女生人数多 25%。

生 1：男生人数是女生人数的 125%。

生 2：男生人数比女生人数多$\frac{1}{4}$。

生 3：男生人数是女生人数的$\frac{5}{4}$。

生 4：女生人数是男生人数的$\frac{4}{5}$。

生 5：男生人数与女生人数的比是 5∶4。

……

师：用百分数表示的数量关系也可以用倍数、分数和比来表示，其中比的表示方式最容易让人看出数量间的关系。

【环节 3】用比的方式改述条件句

1. 已读页数是未读页数的 80%。

2. 原价打八折出售。

3. 速度提高了 10%。

学生完成后汇报，教师评价。

师：上面的三个条件句都可以用比的方式来进行等价变换，今后我们要养成这种自觉变换的习惯，这对于我们理解题意、寻找解题思路很有好处。

## 三、问题解决，提升能力

【环节 4】运用变换，解决问题

师：同学们，现在我在刚才的条件句上增添条件，使它成为一个题目，你能解答吗？

【题目】五年级男生人数比女生人数多 25%，男生有 100 人，女生有多少人？

学生解答后汇报交流。

师：你是怎么解答的？

生 1：设女生有 $x$ 人，列方程：$x+25\%x=100$ ，解得 $x=80$。

生 2：$100\div(1+25\%)=100\div\frac{5}{4}=80$（人）。

生 3：$25\%=\frac{1}{4}$，$100\times\frac{4}{1+4}=80$（人）。

生 4：$1+25\%=5:4$；$100\div5\times4=80$（人）。

……

师：同学们运用不同的方法解答了这个题目，还有其他的解法，我们就不一一展示了。你喜欢哪种解法？为什么？

生 1：我喜欢方程方法，它比较简单。

师：将未知数设为 $x$，然后顺着思路列出方程即可解答。

生 2：我喜欢百分数方法。女生是单位“1”的量，求它只要用男生人数除以对应的百分率就行了。

师：你学百分数学得非常好，用男生除以对应的百分率进行解答很好。

生 3：我用分数解答，只要先算出女生是男生的 $\frac{4}{5}$，然后用 100 乘 $\frac{4}{5}$。

师：将百分数转化为分数的解法很容易理解。第 4 个算式是什么方法？

生 4：我是先将百分数转化为男、女生人数的比，再解答的。

师：每个人喜欢的计算方式不一样，对简便的看法也不一样，只要有道理都可以。

【环节 5】改变问题，深化理解

师：换一个问题，你们选择怎样的变换来解答？

【题目】修一条路，第一周修了全长的 $\frac{4}{25}$，第二周修的是第一周的 1.5 倍，比第一周多修了 400 米，这条路长多少米？

学生解答后汇报交流。

生 1：$400\div\left[\frac{4}{25}\times(1.5-1)\right]=5000$（米）

生 2：$400\div(4\times1.5-4)\times25=5000$（米）

生 3：$400\div(1.5-1)\div\frac{4}{25}=5000$（米）

师：大家觉得这三种解法哪一种比较容易被理解一些？

生：我觉得第二种是将路的总长度当成25份，第一周修了4份，第二周修了6份，这种方法比较容易被理解。

师：这种方法是将分数与倍数都转化为份数，这样我们就知道数量之间比的关系，然后就可以用比例的方式予以解答。这种方法非常直观形象。

【环节6】问题拓展，提升能力

师：同学们，刚才的两个问题解决得非常成功，你们想挑战一下难度较大的问题吗？

【题目】$\frac{23}{35}$的分子和分母同时减去一个数，新的分数约分后是$\frac{3}{5}$，减去的数是多少？

学生独立思考后教师提醒。

师：约分前后分母与分子的差有没有发生变化？约分后分数是$\frac{3}{5}$，说明分子和分母的比是多少？

生：分母与分子的差前后没有变化，都是$35-23=12$。约分后分子与分母的比是$3:5$。

师：约分后分母与分子相差几份？是多少？你会解答了吗？

生：$12\div(5-3)=6$，$6\times3=18$，$23-18=5$。

**【智慧教学解析】**

## 自主联系，融通本质，提升能力

当前小学数学复习课有三种形式：为故温故式、温故得新式、为新温故式。为故温故式重在对旧知的查漏补缺、巩固强化，采用的方式主要是简单罗列、繁复训练；温故得新式是指通过知识间的相互联系，帮助学生扩展知识结构，进而借助结构的整体涌现性，自然而然地获得新的知识；为新温故式是指为新知的获得而温故，温故是为知新做铺垫。它与新知学习课的区别在于复习所占的份额大于知新的份额。概而言之，为故温故式不足取，温故的最终目的是知新。在唤醒旧知，解决新问题，建构新知识的过程中，学生的核心素养才能得到发展。

倍数、分数、百分数和比的知识学习贯穿了整个小学阶段，在新知学习和阶段性复习中已经建立了不少联系，学生初步认识到它们之间存在着共通之处。六年级总复习应改变一种视角，从更高的层次对它们进行梳理，使它们相互融通、形成结构、显现本质。借助这一过程，使学生的认知结构得以优化，思维能力得以提升，实现温故知新的复习目的。

## 一、通过等价表征，自主建立联系

将四者进行沟通，可以在两两之间进行，分别建立两者之间的独特联系，这种方式是在新知学习的时候就采用的方法。例如：分数和比都是利用除法来引入和理解的；百分数是被视为分数的一种特殊表达方式引入的。总复习的沟通应该寻求一种有别于此的方式来一次性地将四者联系到一起。环节 1 中采用的方式是让同学们对同一个线段图表示的数量关系从多种不同知识的角度进行表征，多种不同的知识就被同一个线段图“系”到了一块。这样学生就会直观感受到倍数、分数、百分数、比之间的共通之处，自觉产生寻求它们之间异同的想法。

从理解的角度看，学生对数学理解的实质是对数学知识的正确、完整、合理的表征，建立了知识之间的本质联系。进而言之，是在头脑中形成数学概念、规则或方法等知识的网络。环节 1 中学生的各种表达是对线段图蕴含的数量关系进行不同的表征方式，不同的表征方式与线段图之间以及彼此之间的关系构成了该数量关系的表征网络。环节 1 的过程就是帮助学生形成理解的过程。

环节 1 中学生表征的数量关系形异而实同，它们之间是等价的。在解决问题的过程中，条件之间的等价变换可以使问题得到重新组织，可能某种表征方式比其他方式更有效，更易激活某个适当的解题知识块，如倍数知识块、（百）分数知识块和比的知识块等，有助于学生接近或找到解题的路径。

## 二、强化沟通能力，认识知识本质

除法运算既可以表示两种数量的等分关系，也可以表示两种数量的包含关系。前者是将一个数量平均分成若干份，结果表示每份是多少。后者表示一个数量里包含多少另一个数量，即倍数。分数本身是数，但是我们也可以将它看成除法运算的一种表示方式，具体可以表示两种关系：整体与等分关系、两个数量之间的整数比。前者指将整体平均分成若干份，表示其中的一份或几份。后者指以一个数量为基准对另一个数量进行整倍数的度量。可视百分数为分数的一种特殊类型，表示的是一个数占另一个数的百分之几，显然也是以一个数量为基准对另一个数量进行度量，只不过分数进行的是整数倍的度量，而百分数则是包含非整数倍的度量。可见，倍数、分数、百分数都可被视为两个数量之间的比例关系，比是它们共有的属性。因此，凡是用倍数、分数和百分数表示的条件句，都可以转化为用比表示的条件句。用比表示的条件句不仅从本质上揭示了两个数量之间的关系，而且更为简洁直观，更易被学生理解。环节 2 的设计就是这种认识的体现，所要达到的目的就是让学生感受到在多种等价表征中，比的方式最能揭示数量关系的本质，表征的最明了、浅显。

比的方式描述的条件句比较直观地显示出数量间的关系，所以对倍数、分数和百分数方式表述的数量关系句进行转化有助于学生理解题意，寻找解题思路。像环节 3 这样的转化要经常进行，使之成为学生的一种习惯。

## 三、解决实际问题，提升解题能力

倍数、分数、百分数和比的应用问题都含有倍数、分数、百分数和比的条件句，这些条件句蕴含着问题中数量之间的关系。因此，解决倍数、分数、百分数和比的应用问题的关键在于对题目中这种条件句的理解，如果学生能对这些关键句清楚破题，就会自然而然地得到解题的思路。不仅如此，在整个小学数学的教学过程中，许多应用题都必须重视破题环节。①

---

① 史宁中 . 基本概念与运算法则 [M]. 北京：高等教育出版社，2013: 15.

用比的方式揭示数量之间的关系，使问题的解决思路更易寻找到的优势在较为复杂的问题中体现得更为充分。因为，比不仅可以表示两个量之间的关系，还可以表示三个及以上量之间的关系。这就意味着，遇到更为复杂的数量关系时，用比来表示可以很好地统一彼此之间的关系，避免逐个联系的麻烦，从而化繁为简。在环节4中，问题比较简单，百分数、分数和比的方式解答看起来差异不大。但随着问题难度的加大，比的方式揭示数量关系更为明了、直观的优势会逐渐凸显。这在环节5和环节6的描述中显而易见。

从解决问题的角度看，将倍数、分数和百分数描述的数量关系转化为用比表示的数量关系不仅有理解题意的作用，而且这种做法的本身就是在进行解题方案的设计。G·波利亚认为，改变已知数据或未知量，以及将两者同时改变，从而使新的已知数据和未知量彼此更加接近的做法就是在拟定解题方案。我们可以这样认为，小学数学解题的过程是一个填补已知条件与所求问题之间空隙的过程，而这种填补从一定程度上可以被视为已知条件、所求问题或两者兼而有之的持续的等价变换行为。①

## 第二节 《小数除法练习》教学实录与解析②

**【智慧教学设计】**

### 一、教学内容丰满结构

“小数除法”是苏教版教材《小数乘法和除法》单元中重要的内容之一，主要包括：小数除以整数、小数的算理和算法，小数点的移动规律，用“进一法”和“去尾法”解决实际问题。以此为中心进行如下扩充：

（一）知识从何而来

小数除法运算的知识基础是小数认识和整数除法运算。就本节练习

① G·波利亚．怎样解题：数学教学法的新面貌[M]．涂泓，冯承天，译．上海：上海科技教育出版社，2002.

② 本节为张皓老师执教，撰写。

课而言，就是学生的新知学习存在问题。主要有三点：一是商的小数点位置不正确；二是将“小数除以整数”“小数除以小数”以及整数除法的知识没能形成整体；三是对“进一法”和“去尾法”解决实际问题的思路还不够明晰。

（二）知识如何展开

1. 认识小数除法与整数除法在算理和算法上的一致性，形成小数运算和整数运算的整体认识。

2. 通过具体情境帮学生理解“进一法”和“去尾法”的实际运用。

（三）知识向何而去

整数、小数和分数的混合运算。

## 二、教学目标顶天立地

（一）立地目标

1. 理解小数除法的算理，正确、熟练地进行小数除法的计算。

2. 会运用“进一”和“去尾”解决实际问题。

（二）顶天目标

1. 认识整数和小数除法运算算理的一致性，扩展数的运算知识结构。

2. 提高根据具体情况解决实际问题的能力。

## 三、学生作业弹性选择

（一）基本作业

不计算，直接在○里填上“>”“<”“=”

$2.64 \div 0.99$ ○ $2.64 \div 1.01$　　$9.14 \times 0.99$ ○ $9.14 \times 1.01$

$3.6 \times 0.9$ ○ $0.9$　　$3.6 \times 0.9$ ○ $3.6$

（二）综合作业

用简便的方式计算下列各题

$0.45 \times 0.99$　　$0.45 \div 0.18$

$8.6 \times 17 + 86 \times 8.3$　　$3.5 \times 0.25 + 6.5 \div 4$

（三）拓展作业

某市居民原来用水价格是每立方米 2.50 元，现作如下（表 13–1）调整：

表 13–1

| 用水量 | 20 立方米及以下 | 20 立方米及以上 |
|---|---|---|
| 收费标准 | 2.40 元 | 3.20 元 |

根据新标准，小林家今年四月份的水费要比旧标准多缴 5 元。小林家四月份的用水量是多少？

【现场机智调适】

## 一、夯实基础，提高运算技能

（一）巩固算理、算法

31.2 ÷ 3 =　　　　　　0.078 ÷ 0.11 =　　　　（保留 2 位小数）

师：计算这两道题。说一说你是怎样算的。（指名板演，学生介绍）

生 1：第一题。先从最高位除起，十位商 1。个位余 1 不够除，再看十分位。12 除以 3，商 4。商的小数点和被除数对齐，所以要添 0，商是 10.4。

生 2：第二题。先利用商不变规律把除数变成整数，原算式变成 7.8 ÷ 11。因为保留两位小数，算到小数点后第三位（千分位），再四舍五入，约等于 0.71。

师：说得真好！比较一下两位同学的计算方法，你觉得小数除以整数和小数除以小数，有什么相同的地方吗?

生 1：它们的计算方法都是一样的，都是从最高位开始除起。

生 2：不管是小数除以整数还是小数除以小数，都和整数除法计算的方法差不多。

生 3：商的小数点要和被除数小数点对齐。

生 4：若除数是小数，要先把它变成整数，用商不变规律进行变化，这时商的小数点才和被除数对齐。

（二）提高计算的正确、熟练性

$14.4 \div 12 =$　　　　$0.75 \div 0.9 =$　　　　（保留2位小数）

$0.56 \div 8 =$　　　　$3.15 \div 0.7 =$

师：老师这里还有4道题，让我们趁热打铁，一起练一练，看谁能做得又对又快。

学生5分钟练习，完成后集体校对。

## 二、对比感悟，拓展知识结构

$32 \div 25 =$　　　　$0.75 \div 0.25 =$

师：算一算，比一比。你有什么发现？

生1：我发现第二道算式可以口算，可以变成 $75 \div 25$，答案是3。

生2：第一道算式看上去是整数除法，但是它除到个位还没除完，还要继续除下去，它的商是小数。

师：听了刚才两位同学的发言，你们觉得小数除法和整数除法运算有什么关系？

生3：我觉得小数除法在特定情况下可以转化成整数除法。

生4：我觉得可以把整数除法看成小数除法的一部分。比如第一道题，$32 \div 25$，如果算到个位就结束，那么 $32 \div 25 = 1 \cdots\cdots 7$ 就是整数除法，但是如果继续算下去，$32 \div 25 = 1.28$，就是小数除法。

师：你说得很有道理，$32 \div 25$，实际上可以看成 $32.00 \div 25$，其实就是小数除以整数。整数除法都可以看成是小数除法，是小数除法的特殊情况。可以用图13–2表示它们的关系。

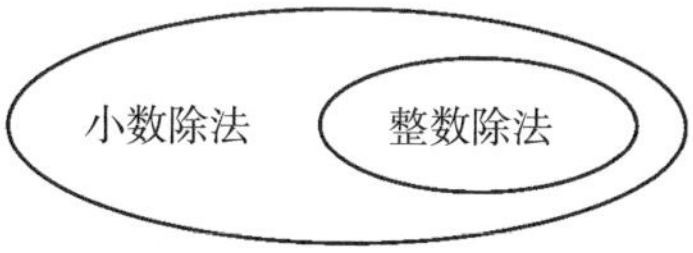


图 13–2

## 三、解决问题，培养应用意识

（一）解决实际问题

出示问题：

张老师买了一瓶 1.5 升的可乐，现在分别倒进 350 毫升的纸杯里。需要多少个纸杯？

1.5 升＝ 1500 毫升，$1500 \div 350 \approx 4.3$（杯）答：需要 4 个纸杯。

师：大家看看这两位同学的解答，有什么意见？

生 1：我认为四舍五入在这里不合理。你看，4 个杯子装满还有剩余，哪怕最后剩下一滴也要再拿一个杯子装起来。所以要用进一法，应该需要 5 个纸杯。

师：如果把问改为“可以装满几杯？”怎么解答？

生：那就要用去尾法，它说了一个“满”，最后一杯倒不满，所以最不能算。只保留整数就行，就是 4 杯。

师：很有道理。现在请大家解答下一个题。

张老师买了一瓶 1.5 升的可乐，现在分别倒进 400 毫升的纸杯里。能装满多少杯？

生：$1500 \div 400 \approx 3.75$（杯）。答：需要 3 个纸杯。

师：用去尾法，大家同意吗？

生：同意。

师：我也同意。剩下得再多也不是“满”杯。

（二）比较三种取近似值的方法

师：我们用四舍五入法取近似数是科学的，它的误差最小。那么进一法和去尾法的误差呢？

与大家一起完成的板书（表 13–2）：

表 13–2

| – | 第一题误差 | 第二题误差 |
|---|---|---|
| 四舍五入法 | $4.3 \approx 4$；$4.3-4=0.3$ | $3.75 \approx 4$；$4-3.75=0.25$ |
| 进一法 | $4.3 \rightarrow 5$；$5-4.3=0.7>0.3$ | $3.75 \rightarrow 4$；$4-3.75=0.25$ |
| 去尾法 | $4.3 \rightarrow 4$；$4.3-4=0.3$ | $3.75 \rightarrow 3$；$3.75-3=0.75>0.25$ |

大家观察这个表，你有什么发现？

生：进一法和去尾法，有时会产生较大误差。

师：是的，这就是一般情况下我用四舍五入法取近似值的原因。进一法和去尾法的使用一定要考虑实际情况。



**【智慧教学解读】**

## 一、基于学情，明确“练点”

新课标指出“评价结果的呈现应更多地关注学生的进步，关注学生已有的学业水平与提升空间，为后续的教学提供参考。”这里的“学业水平与提升空间”其实就是学生的“学情”。就练习课而言，基于学生新知学习的易错点，混淆点，形成更有针对性的“练点”，是达成练习课目标的前提。本节练习课的“练点”主要有三个：

第一，学生对算法和算理不明晰，商的小数点错误较多。针对此问题，设计了学生回顾算法算理的两道计算练习，通过“写一写”“说一说”的过程，帮助学生再一次理解算理，掌握算法。同时，有意识地引导学生比较小数除以整数和小数除以小数的相同点，帮助学生感受小数除法运算的一致性。最后的 4 道题帮助学生提升计算的熟练度和正确率。

第二，学生小数除法运算和整数除法运算的学习还处于分离状态，没能形成深度联系，知识不成体系，需要进一步扩展认知结构。针对此问题，设计了两道对比题，在“谁更好算”的比较中，引发学生思考：整数运算和小数运算到底有什么关系。同时，有意识地引导学生将小数除法和整数除法进行联系，帮助学生感受除法运算的一致性，进而拓展认知结构。

第三，学生不能用适合的方式取商的近似值。针对此问题，设计了相同情境下的两道对比题，在系统比较中，引发学生思考。“四舍五入”取商的近似值是一种误差最小的方式。但是在实际问题中，需要考虑具体情境，灵活采用进一法和去尾法。

## 二、新旧综合，扩展结构

“适合发展”教学在强调内容丰富饱满的同时还强调内容要具有结构性，要让学生通过结构化的知识学习取得认知结构的拓展。本节课主要通过两个“新旧”对比来落实。

第一，“小数除以小数”对比于“小数除以整数”。两者相比，前者是新知，后者是旧知。在练习中，学生综合“新旧”知识，发现“新知”可以转化成“旧知”来解决问题，从而将“小数除以小数”和“小数除以整数”形成统一，感受到小数除法运算的一致性，将知识体系结构化。

第二，“小数除法运算”对比于“整数除法运算”。两者相比，前者是新知，后者是旧知。在练习中，学生打破“新旧”知识的界限，找到了两者之间的联系，认识到：整数除法是特殊的小数除法，小数除法是整数除法的扩展，从而实现认知结构的拓展。

### 三、知识应用，发展素养

源于生活实际的问题更能让学生感知数学的价值，学生的数学素养在解决问题的过程中才能得到真正发展。本课的三个环节分别对应了如下的核心素养：一是着重掌握算理算法、提升运算的熟练度，发展运算能力；二是体会小数除法运算和整数除法运算的一致性，培养推理意识和数感；三是利用相关知识解决实际问题，培养应用意识。

因此，基于学生学情的“练点”、综合“新旧”的结构化练习、关注实际运用地解决问题。这种侧重培养“核心素养”的练习设计对学生来说是非常必需的。

## 第三节　试卷讲评课

讲评课顾名思义，就是要讲解和评价学生所做的作业。新一轮课改提倡“教－学－评”一体化，讲评课就是一个重要的落实环节。“讲”体现的是教师的教，为了学生的“再”学。“评”的内容是学生的“学”，标准是数学素养的表现及其内涵，目的是促进学生的发展。

试卷较之于平时的作业内容更为丰富，其讲评需要教师更多的考量，更能体现教师的教学水平。

### 一、讲评要促进学生的“再学习”

试卷的讲评作为一种教学行为，我们不能仅仅将其理解为字面上所呈现出来的意义：对试卷内容的讲解和对学生答卷的评述。更不能将讲评简单化为“告诉学生答案”，而应将其视为一种促进学生“再学习”的手段，讲评过程是学生自主开展数学学习活动的过程。

第一，讲评要给学生提供“再思考”的机会。教师的讲解应是一种启发，启发与告诉的根本区别就在于，前者有适当的“缺位”，后者是完全的“到位”。有空间，学生才能“跳一跳”，才能增长“弹跳力”；教师的评价也要恰当“留白”，对与错、优与劣，要留给学生去评判。学生就做过的问题进行再思考，其实质是一种反思。已有的解题经历、同学的思维碰撞、教师的启发引导，不仅为这种反思提供了素材，还提供了动力、提供了灵感。这种“再思考”不仅能解决具体的问题，还能促进学生解题能力的迁移和反思能力的提高。

第二，讲评要为学生数学学习活动创设机会。兵法云：“上兵伐谋，其下攻城，攻城之法，为不得已。”（《孙子·谋攻》）最佳的讲评不在于逐题逐问地“攻城”，而在于行“无言之教”。许多问题都可以通过放手让学生自主地开展“数学活动”得到解决，活动可以是相互讨论、查找资料，也可以是动手操作、实际测量等。这些数学学习活动的开展在帮助学生解决具体的数学问题的同时，还使他们获得了许多弥足珍贵的“副产品”：主动探究的精神、团结合作的意识、动手实践的能力、发现创新的惊喜。这些都是在学生从单纯的“听讲”中所无法获得的。

第三，讲评要“由远及近”地进行。同样一个题目，解题方法多样，其蕴含的思维“能量”不同，需要的技巧难易有别。从“适合发展”的角度说，教师的讲解既不能一步到位，也不能离题万里。而应由远及近，渐渐推进，即一开始呈现思维含量大的、技巧性高的方法，这样能吸引更多的学生进行思考，然后逐步用较为简单易于理解的方法。这种做法更看重促进学生的思维发展，而不是将具体问题的解决当成首要事情。

## 二、讲评要抓住“愤”“悱”时机

孔子曰：“不愤不启，不悱不发。”（《论语·述而》）不到学生“心求通而未得、口欲言而未能”的“愤”“悱”状态时，启发是取得不到最佳效果的。巧妙地创设和充分地利用“愤”“悱”状态是教学技艺高超的表现。我们极力追求的“愤”“悱”状态往往会在考试结束时“不劳而获”，因为此时是学生“求知欲”最旺盛的时候，教师如能抓住这一契机及时讲评，往往会收到事半功倍之效。

现在规定小学每学期只在期末进行考试，平时那些“考试”（主要指大量的小测验和单元测试）都只是一种以“考试”方式呈现的学习方式。讲评活动可以紧接在“考试”之后进行，这既是最佳的，也是便于操作的。我们可以这样操作：

第一步讲明要求。“考试”结束后要求同学们将笔放进文具盒，不要在讲评过程中改写试卷。

第二步“自由活动”。给5分钟左右的时间让同学们相互交流、查寻资料、核对答案、释放“能量”。

第三步质疑和答疑。学生就仍不明白的问题进行提问，师生共同答疑。答疑遵循先学生后教师和生答为主师答为辅的原则。非普遍性问题暂时存疑，课后个别解决。

第四步结束讲评。在征询同学意见后，分组收卷。

对于比较正式的考试（如期终考试、毕业考试）来说，讲评不可能立即进行。可以采用公布标准答案和及时讲评的方法。

张贴标准答案，要有针对性地将一些易错和较难题目的解法进行详细的解答，解法要直观形象，简明扼要。对一些有多种解法的题目要充分呈现不同的解法，让不同的学生得到不同受益。

讲评要注意以下几点：一是讲评要及时，越快越好，有条件的采取“试卷不过夜”的当天反馈方式；二是准备应充分，试卷统计和分析应清楚、详细，讲什么、怎么讲，教师心中要有数，不能信马由缰；三是要注重激励，讲评时要善于发现学生优点，对进步的学生应及时表扬。

## 三、讲评要聚焦“热点问题”

面对众多的待讲问题，教师应有主次、轻重之分。要认识到一次讲评不可能解决所有问题，讲解过多往往导致平均使用力气，出现欲速则不达的现象。有经验的教师在讲评时，往往会将主要精力聚焦在“热点问题”上，而对非“热点问题”大胆存疑，留待日后解决。

所谓的“热点问题”其实是需要重点讲解的问题，只不过是凸显学习活动的当下情况的说法。主要指以下几类问题：

一是错误率较高的问题。普遍的错误往往意味着教学的某种过失，对这类问题的讲解是一种既必要又高效率的工作。

二是具有广泛迁移力的问题。所谓具有广泛迁移力的问题是指那些具有某种代表性的问题，学生在解决它时所获得的能力往往可迁移来解决今后大量出现的类似问题。例如：一个正方形的边长扩大 2 倍，它的面积扩大几倍？如果学生掌握了“举例说明”的策略，那他就可以解决今后出现的长方形、平行四边形、三角形、梯形、圆形和正方体、长方体、圆柱、圆锥等几何形体的类似问题。

三是具有迷惑性的问题。迷惑性是指问题的表面信息会给解题者以误导。对此类问题进行及时讲解既能避免学生重蹈覆辙，又能培养学生去伪存真的品质。例如：A、B 两车分别从甲、乙两地同时相对开出，2 小时后在距中点 20 千米处相遇。已知 A 车每小时行驶 50 千米。甲、乙两地之间距离是多少千米？同学们在解答此题时，常常会误认为 A、B 两车行驶的路程差是 20 千米。如果不及时纠正这种错误，就会常犯这种错误。

四是“顽固性”错误问题。有些问题，学生是一错再错，屡遇屡错。例如：王爷爷散步，$\frac{1}{5}$小时走$\frac{3}{4}$千米，1 小时走（　　）千米，走 1 千米要（　　）小时。这种总是弄不清的疑问一定要想办法解决，不然，惑之不解终为惑也。

五是一题多解的问题。一题多解的问题往往具有较强的运用多知识点的能力，能够适合不同层次学生的需要，对它们予以重点讲解，既有利于学生综合应用能力和创造力的提高，又能促进不同学生的不同发展。

例如：在图 13–3 所示的梯形中，大三角形的面积是 125 平方米，小三角形的面积是多少平方米？

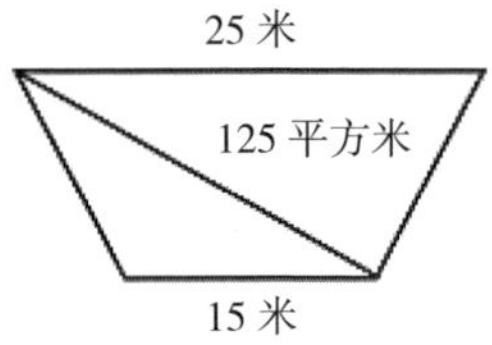

图 13–3

此题主要有以下几种解法：

① 125×2÷25=10（米），15×10÷2=75（平方米）；

②（15 + 25）×10÷2 − 125=75（平方米）；

③ 25∶15=125∶$x$，$x$=75；

④ 125÷25×15=75（平方米）；

⑤ 25∶15=5∶3，125×$\frac{3}{5}$=75（平方米）。

这就把三角形的面积知识与梯形的面积知识、比例知识、归一应用题知识联系起来。它的讲解不仅有利于上述知识的相互沟通，还有利于培养学生的发散性思维。

## 四、讲评要善于“借题发挥”

试卷讲评应是促进学生思维活动“再深入”的一种方式。因此，讲评不能就题论题，而要善于“借题发挥”。

第一，要善于阐明问题的“妙处”。有些试题寓意比较深刻，学生即使解决了问题，也未能领悟其中的奥妙，这就需要教师进行必要的阐明。

例如：图 13–4 所示的杯中盐占盐水的几分之几？

两杯这样的盐水混合后盐占盐水的几分之几？

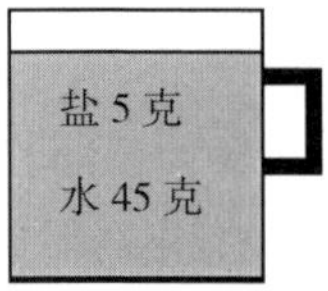

图 13–4

在讲评本题时，不仅要看学生是否掌握了“求一个数是另一个数的几分之几”的方法，还要点明题中隐藏着的分数的基本性质，同时还要将这一数学知识与学生的生活经验联系起来，要让学生感受到相同“咸度”的水混合后“咸度”仍然相同这一数学事实的实质是分数的基本性质。

第二，要善于利用解题的“错处”。学生的错误也是一种课程资源，巧妙地加以利用不仅能使学生将错题订正过来，而且能使学生的思维变得深刻。

例如：在图 13–5 中用阴影表示$\frac{2}{5}$千克。

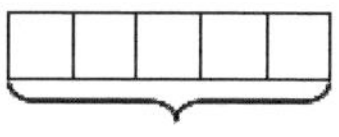


图 13–5

在实际解答中，许多学生错涂了 2 格阴影。针对这一情况，我们讲评时不仅要让学生明白涂 2 格是错误的、涂 1 格是正确的，还应多问一句：如果涂 2 格阴影是正确的话，需要怎样修改题目？借此使学生进一步理解 1 千克的$\frac{2}{5}$与 2 千克的$\frac{1}{5}$之间的关系。

第三，要善于引向思维“深处”。讲评要能使学生的学习活动由浅入深、由表及里、由此及彼。例如：（判断题）“如果一个数同时能被 9 和 6 整除，那么它就能被 9 和 6 的积整除。（　　）”我们在讲评此题时可以分为三个层次进行：一是研究“对不对？”二是研究“为什么不对？”三是研究“怎样说才对？”这样就可以将学生的思维逐步引向深入，从而得出“如果一个数同时能被 A 和 B 整除，那么它就能被 A 和 B 的最小公倍数整除。”的普遍规律。

# 第十四章　“玩数学”社团活动

“适合发展”教学主要由“适合发展”课堂和课后“玩数学”社团构成，“玩数学”社团是满足学生个体需要，促进特长发展的重要方式。天正小学的“玩数学”社团活动形式多样，包括数学实验、项目研究、实践活动、游戏竞赛、绘本阅读等。本章呈现两个案例，概括性地介绍其实施策略。

## 第一节　《奇妙的记数法》活动设计与解析

人类数学知识起源于记数，今天司空见惯，习以为常的十进制记数法[①]和阿拉伯数字是人类经历了长期艰苦的探索才发明出来的。为学生呈现多样的计数方法有助于学生感受数学知识的奇妙，认识到数学知识的建构性，激发数学创造意识。

### 【活动设计】

### 一、引入

（一）笑话《最大的数》

动物园里，两头“聪明”的猪在做数数游戏——谁说出的数字最大谁赢。一头猪抢先说：“3”。另一头猪想了半天才说：“你赢了”。

① 郜舒竹等在《十进制：计数，还是记数？》（《教学月刊·小学版（数学）》2023.7–8）认为，“计数”与“记数”是两个不同但相互关联的概念，从计数到记数体现的是从具体的事物世界到抽象的符号世界的认知过程，同时也是对事物世界进行感知、推理和想象，然后逐渐发展出言语、符号和文化的过程。十进制作为这一过程的产物，称之为“记数法”应当比“计数法”更为恰当。

【提问】大家觉得好笑吗？为什么？

【解说】这是个寓言故事，是讽刺猪的愚蠢。事实上，在原始社会，这就是个真事儿。探险家证实，现代非洲某些原始部落里，不存在比 3 大的数词。如果问他们有几个儿子，或杀死多少个敌人，他们会回答一个、两个；一旦多于 3 个，他们就会回答说许多个。

（二）三生万物

1. 开火车：说一个带“三”字的成语

【预设】三心二意、三顾茅庐、事不过三、两面三刀、退避三舍、垂涎三尺、低三下四……

【说明】“3”确实是一个特殊的数，它可以代表“多”。例如，古文中，“三”往往不是指具体的 3，而是泛指多数，比如“三思而行”“思虑再三”“三人行必有我师”等，所以有“道生一，一生二，二生三，三生万物”。

2. 提问：你知道二进制中“3”的表示方式吗？

【说明】十进制 0；1 ；2 ；3。

二进制 0；0+1=1；1+1=10；10+1=11。

二进制中，只要掌握前三个加法计算方法，就能进行所有数的加法计算，真是三生万物。

## 二、分级与分节

同学们，怎样表示更大的数呢？

（一）古人表示 8732

【资料】

古埃及这样表示

凯撒的衙门办事员这样表示 MMMMMMMMDCCXXXII——罗马数字 I (1)，V (5)，X (10)，L (50)，C (100)，D (500)，M (1000)。

（二）两种读数方式：分节和分级

【提问】1234567890 怎么读？

【说明】中国分级：12 3456 7890 ——十二亿，三千四百五十六万，七千八百九十（个）。

国际分节：1，234，567，890——1 十亿（billion），234 百万（million），567 千（thousand），890（个）

## 三、几何级数

（一）故事《国王的赏赐》

古印度舍罕王赏赐国际象棋的发明者——宰相达依尔。达依尔说："请您赏赐些麦子，在这张棋盘（图 14–1）内每个格子上都放上麦粒。第一个放一粒，第二个 2 粒，第三个 4 粒。照这样下去，后面每一格都比前一格加倍。"国王暗喜，这点赏赐不算什么，说："如你所愿"。

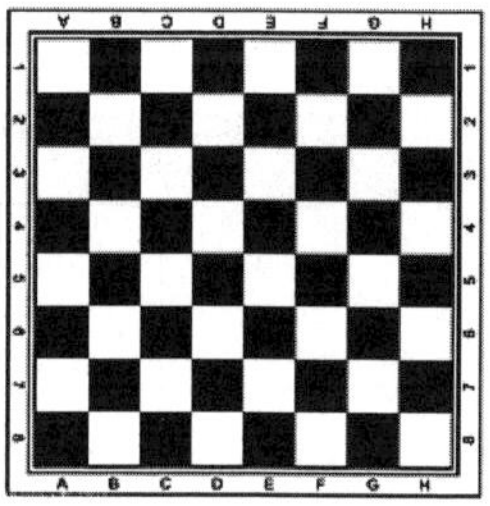

图 14–1

【提问】国王能够兑现承诺吗？

【研讨】

1；1×2=21；2×2=4=22；4×2=8=23；8×2=16=24……

国际象棋棋盘一共有 64 个格，所以最后一个格的麦粒数是 $2^{63}$ = 9223372036854775808。

国王肯定付不出这么多的麦子。

（二）直观感受几何级数的变化

呈现图 14–2，阴影面积迅速变小。

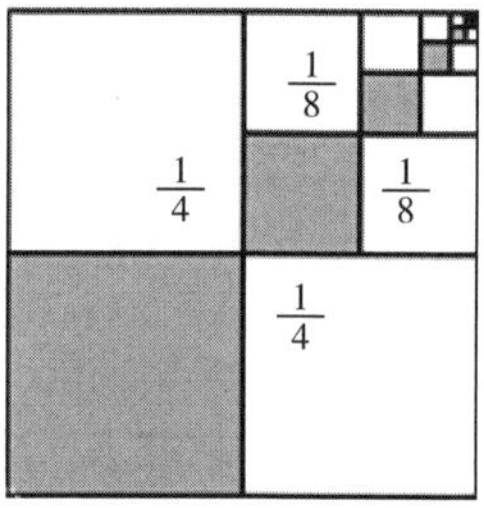


图 14–2

## 四、阶乘

【提问】你能添上合适的符号让等式成立？

6　6　6=20

【解说】！是阶乘符号，意义如下：

1！=1；2！=2×1；3！=3×2×1；4！=4×3×2×1……

6！÷6÷6=6×5×4×3×2×1÷6÷6=20。

## 五、更先进的记数方法

【资料】假如人只有 8 根手指就好了。

早就有人感叹过，若人有8根手指而不是10根就好了——因为八进制对于计算机来说要比十进制方便得多。计算机使用二进制，八进制和它进行换算简单的多。（表14-1）

表14-1

| 八进制 | 二进制 |
|---|---|
| 0 | 000 |
| 1 | 001 |
| 2 | 010 |
| 3 | 011 |
| 4 | 100 |
| 5 | 101 |
| 6 | 110 |
| 7 | 111 |

【解说】许多人将现在通行的十进制记数法归结于人有10根手指。相较于古埃及和罗马的那些记数法十进制记数法高明了许多，但在计算机无处不在的今天，八进制更易和二进制对接。

**【设计解析】**

## 一、多种记数方法：玩中感受数学发展史

（一）数学源于记数

霍华德·伊夫斯（Howard Eves）在《数学史概论（第六版）》中将数学史的起点定为数的概念和计数方法的出现。他认为人类在把大小、形状和数的概念系统化方面所作的也是最基本的努力，被普遍认为是最古老的数学，我们将从那里开始，并且以有数的概念和懂得计数方法的原始的人出现为起点。① 记数是数学的基础，记较小的数（比如2或者3）是轻而易举的，实际上这在最原始的部落时代已经可以做到了。记较大的数，比如一支军队里士兵的数目或者一个相当大的羊圈里羊的数目，就不是一件简单的事情了。② 记数方法多种多样，反映了古人多样化的智慧及其水平。将记数方法及其发展历史生动形象地呈现给学生，不仅能扩大和深化学生对于记数方法的认知，还有助于他们认识数学发展的过程。

① 霍华德·伊夫斯．数学史概论[M]．6版．欧阳绛，译．哈尔滨工业大学出版社，2009.

② 伍鸿熙．数学家讲解小学数学[M]．赵杰、林开亮，译．北京：北京大学出版社，2016.

（二）玩中了解多种记数法

为了体现“玩”的要求，本活动开始阶段通过笑话《最大的数》让学生体会古人记数方法发展的不易。3 是记数发展中的一个关键节点，许多民族都有这种文化遗存。例如，一些非洲矮人对 1、2、3、4、5、6 就是这么数的：a, oa, ua, oa-oa, oa-oa-a 和 oa-oa-oa。[①] 我们中华民族就有“道生一，一生二，三生万物”的认识，古汉语中的“三”不仅表示“二加一的和”和序数“第三”，常常还表示多数或多次。

二进制是众多记数法中最基本的一种方法，它仅用符号 0 和 1 来表示所有的数，现代计算机和依赖计算机的设备里都使用二进制。活动中教师巧妙地将它与“3”联系起来——二进制中，掌握了 3 的加法，其他大数的加法以此类推，真是“三生万物”。

将数学知识以游戏活动、猜谜题和讲故事的方式呈现，可以极大地调动学生参与的积极性。本主题活动中用《国王的赏赐》故事来引发学生兴趣，进而在棋盘格内尝试写数。再观察、思考，最终呈现几何级数 $2^{64}$。在感受过几何级数之大后，又通过正方形面积几何级数递减的反例，直观感受几何级数变化较之于算术变化的“迅速性”。

最后，“阶乘”的出现则是采用解答数字谜题的方式。学生运用既有知识在百般尝试都无果的情况下，求知欲达到了顶点。这时，教师写出了阶乘符号“！”，再在大家疑惑不解的神情中举例讲解。学生恍然大悟，强烈地感受到了数学的奇妙和有趣。

## 二、认识学科本质：感受数学知识建构性

（一）数学知识的建构性

本主题活动目的不仅在于让学生认识更多的记数方式、扩展认知结构，还希望通过这些“玩数学”活动让学生初步感受数学的发展历程和知识的建构性。

---

① 霍华德·伊夫斯．数学史概论 [M]. 6 版．欧阳绛，译．哈尔滨：哈尔滨工业大学出版社，2009.

绝大多数人认为数学知识是人类发现行为的结果，由此认为数学知识原本就存在于世界中，但是隐藏不露，人类只有不断探索才能揭示出来。所以说数学知识是客观的。其实，数学知识不同于物理、化学等自然科学，它并不像山川、花鸟那样存在于大自然中，其“客观形态”只不过是人类赋予的形式。例如，勾股定理 $a^2+b^2=c^2$，我们在自然界中找不到，也不能通过测量几个直角三角形的三边边长，通过计算结果的正确“实证”其正确。我们只能借助于符合逻辑规则的思维推理的正确来证明其正确。因此，数学知识会随着不同人的生活环境的不同、智慧程度的不同而呈现不同的样子。余弦定理也是一种表现形式，只不过它较之于勾股定理更具普遍性而已。

（二）玩中感受数学建构性

为了让学生初步感受数学知识建构性特征，本主题活动设计了若干个环节，总体上分为两个方面：

一方面，让学生感受记数是一种基于需要的建构行为。通过笑话《最大的数》引出原始人类记数知识浅显的状况。随着生产力的发展，有了记更大数的需要。所以要突破既有方式，经过各种艰难探索，形成了今天的十进制计数法以及由此为基础发展出来的几何级数记数法和阶乘记数法。

另一方面，让学生多角度感受记数这种建构行为的多样性。从记数方式演变上看，呈现了古埃及和古罗马的记数方法；从“位值制”的角度看，呈现了二进制、八进制和十进制；从读数的角度看呈现了分级和分节两种不同方式；基于十进制记数法，升级出了几何级数和阶乘记数方式；最后通过介绍资料，让学生感受到十进制记数法的局限性、还有更先进的记数法。①

① 张景中，曹培生．从数学教育到教育数学[M]．北京：中国少年儿童出版社，2011:2-5.

## 第二节 《数学与诗歌》活动设计与解析

在人们印象中，数学由抽象的数字和符号构成，枯燥乏味。诗歌则形象鲜明，充满感情，两者截然不同。其实，它们之间有许多共通之处，可以彼此联系，相得益彰。诗歌中恰当运用数字有利于言志、抒情、绘景、状物，给人以独特的审美体验，获得奇妙的美学效果和独特的艺术魅力。诗歌语言精练含蓄、节奏鲜明、音调和谐，读来让人朗朗上口，便于成诵和记忆。所以中国古代数学家和教师往往用它来表征数学问题，归纳解题方法。

【活动设计】

### 一、诗中有数字

（一）说故事

一个冬日，明朝才子徐文长踏雪游孤山。见山亭内一群秀才正饮酒赏梅，便进前求饮。秀才们不识徐才子，道是诗人聚会，不会写诗者不能喝酒。徐文长便吟《雪梅》一首，道：一片二片三四片，五片六片七八片。九片十片无数片……前三句尚未念完，众秀才已是笑骂成“一片”了。说道，你这俗子是否只认识得“一”和“片”字？徐才子不慌不忙地吟出第四句——飞入梅花都不见。秀才们顿时大惊失色。白雪飞入号称“香雪海”的孤山梅林之中，当然是看不见了。

【解说】这种深邃苍茫的意境，奇特精妙的构思，就是化腐朽为神奇的“数字诗”。

（二）吟诵数字诗

“数字诗”又称数名诗、数诗、杂数诗等，就是将数字与其他词语融合成为一首诗。

【提问】哪位同学能背一首“数字诗”？

【预设】宋代邵雍《山村咏怀》

一去二三里，烟村四五家。亭台六七座，八九十枝花。

【解说】这首诗作者也用“数数”的方式将乡村美景一一道来，通俗易懂，仿若画面就在眼前一般。

## 二、赏析数字诗

（一）赏析唐代王士祯一字诗《题秋江独钓图》

一蓑一笠一扁舟，一丈丝纶一寸钩。一曲高歌一樽酒，一人独钓一江秋。

【解说】这首诗更厉害，所有的数都是一，可谓一字诗。“一”字笔画最少，也是最小的正整数。可是诗人采用白描手法，化平淡为神奇，表现了丰富的内容。

（二）赏析清代李密庵《半半歌》

看破浮生过半，半之受用无边。半中岁月尽幽闲，半里乾坤宽展。

半郭半乡村舍，半山半水田园。半耕半读半经廛，半士半民姻眷。

半雅半粗器具，半华半实庭轩。衾裳半素半轻鲜，肴馔半丰半俭。

童仆半能半拙，妻儿半朴半贤。心情半佛半神仙，姓字半藏半显。

一半还之天地，让将一半人间。半思后代与沧田，半想阎罗怎见。

饮酒半酣正好，花开半时偏妍。半帆张扇免翻颠，马放半缰稳便。

半少却饶滋味，半多反厌纠缠。百年苦乐半相参，会占便宜只半。

【解说】这首诗句句不离“半”字，但并不觉啰嗦、累赘，反而具有一种音韵美。“半”字体现了中华民族知足常乐的人生态度和中庸的哲学思想。

## 三、数字有妙用

（一）数与诗歌风格

【解说】唐代有两位最著名的诗人，一位是飘逸洒脱的诗仙李白，一位是忧国忧民的诗圣杜甫。他们的诗篇，正如韩愈所说：“李杜文章在，光焰万丈长”。

杜甫

三顾频烦天下计，两朝开济老臣心——《蜀相》

功盖三分国，名成八阵图。——《八阵图》

戍鼓断人行，边秋一雁声。——《月夜忆舍弟》

李白

烹羊宰牛且为乐，会须一饮三百杯。——《将进酒》

白发三千丈，缘愁似个长。——《秋浦歌十七首》

桃花潭水深千尺，不及汪伦送我情——《赠汪伦》

【提问】两位大诗人对数的运用有何差异，与他们的诗风有什么关系?

（二）杜甫《绝句》中的几何

两个黄鹂鸣翠柳，一行白鹭上青天。

窗含西岭千秋雪，门泊东吴万里船。

【解说】从这首诗可以看出数学中的点、线、面、体。第一句“两个黄鹂”，描写的是两个“点”；第二句“一行白鹭”，描写的是“一条线”；第三句“窗含西岭千秋雪”，描写的是一个“面”；第四句“门泊东吴万里船”，描写的是一个“空间体”。

## 四、以诗学数学

### （一）诗中藏数

《断肠迷》宋·朱淑真

下楼来，金钱卜落；问苍天，人在何方?

恨王孙，一直去了；詈冤家，言去难留。

悔当初，吾错失口，有上交无下交。

皂白何须问?分开不用刀，

从今莫把仇人靠，千种相思一撇销。

【提问】这首词隐藏了十个数，你能找出吗?

【解说】这首作品采用“拆字格”修辞方式，每句为一个谜面，谜底恰好是“一、二、三……十”这十个数字。

### （二）为何题为《百鸟归巢图》?

归来一只复一只，三四五六七八只。

凤凰何少鸟何多，啄尽人间千石食。

【提问】一百只鸟是怎么算出来的？

【解说】这是宋代伦文叙的一首杂数诗，是一种文字游戏。两个“一”“三”个“四”、“五”个“六”、“七”个“八”的和就是一百。

（三）以诗命题

古人喜欢用诗歌来编写数学题。

【例题】《李白沽酒》：李白街上走，提壶去买酒。遇店加一倍，见花喝一斗。三遇店和花，喝光壶中酒。试问酒壶中，原有多少酒？

【提问】你还知道哪些诗题？你能用诗歌编出一道数学题吗？

（四）以诗说解

1. 讲解九宫图解法（图 14-3）

戴九履一

左三右七

二四为肓

六八为足

五居中央

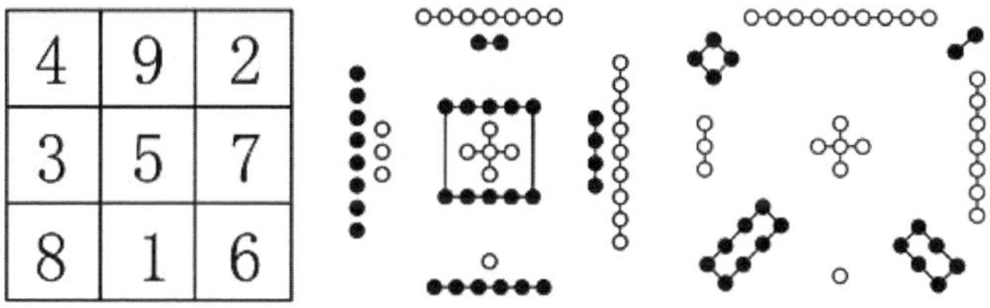


九宫图　　河图　　洛书

图 14-3

2. 课外阅读

【资料】鬼谷算题解法

今有一数不知几何，三三数之剩二，五五数之剩三，七七数之剩二，问数几何？（一个整数除以三余二，除以五余三，除以七余二，求这个整数。）

明朝数学家程大位将解法编成易于上口的《孙子歌诀》：

三人同行七十稀，五树梅花二十一，七子团圆正半月，除百零五便得知。

翻译过来就是：用除以 3 的余数 2 乘 70，除以 5 的余数 3 乘 21，除以 7 的余数 2 乘 21。最后除以 105，所得余数就是答案。

$70\times2+15\times2+21\times3=233$；$233\div105=2\cdots\cdots23$。

余数 23 就是合乎条件的最小数。

【提问】怎样记住圆周率 3.1415926535897932384626……

【解答】山巅一寺一壶酒而乐，苦煞吾，把酒吃，酒杀尔。杀不死，乐而乐……

**【设计解析】**

## 一、玩赏数学文化

（一）对数学文化的认识

1. 数学是人类文化璀璨明珠

在人类远古时期，各类知识是浑然一体的，后来才逐渐分化，形成巫、医、卜、算等门类。古代那些精通数学的人往往也通晓别的学科。例如，孔子精通“六艺”——礼、乐、射、御、书、数。墨子是中国古代数学家、科学家、军事家、思想家、哲学家。柏拉图创设“四科”——算术、几何、天文、音乐，成为古希腊课程体系的主干和源头，支配了欧洲的中等与高等教育达 1500 年之久。

数学发展与人类的其他文明相辅相成。M·克莱因认为，实用的、科学的、美学的和哲学的因素，共同促进了数学的形成。把这些做出贡献、产生影响的因素除去任何一个，或抬高一个而去贬低另外一个都是不可能的，甚至不能断定这些因素中哪些具有相对的重要性。一方面，对美学和哲学因素作出反应的纯粹思维，决定性地塑造了数学的特征；另一方面，数学家们登上纯思维的顶峰不是靠他们自己一步步攀登，而是借助于社会力量的推动。①

数学作为人类文化的一个子集，它是独特的又是重要的。它高度抽象，具有严谨的逻辑，这使它显著区别于文学、艺术。它与物理、化学等自然科学有着千丝万缕的联系，在现实世界中具有广泛的应用，这让很多人模糊了两者间的差异。前者用逻辑证明，后者用事实证实。前者证明追求绝对性，后者证实具有条件性。

数学具有广泛的应用性，在人类文明发展中发挥着重要的作用。华

① M·克莱因．西方文化中的数学[M].张祖贵，译．上海：复旦大学出版社，2004：5.

罗庚说，大哉数学之为用：宇宙之大，粒子之微，火箭之速，化工之巧，地球之变，生物之谜，日月之繁，无处不用到数学。现在人们的话语中数学词汇司空见惯，例如指数爆炸、直线上升等。说关系牢固稳定就如同“铁三角”，说生活重复单调生活就像“三点一线”……

2. 数学文化及其育人价值

目前，“数学文化”还没有统一的界定，总体上可以从狭义和广义两个层面来理解。狭义的数学文化，包含数学的思想、精神、方法、观点、语言，以及它们的形成与发展；而广义的数学文化，更包含数学家、数学史、数学发展中的人文成分、数学与各种文化的关系等。①

在现实生活中，人们对数学的认识存在窄化和矮化的现象，数学的重要性被沦落为有用性。这种有用性认识，对一般人而言，学数学就是获得一门“手艺”。对于学生和家长而言，就是获得上大学的敲门砖——分数，这严重遮蔽了数学所具有的文化意蕴和价值，使其沦落为一堆冷冰冰的符号和公式。为了改变这一现状，《义务教育数学课程标准》反复强调数学的文化属性。2001 年的《全日制义务教育数学课程标准（实验稿）》指出，数学是人类的一种文化，它的内容、思想、方法和语言是现代文明的重要组成部分。

《义务教育数学课程标准（2011 年版）》则做如下阐述：数学是人类文化的重要组成部分，数学素养是现代社会每一个公民应该具备的基本素养。作为促进学生全面发展教育的重要组成部分，数学教育既要使学生掌握现代生活和学习中所需要的数学知识与技能，更要发挥数学在培养人的思维能力和创新能力方面的不可替代的作用。

《义务教育数学课程标准（2022 年版）》的论述则更为丰富：数学承载着思想和文化，是人类文明的重要组成部分。数学是自然科学的重要基础，在社会科学中发挥着越来越重要的作用，数学的应用渗透到现代社

① 张维忠，唐恒钧．多元文化数学与多元文化数学教育 [M]. 上海：华东师范大学出版社，2023.

会的各个方面，直接为社会创造价值，推动社会生产力的发展。随着大数据分析、人工智能的发展，数学研究与应用领域不断拓展。数学在形成人的理性思维、科学精神和促进个人智力发展中发挥着不可替代的作用。数学素养是现代社会每一个公民应当具备的基本素养。数学教育承载着落实立德树人根本任务、实施素质教育的功能。

（二）玩赏数学文化

要实现数学文化的育人价值，那就要超越业已习惯了的知识中心教学方式。内容上要拓展，方式上要多样。例如，阅读数学史，听数学家故事，看数学小说，参观博物馆，观看与数学相关的电影、视频等。

本活动就是通过玩赏数字诗的方式来感受数学文化独特的魅力，主要有三个大环节。

一是诗中有数字。先通过徐文长踏雪游孤山故事，引出数字诗《雪梅》，激发学生对数字诗的兴趣。然后让大家各显其能，吟咏自己的数字诗。教师相机帮助，在展示赏析中提高学生审美趣味和能力。

二是赏析数字诗。首先，赏析唐代王士祯一字诗《题秋江独钓图》。这首诗所有的数都是一，可谓一字诗。“一”字笔画最少，是最小的正整数，似乎难以容纳丰富内容。可是诗人巧妙地采用白描手法，化平淡为神奇，让人仿佛身临其境。接着，赏析清代李密庵《半半歌》。全诗句句不离“半”字，但并不觉啰嗦、累赘，反而具有一种音韵美。诗人“看破浮生过半”才悟出来的“受用无边”人生哲学——饮酒半酣正好，花开半时偏妍。较之于“满则溢，谦受益”的直白更加让人回味。

三是数字有妙用。首先，通过两位人所皆知的大诗人李白和杜甫对数的运用差异辨析，揭示出数的大小与诗歌风格的关系。总体上来说，李白情感奔放，想象夸张，所以多用大数，这形成了他豪放畅达的诗风。而杜甫心系百姓疾苦，感于社会黑暗，生活艰辛，故多用小数表达悲抑之情，诗风上呈现出沉郁顿挫特点。

其次，赏析了杜甫《绝句》中的几何之美。第一句“两个黄鹂”，描写的是两个“点”；第二句“一行白鹭”，描写的是“一条线”；第三句“窗含西岭千秋雪”，描写的是一个“面”；第四句“门泊东吴万里船”，描写的是一个“空间体”。意境由点→线→面→体，再辅之以景物、色彩和数的变换：翠柳上的两个黄鹂→飞向青天的一行白鹭→西岭千秋白雪→东吴万里帆船，视觉由近至远，意境由小到大，言已尽而味无穷。

## 二、诗歌助学数学

### （一）诗歌与数学的共通之处

事实上，数学与诗歌一样都是艺术。诚如美国学者保罗·洛克哈特（Paul Lockhart）在《一个数学家的叹息》中所言，数学和其他类型的艺术（如音乐和绘画）的差别只在于，我们的文化不认同数学是一门艺术。没有什么像数学那样梦幻及富有诗意，那样激进、具有破坏力和带有奇幻色彩。[①] 数学作为人类文化的重要组成部分，只有真正融入教学才能实现其育人价值，学生才会喜欢数学、爱学数学。

具体而言，数学和诗歌在思维方式上有许多共通之处。例如，数学有“对称”，诗歌有“对仗”。中小学数学中的“对称”是一种几何变换，包括轴对称和中心对称两种形式。变换前后的位置、方向变了，然而两者保持“全等”，即形状和大小不变。诗歌中的“对仗”与此类似：上联、下联的字词句都不同，但是它们的词性不变。例如，“明月松间照”对“清泉石上流”。其中，“明月”对“清泉”，都是自然景物。进一步地，词性不变——形容词“明”对“清”，名词“月”对“泉”。其余各词均如此。变中不变的性质，在诗歌和数学中广泛存在着。

### （二）诗歌助学数学

为实现诗歌助学数学的目的，安排了以下四个环节：

一是猜诗中所藏之数。宋代诗人朱淑真的《断肠迷》，描写了“断肠”之情，同时也是一道数字谜题。

---

① 保罗·洛克哈特.一个数学家的叹息[M].高翠霜，译.上海：上海社会科学院出版社，2008：30-31.

下楼来，金钱卜落——“下”落“卜”是“一”；

问苍天，人在何方——“天”的“人”不再是“二”；

恨王孙，一直去了——“王”的“一直”（丨）去了是“三”；

詈冤家，言去难留——“詈”无“言”剩“四”；

悔当初，吾错失口——“吾”失“口”为“五”；

……

这首诗的每句都采用“拆字格”修辞方法制成谜面，谜底恰好是“一、二、三……十”这十个数字。情在表面，数藏其中，非常有趣。

二是求解百鸟之数。宋代伦文叙的《百鸟归巢图》一首杂数诗，将数字嵌入诗句，是一种文字游戏。诗题“百鸟”，其数何在？原来是这样算的：两个“一”、“三”个“四”、“五”个“六”、“七”个“八”的和，即 $1+1+3\times4+5\times6+7\times8=100$。

三是以诗命题。古人为了传播数学，喜欢用诗歌来编写数学题。活动中出示《李白沽酒》题让学生解答。在此基础上，询问同学们还知道哪些诗题，可否创编或改编一道诗题。

四是呈现古人数学歌诀。古人智慧地将解法归纳成朗朗上口的歌诀，便于记忆、传承。例如，乘法口诀人人会背，九宫图解法和鬼谷算题解法广为流传。数学歌诀展现了中国古代数学家浪漫气质和艺术才华[①]，已深入中国数学教师的血脉，今天许多数学老师仍在使用。例如，教学《角的度量》时，有“中心对顶点，零线对一边。先看内外圈，再看另一边。”教学“凑十法”时会说“看大数，分小数。凑成十，加余数”。

① 范良火，黄毅英，蔡金法，等.华人如何学数学[M].南京：江苏凤凰教育出版社，2017.

## 第三节 “玩数学”社团活动设计策略

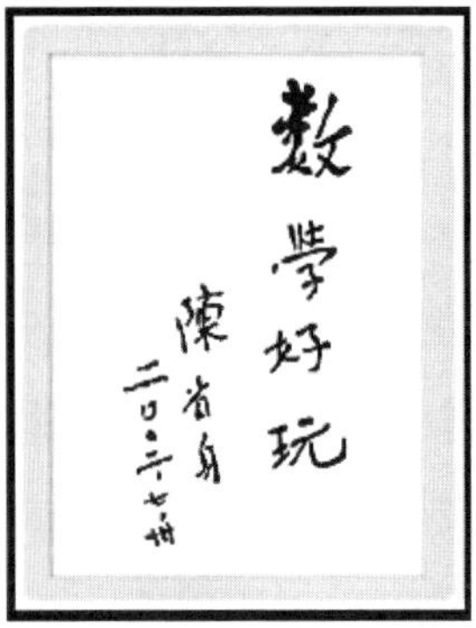

图 14-4

数学社团活动冠名以“玩数学”，这源于著名数学家陈省身先生为2002年北京第24届国际数学家大会题词“数学好玩”。“玩”是学生的天性，天正小学秉持“顺儿童天性而正之”教育理念，故而从学生的生长规律和数学学科的特质出发，以“玩”促学，让“不同人在数学上得到不同的发展”。（图 14–4）

### 一、“玩数学”的理解

对“玩数学”有两种理解：一种是作为偏正词组“（好）玩（的）数学”。另一种是作为动宾词组“玩（学）数学”，“玩”是动词，“数学”是对象、是宾语。前者强调数学好玩的属性，是数学家眼光；后者强调数学的玩学方式，是教师的视角。“玩数学”社团活动既要有数学好玩的学科认识，又要采取玩学的方式。

无论哪一种理解，对“玩”字的理解很重要。“玩”是个形声字，它左边的“王”是“玉”，指玉器。右边的“元”字，则是表音的声旁。《说文》说“玩”有个异体字“貦”。从玉或从贝，都是为了指示“玩”字与供人欣赏把玩的东西有关。“玩”与“弄”字相似，《说文》中“玩”和“弄”互注：“弄，玩也。”“玩，弄也。”既然“玩”和“弄”互为注释，意义非常相近，所以连用为“玩弄”。现在许多人视“玩弄”一词为贬义词，其实从“玉”旁而言，可以看出本义是以手玩（弄）玉，具有褒义，因为古人视玉为尊贵吉祥之物，把玩玉是经常性动作，是一种高雅行为。“玩”字的词义由本义——以手玩玉，又引申出玩耍、欣赏、从事或投入（某种游戏或其他文娱活动）、戏弄等。[①] 因此，可以将“玩数学”理解为：以玩的方式学习数学。具体表现为娱玩数学、研玩数学和赏玩数学等。

① 中科院语言研究所词典编辑室．现代汉语词典[S].7版．商务印书馆，2016：1347.

## 二、“玩数学”社团活动的定位

总而言之，“玩数学”社团活动是为了满足不同学生的不同需要，促进学生数学素养“适合发展”。具体而言，有以下几点定位：

### （一）主题活动

“玩数学”社团活动是课后服务时段开展的数学学科活动，是课堂教学的巩固和延展。内容上以课堂教学的内容为中心，适当拓展，凸出“综合与实践”。主要采取主题活动方式，具体包括两种类型：一类是融入数学知识学习，感悟知识意义。另一类是综合运用数学和其他学科知识，体会数学与科学、技术、经济、艺术等学科知识的密切联系，激发学习数学的兴趣，感受数学的价值。①

### （二）自愿参加

天正小学每学年都要开设60余个社团，分为四大板块，即科学世界、艺术天地、体育活动和学科拓展。学生自由选择，自愿参加，确保每人都能参加其中一个。“玩数学”社团属于学科拓展板块，学生自愿参加，网上报名，额满即止。

### （三）上不封顶

“玩数学”社团活动以满足不同学生数学上不同发展为目标，不以知识学习为重点，重视兴趣培养和思维发展。鼓励学生超越课程标准，以资优生能力所及上限为标准，不封顶。凸显正面引导，优势发展。

## 三、“玩数学”社团活动设计策略

“玩数学”社团活动的设计策略要从“玩”和“数学”两方面进行统筹考虑。前者关注活动方式，后者关注活动内容。

### （一）好玩：“玩数学”内容加工策略

#### 1. 让数学知识“神”起来

学生不喜欢学数学的原因之一就是数学学习是一件非常枯燥乏味的

① 中华人民共和国教育部．义务教育数学课程标准（2022年版）[S]. 北京：北京师范大学出版社，2022: 42.

事，要让学生喜欢数学，想“玩数学”，那就要让数学显得神奇甚至神秘，让学生产生张景中院士所说的震撼感。例如，我们让学生做数独游戏，开始可以从九宫引入。先介绍《射雕英雄传》中瑛姑苦思不解，黄蓉解答九宫图情节，引出九宫图。再介绍和出示河图、洛书，让学生感到神秘、受到震撼。最后出示数独例题，介绍规则，进行游戏。爱因斯坦曾回忆他中学几何中学到“三角形的三条高线必交于一点”时，受到了很大震撼。他觉得这个世界上一定有更多这样的“奥秘”还没被人发现，这对他的一生起到了决定性的影响，奠定了他从事科学研究的决心。

数学美是学生产生震撼感的又一因素。例如利用计算机软件制作雪花分形图，利用密铺原理绘画出密铺图案等，都会让学生叹为观止。（图14–5 ①是雪花第1到3级的分形图案，②是密铺图案）

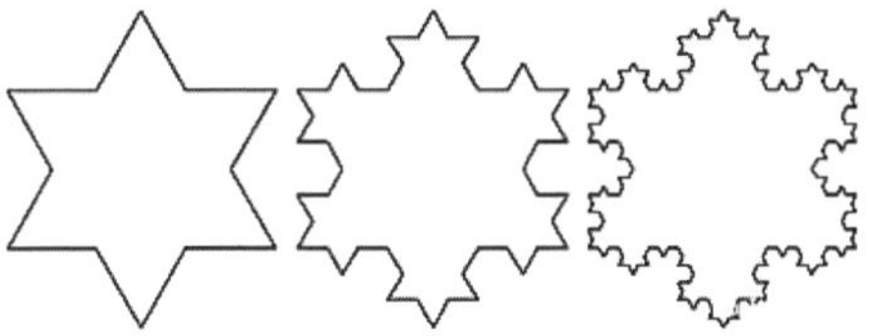

①

②

图 14–5

2. 让数学知识“联”起来

数学课本编写是将“数与代数”“图形与几何”“统计与概率”“综合与实践”四个领域的数学知识分解，然后相互穿插，螺旋上升的。这就导致了知识学习过程的分散，所获得的数学知识的零散。现在提倡结构教学、大单元整合教学等，其目的之一就是想让学生整体把握知识，提升认识高度。例如，《奇妙的计数法》就将十进制计数法和二进制计数法、中国分级计数与国际分节计数、算术级数和几何级数联系起来，帮助学生感受数学计数方式的多样性和这种多样性的人为性，从而为学生全面数学观的形成打下基础。教师要大胆地从小学数学知识出发引入初、高中乃至大学的数学内容，通过其小学化加工让学生形成更大的认知结构。

3. 让多种知识“合”起来

课堂受制于教科书和每节课的目标和任务，实施跨学科知识融合教学的时间和空间有限，“玩数学”社团活动可以在这方面大展身手。就此而言，STEAM 项目式主题学习是一种非常好的方式，即通过某一具体主题的学习活动将科学（Science）、技术（Technology）、工程（Engineering）、艺术（Art）和数学（Mathematics）融合一起，从而培养学生综合素养，促进其创造力发展。例如，《诗歌与数学》学生感受到大数与小数对诗歌的风格有影响。（杜甫《绝句》）两个黄鹂鸣翠柳，一行白鹭上青天。窗含西岭千秋雪，门泊东吴万里船。首联和颔联分别用了“两”“一”两个小数，给人以柔美、清新的感觉。颈联和尾联用了“千”“万”两个大数，形成了意境的阔大。大小相比，使这首诗呈现出独特的审美意趣。再如《杆秤的故事》，通过杆秤的产生、原理和使用，在教学计量单位，培养学生量感的同时，再现了原始人的生活历史，探究了物理学杠杆原理，展示了中国工匠精益求精的品质，弘扬了中华民族公平公正的价值观。

4. 让数学知识“新”起来

对新的事物产生兴趣是人的天性，小学生尤其如此。“玩数学”社团活动的内容不能只在课本的范围内打转，要以旧引新。例如《奇妙的计数法》中出现问题“添上合适的符号让等式成立：6 6 6 = 20”学生依据所学知识怎么也解决不了，求知欲达到了极致。这时老师出示阶乘符号“！”并举例说明其表示的意义，学生在恍然大悟的同时深感阶乘的奇妙，对数学知识的建构性和发展性有了具体的认识。教师要善于从数学史、报刊、网络、电视等获取数学领域新动态，敏锐地捕捉其教育教学价值，形成社团活动的话题、主题。例如，在学生学习过整数乘法后，可以开一讲《不一样的乘法》，可以将印度乘法、画线乘法和铺地锦等方法呈现出来，探究其中数学道理，感受算法多样化。再如，电视剧《三体》播放后可以由“降维打击”引入“维度”概念，将点、线、面、体知识串联起来，认识到维度与自由度的关系，突破既有几何学习的限制，从而打开想象的空间，促进创造力的发展。



### （二）玩好："玩数学"活动方式策略

#### 1. 娱玩：让学生快乐学数学

娱玩就是充分利用小学生喜欢游戏的特点，让学生在游戏中开展数学学习活动。其最主要的特征与价值是让数学学习活动伴随着紧张而愉悦的情绪体验，放下紧张、惧怕的包袱，全身心投入，享受"玩数学"的过程，体会"玩数学"的精彩。在这种状态下，学生的思维变得更活跃、更聪明。我们的"玩数学"社团在编制活动内容时总会兼顾安排几种数学游戏活动，如搭积木、数独、华容道、鲁班锁、数字谜、魔方等。这些活动都是同学们特别喜欢的，他们往往乐此不疲，玩了还要玩。

娱玩数学活动不能一味地"疯玩"，不动脑筋地"傻玩"。要避免"玩物丧志"——不要只顾娱乐忘记数学素养发展，或者沉溺于低端的技能训练。例如，有些老师让学生玩魔方，主要是让学生记住口诀，然后按照口诀操作。一味地强调速度要快，忽略了学生自主尝试，研究琢磨的过程和空间观念发展的目标。

#### 2. 研玩：让学生思维得到发展

"玩数学"社团活动不是要让学生处于低层次的嬉闹状态，而是要寓教于玩，边玩边研究。例如，在开展《创意拼搭》活动时，不要直奔主题——看谁搭的高，也不要限时完成——以快为好，更不要简单地将搭的高度作为评判唯一标准。要给学生自主尝试的机会，通过展示不同学生的作品，引导学生观察，分析，得出方法。然后再彼此合作，竞赛。还可以通过限定材料数量的方式，引导学生寻求最佳方案。总之，要突出玩的研究性。

真正的"玩数学"需要引导学生发现、探究，化被动学习为主动探究，让学生处于如切如磋、如琢如磨的状态。探玩是研玩的一种方式，让学生在玩中探究，在探究中玩。通过探玩，领略数学的奇趣，发现数学的奥秘，提高数学思维能力，例如《神奇的"142857 循环圈"》。我们可以分四步进行探玩活动：第一步出示三道题：142857×1；142857×2；142857×3。让学生运用计算器计算出结果，再让学生观察，说出自己的发现——结果都是由1、4、2、8、5、7几个数字组成。第二步再出示三道题：142857×4；142857×5；42857×6让学生猜测结果再验证。然后让学生进一步观察6道算式及其结果，同学们有了新发现——结果不仅仍然是“1、4、2、8、5、7”六个数字组成的，而且这六个数依次相连循环成一个圈。第三步，猜测142857×7；142857×8；42857×9的结果会不会仍是“1、4、2、8、5、7”六个数字组成的，然后计算器算结果。第四步，面对999，999；1，142，856；1，285，713三个结果，大家说自己的意见。由此，让学生在变化中探求规律，发现原来如此！再在规律中发现变化，从而提高认识，竟然还能如此！

3. 赏玩：让学生素养有提升

“玩”的本意就是把玩玉，就是研究、琢磨和欣赏。赏玩较之于娱玩、研玩是更高层级。数学具有高度的抽象性、严谨的逻辑性和应用的广泛性，这种学科特征让人“想说爱你不容易”。张景中院士说，学习数学的乐趣类似于下棋，是思考之乐，是挑战之乐。最糟糕的教学就是让学生在学习一个公式后做几十个类似的题目。教师对培养孩子们的数学兴趣能起到至关重要的作用，教师应该下功夫研究在课本之外有没有与众不同的、更好的表达方式。好的老师，就应当向学生展示数学思维的美妙，引导学生体验震撼感、力量感、解放感和科学之美。科学之美，包括图形的美、规律的美和和谐的美。

赏玩要求教师要精选社团内容，精心设计活动方式，使得学生乐于其玩，进而在不断深入的娱玩和研玩之中，感受到数学带来的震撼感、力量感、解放感和科学之美，逐渐进入赏玩境界。例如，2016年应县木塔获得吉尼斯世界纪录——世界现存最高的木塔，它相当于现在的20层楼高，它不用一颗铁钉，塔身由3000吨木头依靠榫卯结构互相咬合而成。千年间历经地震、雷劈、枪击、炮震依旧屹立不倒。我们由此对榫卯结构产生好奇，开发了《神奇的榫卯》活动课。同学们通过仔细观察模型，用心琢磨其中原理。在欣赏多种多样榫卯结构精妙的同时不知不觉地发展空间观念，生出对独具匠心的中国古代工匠由衷的敬佩之情，增强对中华民族文化的自豪感。

# 第十五章　数学节日[①]

2011 年，国际数学协会将每年的 3 月 14 日设为国际数学节，来源是中国古代数学家祖冲之的圆周率。2019 年 11 月 26 日，联合国教科文组织通过决议，将每年 3 月 14 日（π Day）确立为国际数学日（International Day of Mathematics, IDM）。

天正小学自 2012 年 3 月开设首届数学节，至今已举办九届数学节活动，数学节活动增加了学校的数学文化氛围，与“适合发展”课堂相互补充，有效地促进了学生数学素养的适合发展。

## 第一节　案例：2023 年数学节活动方案

### 一、活动宗旨

为深入贯彻落实“双减”政策，践行“适合的教育”理念，增加数学学习氛围，满足学生多样化和个性化的发展需要，特举办天正小学第九届数学节活动。希望通过丰富多彩的数学活动给孩子们搭建一个舞台，提供一块土壤，让孩子们在亲身参与中感受数学的美妙与神奇，产生数学兴趣，激发数学潜能。养成积极思考，敢于创新的品质。

### 二、活动主题

感受数学，玩转数学，亲近数学

① 本章由张曼老师撰写初稿。

## 三、参与对象

一至六年级的全体学生

## 四、活动时间

2023 年 3 月 13 日—4 月 14 日

## 五、活动内容

（一）感受数学

1. 开幕式（3 月 13 日上午）

形式：国旗下讲话

2. 观看数学电影（3 月 17 日）

形式：利用周五社团时间，分年级选择合适的数学电影或纪录片，全班进行观看。

3. 寻找数学家的足迹（3 月 14 日—3 月 24 日）

形式：学生自主查阅资料，了解一位数学家。

（二）玩转数学

1. 数学游戏（3 月 20 日—3 月 24 日）（表 15-1）

表 15-1

| 年级 | 一 | 二 | 三 | 四 | 五 | 六 |
|---|---|---|---|---|---|---|
| 游戏 | 拼七巧板 | 数字华容道 | 四连方 | 巧算 24 点 | 汉诺塔 | 数独 |

2. 数学吉尼斯挑战赛（4 月 3 日—4 月 7 日）（表 15-2）

表 15-2

| 年级 | 竞赛项目 | 项目简介与竞赛规则 |
|---|---|---|
| 一 | 七巧板还原 | 七巧板又称七巧图、智慧板，是中国民间流传的智力玩具。它是由宋代的宴几演变而来的，原为文人的一种室内游戏，后在民间演变为拼图板玩具。<br>七巧板是由七块板组成的，完整图案是一个正方形：五块等腰直角三角形（两块小型三角形、一块中型三角形和两块大型三角形）、一块正方形和一块平行四边形。<br>参与对象：一年级的学生。<br>竞赛规则：<br>打乱七巧板，将其还原成一个正方形。<br>能在一分钟内将打乱的七巧板还原者为过关。 |

（续表）

| 年级 | 竞赛项目 | 项目简介与竞赛规则 |
| --- | --- | --- |
| 二 | 数字华容道 | 数字华容道又叫 15—puzzle（15- 难题），它是一种古老的滑块类智力玩具。游戏规则很简单，就是通过上下左右移动数字滑块使打乱顺序的数字还原成 1~15 排列的状态。<br>参与对象：二年级学生。<br>竞赛规则：<br>1. 选用规格为 4×4 的数字华容道，按规定版面打乱顺序，统一开始，根据复位速度评选出优胜者 4 名。每班第一名参加年级比赛。<br>2. 每位选手自带华容道，复位后举手示意。<br>3. 根据完成先后顺序，评选出一、二、三等奖。 |
| 三 | 玩转四连方 | 俄罗斯方块是一款曾经席卷全球的经典游戏，它的基本规则是通过平移或旋转将不断下落的拼图依次填入合适的位置，排列成完整的行之后，就可以消除并得分。从上方不断掉落的这些俄罗斯方块，都是由 4 个大小相同的小正方形组成的，而且每个小正方形都至少和另一个小正方形有一条公共边相连。这样的图形在数学中被称为“四连方”。<br>参与对象：三年级学生。<br>竞赛规则：<br>1. 班级初赛，每人发一张印有长方形、正方形的纸，在规定的时间内用四连方填满格，比谁速度快。每班选出 3 名优胜者进行年级比赛。<br>2. 年级决赛，按指定四连方完成。<br>3. 按速度先后，评出年级一、二、三等奖。 |
| 四 | 24 点大挑战 | 24 点是把 4 个整数（一般是正整数）通过加、减、乘、除运算，使最后的计算结果是 24 的一个数学游戏，24 点可以考验人的智力和数学敏感性，通常是使用扑克牌来进行游戏的。<br>参与对象：二年级学生。<br>竞赛规则：<br>1. 班级初赛，比谁速度快，每班选出 2 名优胜者进行年级团队比赛。<br>2. 看大屏幕出题，想好按抢答器抢答。答对加分，答错不加分，快速进行下一题。<br>3. 决赛积分制度，按积分高低排名，决出一、二、三等奖。 |

（续表）

| 年级 | 竞赛项目 | 项目简介与竞赛规则 |
|---|---|---|
| 五 | 有趣的汉诺塔 | 汉诺塔，又称河内塔，是一个源于印度古老传说的益智玩具。由大小不同，颜色不同的若干个圆盘按从小到大的顺序由上而下放在A柱上，A是起始柱，B是中转柱，C是目标柱。每次只能移动一个圆盘，每次只能移动最上层的。小的圆盘只能叠放在大圆盘的上面。从上到下按从小到大的顺序把所有的圆盘移动到C柱上。<br>参与对象：五年级学生。<br>竞赛规则：<br>1. 班级全员学习训练，先进行班级选拔，选出优胜者4名，组成2队参加年级团队赛。<br>2.10队参赛选手将指定层数按规则完成移动。<br>3. 按完成先后顺序评出团队一、二、三等奖。 |
| 六 | 魅力数独 | 数独是源自18世纪瑞士的一种数学游戏。是一种运用纸、笔进行演算的逻辑游戏。玩家需要根据9×9盘面上的已知数字，推理出所有剩余空格的数字，并满足每一行、每一列、每一个粗线宫(3×3)内的数字均含1—9，不重复。<br>参与对象：六年级学生。<br>竞赛规则：<br>1. 班级进行初赛，选出6名优胜者，组成2支班级代表队。<br>2.12支队伍进行全年级现场比赛，分别完成难度为初级、中级和高级的数独，根据用时长短评选出团队一、二、三等奖。 |
| 全校 | “魔”王挑战赛 | 魔方，又叫鲁比克方块，最早是由匈牙利布达佩斯建筑学院厄尔诺·鲁比克教授于1974年发明的机械益智玩具。魔方拥有竞速、盲拧、单拧等多种玩法，风靡程度经久未衰，每年都会举办大小赛事，是最受欢迎的智力游戏之一。三阶魔方形状通常是正方体，常规竞速玩法是将魔方打乱，然后在最短的时间内将其复原。<br>参与对象：全校学生。<br>活动规则：<br>1. 年级初赛，每个年级选出5名优胜者，参加全校总决赛。<br>2. 参赛选手自带三阶魔方进行魔方六面还原。<br>3. 根据六面还原的用时情况，评选出一、二、三等奖。 |

3. 数学闯关游艺活动（4 月 7 日）（表 15-3）

**表 15-3**

| 地点 | 一（1） | 一（2） | 一（3） | 一（4） | 一（5） | 一（6） |
|---|---|---|---|---|---|---|
| 名称 | 一笔画 | 跳房子 | 听数比拼 | 数字对对碰 | 摸物体 | 取长补短 |
| 地点 | 二（1） | 二（2） | 二（3） | 二（4） | 二（5） | 二（6） |
| 名称 | 拍三令 | 纸魔方 | 趣味算算算 | 数学谜语 | 踏石过河 | 统筹规划 |
| 地点 | 三（1） | 三（2） | 三（3） | 三（4） | 三（5） | 三（6） |
| 名称 | 扫雷 | 数学谜语 | 巧铺地锦 | 最强大脑 | 出入相补 | 逢 7 不欢 |
| 地点 | 四（1） | 四（2） | 四（3） | 四（4） | 四（5） | – |
| 名称 | 火眼金睛 | 我会辨 | 算式谜 | 数字拼拼乐 | 联想大挑战 | – |
| 地点 | 五（1） | 五（2） | 五（3） | 五（4） | 五（5） | 五（6） |
| 名称 | 拍七令 | 数学谜题 | 扑克牌搭建 | 算 24 点 | 神奇方阵 | 折纸游戏 |
| 地点 | 六（1） | 六（2） | 六（3） | 六（4） | 六（5） | 六（6） |
| 名称 | 一线生机 | 俄罗斯方块 | 扫雷 | 蛛丝马迹 | 国际数棋 | 找次品 |

（三）亲近数学

1. 开展主题研究性学习（4 月）

形式：结合本学期教材内容，开展一项数学小研究（小实验、小调查、小制作等）。（表 15-4）

**表 15-4**

| 年级 | 研究主题 | 研究内容 |
|---|---|---|
| 一 | 人民币朋友 | 正确认识各种人民币币值，并简单了解其大小关系。通过模拟购物等活动，学会付钱。 |
| 二 | 神奇的影子 | 在阳光下，我们可以看到各种各样的影子，在不同的时间，影子或长或短，方向也会发生变化。聪明的古人就利用测量物体影子的方法来确定时间。参考课本第 14 页动手做进行研究，将过程记录下来，以照片 + 感受、视频、研究报告等形式上传作品与大家交流。 |
| 三 | 美丽的图案 | 利用轴对称图形的特征，用正方形或长方形纸，折一折、画一画、设计并剪出美丽的图案。 |
| 四 | 破译小达人 | 身份证、车牌、门牌号码揭秘。 |
| 五 | 造圆术 | 不用圆规，开动脑筋，画一个尽量完美的圆。不限方式，不限场地。 |

（续表）

| 年级 | 研究主题 | 研究内容 |
| --- | --- | --- |
| 六 | 设计包装盒 | 收集喜糖、咖啡、蛋糕、水果、玩具等包装盒，小心地拆开它们，研究包装盒设计的思路，感受设计的精巧性。试着制作一个喜欢的物品的包装盒，多种形式记录制作过程与结果。 |

2. 数学与生活（4 月）

形式：可以从下面的活动内容中选择最能发挥自己特长、展现自己能力的主题项目来完成，也可以自选、自定符合自己实际的主题进行创作。

参考主题：

（1）现实生活的数学化童趣表达；

（2）亲子活动、公益活动、社会实践的数学化童趣描述；

（3）数学学习、数学实验、数学研究的有趣经历；

（4）教材中思考题的“另类”解答；

（5）设计有趣的数学游戏，创作数学绘本；

（6）编写富有童趣的数学“小”剧本；

（7）亲身经历研究，有自己的见解，写可读性强的数学小论文；

（8）学生自己关注、感兴趣的其他数学相关内容。

## 第二节 案例解析

天正小学数学节从开办至今，随着“适合的教育”办学理念不断明晰，节日的形式与内容也实现了不断创新、丰富与完善。2023 年国际数学日的主题“给每一个人的数学（Mathematics for Everyone）”，与我们“适合发展”的教学主张不约而同。从让“不同的人在数学上得到不同发展”的目的出发，我们于 2023 年 3 月举办了南京市天正小学第九届数学节活动。

### 一、数学节意义

“节”在古代有节令、节气的意思，泛指传统的庆祝或祭祀的日子，是人们由生产、生活需要而共同创造的一种文化，现在的节日是人们生活中值得纪念的重要日子。节日在人的生活中周期性出现，集中展现和传承某种文化的内涵、记忆与符号，为了达成某种特定的目的。

国际数学日作为一个新兴的节日，虽然与中国传统节日相比缺少历史的积淀，但是它的起源有着深厚的历史背景。国际数学节之所以定在3月14日，是因为圆周率的起始三位数是314，因此又称圆周率日。古今中外，在计算 π 的历史过程中，从公元263年中国数学家刘徽的“割圆术”求圆周率、到祖冲之将其精确到小数点后7位，在长达几千年的历史发展过程中，体现了无数数学家追寻真理的付出与智慧。

那么学校为什么要举办校园数学节？校园数学节有什么独特的育人价值？它为什么深受学生欢迎？

（一）唤起价值共鸣

作为一种普遍的社会文化现象，节日能够唤起群体的价值共鸣。人们在节日中不仅享受快乐，更重要的是通过节日，在公共的时间和公共的场合共同参与集体活动，共同建立相同的精神信仰和价值信念。从历年国际数学日的主题（表15–5）可以看出，感受数学的美好与实用性是节日期待各国人民形成的价值信念。同样，学校创办数学节，希望通过全员参与的仪式、丰富的系列活动、正向的综合评价打造独特的育人空间，促进学生达成“共识”，认识到数学的美好与价值，产生学习数学的积极性和态度。这种教育功能是学校常规的教育教学活动和课程难以实现的。

表 15–5

| 时间 | 主题 |
|---|---|
| 2020年 | 数学无处不在（Mathematics is Everywhere） |
| 2021年 | 数学让世界更美好（Mathematics for a better world） |
| 2022年 | 万物皆数（Mathematics unites） |
| 2023年 | 给每一个人的数学（Mathematics for Everyone） |

（二）激发积极情感

节日以年为单位，具有周期性，每年到了特定时间，人们就会过相应的节日。人们在节日里的表现与正常生活不一样，进一步地，不同的节日里人们的精神状态也不同。例如，春节代表着辞旧迎新，人们会不自觉地表达出积聚的喜悦与幸福。中秋节反映的是人们阖家幸福团圆的愿望，清明节期间则是哀思与感伤并存，寄托着人们对先祖的缅怀与尊重。对处于小学阶段的儿童来说，校园节日意味着丰富多彩的节日活动，更加精彩的学习生活，因此更容易进入属于节日期间的兴奋状态。就数学节而言，节日期间学生会对数学产生更加浓厚的兴趣，以更加积极的态度参与数学学习活动。我们要充分利用这一积极状态，组织有意义的多种活动，引导他们进入深度思考与探索，促进数学素养的发展。

天正小学已经举办九届数学节，数学文化内涵被不断挖掘和积累，其教育功能不断放大。全校师生对数学节日文化的认知和体验不断深入，越来越喜欢和期盼节日来临。现在，数学节已经成为学校促进学生数学素养适合发展，数学教育品质提升的重要推手。

## 二、数学节的设计与实施

为了让每一个孩子在数学节积累充分的活动经验，进行深度学习，促进适合发展，我们将数学节的时间设定为 1 个月，分三个阶段有序开展。感受数学阶段：调动学生数学学习积极性，感受数学的美好。玩转数学阶段：以玩的方式开展各项活动，促进思维发展。亲近数学阶段：运用数学知识开展研究性学习，进行个性化展示。

### （一）感受数学阶段

#### 1. 开幕式

作为数学节的起点，精彩的开幕式能让全体学生对数学节充满期待、并对数学学习满怀信心。我们通常利用周一全校集体晨会的时间，在学校操场举行数学节开幕仪式。整场仪式以学生为主体，内容包括数学节的起源介绍、节日主题、内容宣读、表演、校长致辞。介绍每一个数学节活动时，会穿插一些个性化的表演。例如，在介绍完“追寻数学家的足迹”之后，小主持人通过图片介绍了丘成桐的求学故事。2021 年 10 月的一天，国际数学大师丘成桐曾走进天正园和同学们面对面畅谈。作为天正全体师生最熟悉的数学家，他的故事让孩子们感受到了数学家勇于探索、追求真理的精神。

研究小达人环节，来自五年级的一位同学现场演示了莫比乌斯环的制作方法，以及它的神奇之处。玩转数学游戏环节，一群来自高年级的魔方高手们现场比拼，在短短几十秒的快速翻转之后，一个个魔方被重新复原。数学魔术环节，两位年轻的数学教师利用手中的超大版扑克牌表演神奇的“扑克魔术”，在见证奇迹的时刻，引来了同学们热烈的掌声和欢呼。最后，校长寄语：数学是一门集严密性、逻辑性、精确性和应用性、创造力、想象力于一体的学科。希望同学们从数学节的各项活动中，启迪思维，理性成长。

2. 探寻数学家的足迹

在数学漫长的发展史上，出现过许多出色的数学家，他们在思维方式、治学态度、审美取向、理性精神、人文精神方面具有鲜明的个性特质。通过了解数学家的故事，儿童不仅可以完整而深刻地理解一些数学问题的内涵，而且能充分感受到数学家的人格力量，从他们创造的精神财富中汲取养分、获得创造的力量。

在此次活动中，学生通过书籍阅读、网络搜索等方式展开学习，并运用自己擅长的方式进行个性化表达。喜爱画画的孩子制作了精美的手抄报，学校统一收集之后利用微信公众号推送宣传，并张贴在教室外墙上，课间吸引了大批孩子驻足欣赏。喜爱表演的孩子，可以小组合作在班级进行表演。擅长讲故事的孩子能声情并茂地讲述，各班选出的小小故事家会通过红领巾广播站在全校讲述。

3. 观看数学电影

影视欣赏也是一种有效的学习方式，优质的数学电影或纪录片不仅能提高学生学习数学的兴趣，更为孩子们打开了广阔的数学世界的大门，埋下奇趣的数学思维的种子。

利用课后服务的正能社团时段，根据不同学段儿童的认知特点，为学生们提供适合的观影内容。一、二年级观看《十个数学家的趣味故事》，本片以动画片的形式介绍了古今中外10个数学家的故事，风趣幽默的语言、深入浅出地介绍了数学家们的研究成果。三至六年级观看纪录片《被数学选中的人》，本片从数学与人的关系出发，介绍数学作为最基础学科对人类文明进程的意义。通过显示生活中数学的体现，如计时、建筑、音乐、天气预报等，介绍数学的应用。同时，通过对数学家的访谈，了解这些“被数学选中的人”是如何看待数学、看待科学演进的。

（二）玩转数学阶段

陈省身先生曾为少年儿童题词“数学好玩”，然而数学学科的抽象性和严谨性特征却使小学生难学、怕学，如何解决这一问题？应遵循儿童爱玩的天性，让学生在“玩”的过程中学数学应该是一种好的方式。“玩”数学的方式多样，各有其促进学生数学素养发展的独特价值。

1. 数学游戏

游戏作为一种有效的学习方式，深受学生喜爱。游戏意味着自由，在游戏中，儿童的思维是自由的、身体是自由的，因此游戏更容易调动学生的自主探究意识与热情，获得丰富的身体感知。在选择游戏项目时，我们立足教材，确保每个孩子都能运用所学知识顺利玩转游戏。“七巧板”“汉诺塔”“华容道”等经典游戏让学生在增长知识的同时对数学原理有更深的理解，也传播了数学这一古老学科的文化和精神。

例如，一年级的游戏项目是我国传统益智游戏“七巧板”。我国著名心理学家郑日昌指出：“七巧板的操作属于典型的发散式思维和创造性思维活动。”我们将游戏分为基础的七巧板还原、创意拼摆两个活动。创意拼摆是由教师提出拼摆主题，学生自由发挥。学生在游戏中获得的解放感和自由感是其创造力发展的沃土，再加上七巧板的低结构性和易操作性都为其进行发散性加工和转化提供了充足的条件。

三年级游戏项目“玩转四连方”的设计思路源于教材，苏教版教材三年级上册“长方形和正方形”单元中的“动手做”版块，展示了可以用 4 个相同的小正方形拼成几种不同的图形。鉴于这个拼摆素材的探究空间和学生对拼摆图形类活动的热情，我们设计了“玩转四连方”游戏。学生在玩的过程中不断在脑海中构建模型，再画一画去验证，有利于空间观念的形成。

2. 数学吉尼斯

校园吉尼斯是取义于“吉尼斯世界纪录”的“之最”之意。数学吉尼斯是继为期两个星期的数学游戏学习与充分练习之后，开展的挑战自我极限、展现个性风采的竞赛活动。通过挑战赛来更好地发挥学生的禀赋，培养学生学习数学的兴趣，帮助学生建立信心，过上幸福的学校生活。

在数学吉尼斯活动中，经历了热身赛、选拔赛的各年级游戏高手们，会同台竞技选出最后的优胜者。吉尼斯活动既有同年级学生竞技的各项比赛、还设立了不限年级的魔方挑战赛。在魔方挑战赛中，虽然魔方复原的整体速度和年龄成正相关，但中低年级小朋友们的表现同样让人惊喜，个别中低年级孩子的成绩居于前列。吉尼斯活动充分体现了我校“适合发展”的教学理念，在数学游戏中孩子们获得了“立地”的发展，而通过吉尼斯活动得到了“顶天”的发展。

3. 数学闯关

战胜困难，取得胜利是人的天赋。数学闯关游戏，充分利用这一点让学生在“闯”中乐学。各年级教师团队通过对教材等教学资源的深入发掘与整合，设计了生动有趣的不同类型、不同难度的游戏。

闯关游戏以年级为单位组织进行，每个教室设置一个“关卡”。利用课后服务的两节课时间，邀请多位家长志愿者参与，每个关卡可分多组同时进行，大大提高了效率。活动开始后，同一年级的孩子可以自主挑战 6 个“关卡”，挑战的顺序由自己决定。每顺利完成一项挑战，即可获得一分，集满 6 分视为闯关成功。闯关游戏实现了学习与游戏的融合，快乐与发展的融合。

### （三）亲近数学阶段

《义务教育数学课程标准（2022年版）》倡导加强知识学习与学生经验、现实生活、社会实践之间的联系，增强学生认识真实世界、解决真实问题的能力。经过前两个阶段活动的开展，学生对学习数学产生了积极的情感。在“玩”数学系列活动之后开展研究性学习，学生通过亲历实践、探究、体验、反思、合作、交流等学习过程，学会用数学的眼光观察现实世界，用数学的思维思考现实世界，用数学的语言描述现实世界。

#### 1. 主题研究性学习

儿童是天生的研究者，他们对未知世界充满了好奇心，也有着与生俱来的想象力和创造力。教师挖掘教材资源设计研究主题，引导学生通过自主参与、实践探究、合作交流等方式开展小实验、小调查、小制作。学生在自觉的、有目的、有任务的研究过程中实现了对教材知识的深刻理解，并逐步形成了一种研究的意识，获得主动探寻未知的有效学习方式。

例如，《圆的认识》一课中，如果要求学生画圆，他们会不假思索地拿起圆规。这样单一的操作，难以实现对圆的本质特征的深刻理解。因此，五年级团队设计了“造圆术”这一研究性学习任务，即开动脑筋、个性化地画圆。不限方式、不限场地。在经历不同画法和同伴交流的过程中，学生能认识到各种画法的优劣之处，有利于他们形成辩证的观念。同时，在进行这些操作和比较的过程中，已经向学生渗透了一些圆的知识，例如：圆的大小与圆规两脚之间的距离有关，与拉的线的长度有关；用手画圆时，铅笔尖应围绕着一个中心，尽量保持和中心的距离相同等。这些其实就是对半径、圆心等知识的感性认识。

#### 2. 生活中的数学

联系生活实际开展数学学习和研究是促进儿童的主动认知、合作探索和勇于创新的有效方式。在完成课本学习任务和教师指定的主题研究之后，要鼓励学生发挥与生俱来的好奇心、想象力、求知欲和创造性，运用在学校、课堂、生活中习得的数学知识和研究方法、研究能力，去研究自己感兴趣的生活中的数学小问题、小现象、小实验、小制作等。这一活动可以通过线上指导进行，学生将研究成果上传至平台，让生生互评，教师点评。这对于儿童来说，不仅是研究成果的分享，也是成功体验的分享。在分享中，孩子们获得自信与激励，也了解了同伴的研究，从而借鉴与学习、改进并优化自己的研究。

## 三、效果与反思

### （一）活动效果

此次数学节卓有成效，具体体现在学生数学素养发展、教师数学教学智慧增长两个方面。

#### 1. 学生数学素养发展

数学节让学生浸润在自主、活泼的学习场域之中，有效解决了数学难学、学生怕学的问题。变怕学为乐学、难学为适学，通过学习和运用数学知识有效地促进了学生数学素养的发展。具体而言，我们通过“三化”加工策略——数学知识文化化、学习活动儿童化、教学内容结构化，将抽象、严谨的数学知识变得“营养又味美”。“玩”的方式让学生在充满趣味和挑战的多种多样的操作与实验、探索与发现、合作与竞赛等方式和不同类型的场景中多感官参与，跨学科学习，从而提高实践能力、创新意识和形成正确价值观念。

#### 2. 教师数学教学智慧增长

学科教学智慧是学科教师实现学科育人根本任务最需要的专业素养，是一种高级的综合性能力。无论是数学节课程内容设计与开发，还是具体活动的实施，都需要教师在深刻理解数学知识育人价值的基础上，充分了解学生特点并进行相应的设计。这对于教师而言，不仅是数学、教育学、心理学知识和教学技术的机械运用，更是一种审时度势、因材施教的教育教学智慧的考验。因此，数学节是教师教学智慧发展的砺石。

### （二）活动反思

数学节应该是儿童自己的节日，从节日的主题、口号、活动的设计应该听取儿童自己的声音。此次数学节方案主要由教师团队参与设计，各项活动内容的确定也是建立在教师对教材、学生认知特点、兴趣的了解基础之上的，学生参与较少。

今后，在数学游戏形式确定上，可以给学生充分的自主选择权。学生参与的游戏应解除数量限制，让能力强的孩子能够挑战多项游戏。“适合发展”不仅是适合学生“平均”或“总体”的情况，还要适合待发展生和学优生的情况，让他们努力达到他所能达到的最高目标。

## 第三节 数学节活动设计

作为数学智慧教学的重要实施路径，校园数学节应立足国家课程，充分发挥教师的学科教学智慧。深入挖掘数学节日教育资源，进行适学化加工，在促进全体学生数学素养发展的基础上让不同的学生得到不同的发展。基于我校九届数学节的经验总结与反思，我们认为数学节活动的设计应遵循发展性、主体性、开放性原则。在组织活动的过程中要重视节日氛围的营造、教师适时的指导、综合性评价的保障。

### 一、节日活动设计原则

#### （一）坚持素养立意，凸显发展性

聚焦核心素养是数学节活动设计的核心。数学节要引导儿童“数学眼光、数学思维和数学语言”全面、持续的发展，在游戏化的活动中发展数学思维，感受数学乐趣，建立数学自信。活动设计应以数学知识为载体，将“三会”融入所有活动中，通过不同的活动进行各有侧重的实施。

例如，在设计数学游戏活动时，四年级教师团队立足课本，聚焦“数与代数”领域中的“三位数乘两位数”这一单元，设计了多个兼具趣味性和探索性的闯关任务，以培养学生的数感和运算能力，发展学生的数学素养。（表 15-6）“火眼金睛”针对学生几种常见的错误，设计“改错”练习，以“错”成“正”，巩固算法。“联想大挑战”由 3×4 展开联想，

将乘法计算分类串联、类比迁移，帮助学生整体建构。

**表 15–6**

| 一 | 主题 | 内容 |
|---|---|---|
| 活动一 | 火眼金睛 | 1. 观察下面的竖式，算的对吗？如有错误，请指出。<br>121 × 13：363，121，484<br>604 × 26：3624，128，4904<br>248 × 37：1636，644，8076<br>2. 下面的计算对吗？你能直接看出来吗？<br>25×112=280　　218×23=4156 |
| 活动二 | 我会辨 | 列竖式计算“432× □□”时，究竟是第一步的计算结果 A 大，还是第二步的计算结果 B 大？<br>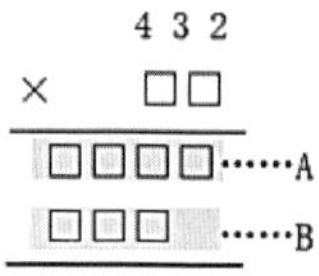 |
| 活动三 | 算式谜 | 1. 说一说：可以先填哪个空，为什么？<br>2. 变一变：如果把一个已知的数字变成□，也不影响解题，你会选择哪一个数字？<br>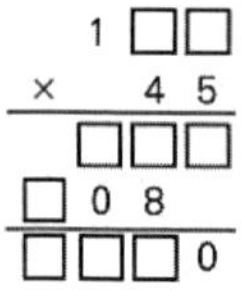 |
| 活动四 | 数字拼拼乐 | 有 5 张数字卡片（0、2、4、6、8），用它们摆成一个三位数和一个两位数，他们的乘积最大是多少？最小是多少？ |
| 活动五 | 联想大挑战 | 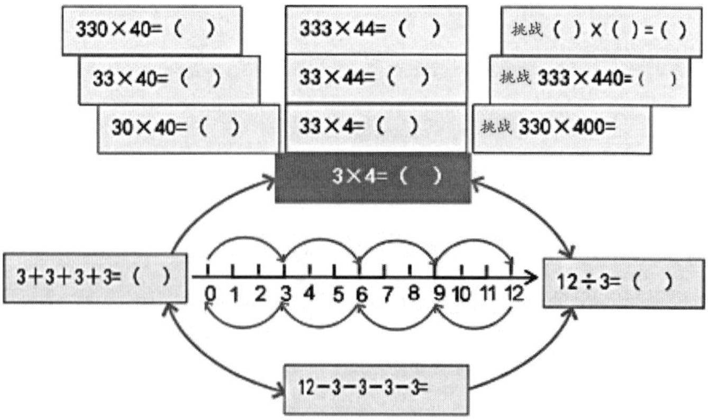 |

在“数学游戏”活动的设计中，对全校学生进行题为“你最喜欢的数学游戏”调查，了解学生的爱好。同时对教材进行整体梳理，根据不同年段学生认知发展特点，确定适合每个年级开展的数学游戏。低年段学生仍处于具体思维水平，我们就分别安排了“七巧板”“华容道”游戏，通过识图、动手操作等方式，逐步地加强学生空间想象能力，培养学生的空间观念。中高年级学生逻辑思维能力逐渐发展，就安排了“数独”“四连方”“24 点”等游戏，培养学生的推理能力、运算能力和数感。

（二）坚守儿童立场，彰显主体性

校园每一个节日都是属于儿童自己的节日，儿童视角为数学节活动的设计明确了方向。儿童需要怎样的数学节？答案很简单，就是“好玩”。我们围绕着“好玩”，在全校展开调研，进一步挖掘学生所谓的“好玩”包含的要素。关于活动内容，学生喜欢有趣的、有挑战性的活动，特别是数学游戏；关于活动方式，学生喜欢亲身实践、动手操作、互动分享、体验探索、小组合作等；在学习效果方面，学生喜欢来源于生活并指向生活的数学。

确保儿童在节日活动中的主体地位，应充分调动他们的参与积极性，发挥他们的创造性。在尊重学生内在需求基础上，与学生商定活动的具体内容和形式。在活动开展的过程中，对于学生的具体选择不予干扰。对于学生不同的思考方式，给予鼓励和尊重。只有让儿童自主经历每一项活动，获得直接体验，他们对于节日的感受和收获才会更深刻，更容易获得素养的主动发展。

主体性原则还意味着节日活动要保证学生全员参与，避免节日成为少数人狂欢和展示的舞台。立足儿童在认知、兴趣、能力的差异性，设计有梯度的活动形式，让每个孩子都能在不同的活动中充分发挥自己的智慧，为每个孩子提供个性化展示的机会。

（三）重视儿童差异，加强开放性

不同的学生拥有不同的学习能力、学习兴趣和学习风格，这种差异性体现在儿童学习过程和结果的差异上。因此节日活动的设计应在学习内容与方式、活动时间与空间等方面具有一定的开放性，为学生提供选择的机会和空间。如数学闯关活动中，每一项任务都设计了多个难度不同的任务，学生只要任选一个完成即可视为闯关成功。“玩转数学游戏”活动可以为学生提供一个游戏菜单，由学生依据自己的兴趣及能力自主选择，学习的方式可以是通过视频自学、同伴学习、教师或家长教学等不同方式。

开放性活动意味着在面对相同的学习内容，学生可以根据自己的能力水平从不同角度、不同层次进行思考和操作。以“主题小研究”活动为例，五年级结合教材内容“圆的认识”一课确定了“造圆术”这一极具开放性的研究主题，要求学生在不用圆规的情况下画一个尽量完美的圆。不限方式，且不限场地。既可以利用身边圆形物品描出轮廓画圆，也可以依据圆的本质特征借助毛线、铅笔等物品先定点再定长，还可以通过折纸、剪纸等多种方式造圆。这一活动兼顾了不同思维水平的学生，每一个人都能参与其中，达成学习目标。

## 二、节日活动实施策略

### （一）营造浓郁的节日氛围

小学生因处于身心发展不成熟的阶段，具有易感性、冲动性和可塑性。因此营造浓厚的校园节日氛围有助于学生对数学产生积极的情感。学校可以通过仪式（开幕式、闭幕式）的举办、校园环境的布置、活动场景的专业配置来实现。

仪式具有导向功能、凝聚功能与传承功能。借助数学节开幕式，进行形式多样的展示，能够充分凝聚学校成员对数学价值的认同，数学魅力的肯定，进而对节日活动的正式开展充满期待。

节日期间，应让校园环境充满数学节元素，让身处其中的学生在节日的氛围中受到熏陶。比如，通过电子展示屏活动方案、悬挂数学节主题横幅、在活动展板上展示学生的数学作品等。

开展活动时，场地的专业设备的配置同样重要。以数学吉尼斯活动为例，“24 点大挑战”活动需要配置抢答器，“魔王挑战赛”活动需配置专业的计时器，并邀请专业评委将魔方打乱。专业的配置保障了比赛的公平性，让学生产生了竞赛意识和竞赛精神，从而更好地激发教学潜能。

（二）给予适合发展支持

学生智能类型多样，即使在学习相同知识内容，不同学生也有着各自偏好的方式。对学习空间的选择同样具有个性化，我们尝试打破传统教室的空间壁垒，充分利用数学实验室、图书馆、体育馆等功能室，建设网络学习平台，为学生提供不同类型的学习空间和丰富的学习资源，满足个性化的学习需求。

在活动过程中，教师要给予学生适当的引导与支持。大力开发学生自身的内在潜能，因势利导、指点迷津。对于有兴趣又有能力的学生，教师可以放手；对兴趣与能力都不足的学生，教师应重点支持，先激发兴趣再提升能力；对于有兴趣但能力不足的学生，教师应引导其小步递进不断提升能力，鼓励他们在与同伴交流中模仿学习；对于能力强但兴趣不足的学生，教师应给予其充分的情感支持，创设机会在分享中体验成就感。

（三）开展综合性评价

教学评一体化，节日活动的评价应伴随始终。评价不仅要关注学生在各项活动中学习的结果，还要关注学生生动的、个性化的学习过程。我们打破传统评价方式，通过智能技术展开立体式评价，通过创新评价工具、研发成长评价平台、生成成长记录册等多种实践策略力求让评价看得见、让成长留痕、让多方协同参与评价，更客观地发现学生的优势和潜能，促进其扬长补短，实现素养适合发展。

基于学生在数学节中的各项活动，将评价内容细化为“我好学”“我会学”“我享学”的操作模块，全面关注学生的学习态度、数学思维、学习成果的具体表现。基于智能技术创新评价工具，将评价指标印制在成长卡片正面，卡片背面均有专属的独立二维码用以接收采集数据的。由教师发放评价卡片，学生带回家和家长共同扫码积分，便能明确感知具体评价信息。利用“成长评价动态感知云平台”，全面采集、储存、汇总过程性成长资料，除量化分析所得成长卡片的积分外，更及时捕捉学生参与节日活动的动态状况，以文字、图片、影像、声音等多种形式展现学生成长过程。兼顾评价主体的多元性，学生、教师、家长、学校管理者都可以登录平台，通过点赞、进阶奖状、文字评价等多种方式进行多元点评。支持自主调阅个性化发展报告，系统会推送数学节活动学生的个性化成长报告与分析。系统可记录学生从入学至毕业，六年时间参与的所有数学节活动的评价信息和生动过程，展现学生不断成长的状态。系统将每一次节日采集的数据有序归纳、图文并茂，这是本阶段成长的见证，亦可成为下一次数学节改进行动的指南。

校园数学节的创办是实现个性化学与教的有效路径。学生的思维品质、关键能力以及情感、态度与价值观均获得了不同程度适合的发展。未来数学节，我们将继续以核心素养为导向，关注跨学科主题学习活动的设计与开展，并充分利用现代化信息技术给予个性化支持。

# 第十六章　线上资源推送[1]

线上学习资源推送源自于新冠疫情期间为学生居家“停课不停学”提供服务，很大程度上解决了线上课程时间短、内容单一等问题。其价值不仅局限于特殊时期的学习需要，更是为师生平时的个性化学与教提供了有效的路径。特别是“双减”后，学生在校时间增加，线上学习资源推送成为课后服务时段学生适合发展的有效助力。

## 第一节　案例：“数学电车小教室”微信公众号

图 16-1

2020 年疫情防控期间，为满足学生居家学习需求并及时对学生进行个性化辅导，天正小学四年级组的潘柯琪（Q）和杭慩晴（H）老师共同创建了“HQ 的数学电车小教室”微信公众号（图 16-1）。

公众号内开设了“补充讲解”“聪明题”“优秀作业展示”三大栏目。教师针对教学重难点录制讲解微视频，每日发布聪明题。挑选学生作业进行展示，让学生品评。组织开展“战‘疫’作品征集”“线上云练习”等线上活动，丰富学生的居家学习生活。

学生回归线下学习生活后，教师对“HQ 的数学电车小教室”微信公众号的定位和作用进行了调整优化。栏目内容由教师主导的知识补充讲解

① 本章由潘柯琪老师撰写初稿。

转为学生主导的课后个性化学习资源提供，例如，原先由教师录制的“补充讲解”栏目调整为学生录制的“知识碎片讲解”“解题大作战”“童心小研究”等栏目，帮助不同层次的学生查漏补缺，个性发展。创新激励评价方式，教师精心设计了聪明题积分卡，激发学生参与积极性。通过公众号加强家校沟通，多方合力促学生发展。鼓励家长们积极投稿，分享带娃经验等。

“双减”背景下，“HQ 的数学电车小教室”微信公众号更成了学生课后个性化学习的“百宝箱”。教师在公众号开设“错题资源库”，定期收集学生错题进行推送，鼓励有需要的学生课后对错题再练习，并举一反三，自主出题。鼓励部分学生自主对难题、错题进行讲评并录制成微视频，上传平台后供其他有需要的学生学习，逐步形成作业讲评的新模式。

## 第二节　案例解析：微信公众号促进“适合发展”策略

“双减”政策实施，对提升课堂教学质量、减轻学生课业负担和满足学生多样化需求提出了新要求。借助微信公众号开展“线上 + 线下”的新课程教学模式，有助于打破课堂时间和空间的限制，为学生提供更加丰富多样的学习资源。不仅能满足学生个性化学习的资源需要，还有利于学生自主学习能力的发展。下面谈一谈具体的实施策略。

### 一、创建个性化学习模式

“适合发展”的教学模式，前提是要求教师尊重学生的个体差异，帮助不同的学生在数学学习上得到多元的、适合自己的发展，即帮助学生实现个性化学习。借助微信公众平台创建个性化学习模式，包括丰富学习资源、进行由远及近的指导、建立多元评价体系等，使不同的学生都能获得适合自己的发展。

（一）丰富学习资源，满足个性化需要

学生的智力、认知发展水平是各不相同的，为了满足多样的需求，数学教学过程中，教师提供的内容要尽可能的丰富饱满。形象地说，就是要为不同食量、不同口味的学生准备数量充足、品类多样的美味营养餐，让饭量大的吃饱，饭量小的吃好，让“挑食”的人也能有适合的食物，最后健康成长。

借助微信公众平台将各类丰富的学习资源推送给全体学生，供学生选择适合自己的学习内容，以此满足不同学生的学习需要。“HQ的数学电车小教室”微信公众号在实践时推送的内容包含了“补充讲解微视频”“聪明题”“解题大作战”“童心小研究”“线上云比赛”等形式多样的栏目内容。其中，既有教师参与开发、设计并制作的内容，例如“补充讲解微视频”栏目就是教师针对一些碎片知识的补充讲解，供有需要的学生观看学习，“聪明题”栏目是为一些思维能力比较强的学生准备的，旨在帮助其发展思维能力；也有学生自主生成的资源，例如“解题大作战”栏目是一些学生自主地将解决一些难题、错题时的好想法、好方法通过视频的方式录制下来推送给其他学生，进行展示和交流，“童心小研究”栏目是学生把在日常学习生活中遇到的有趣的数学现象和对其展开研究的过程通过视频等多媒体形式记录下来进行分享等。这些不同的栏目内容丰富，侧重点各有不同，但都能将不同学生的思考和表现分享给所有学生，同学之间能够互相交流，取长补短，不仅提高了学生的学习积极性，更重要的是让每一名学生都得到了适合的发展。

### （二）指导由远及近，促进个性化发展

当然，“适合发展”的教学模式也不是一味偏向学生，也不是把食物嚼好了喂给学生。维果茨基的“最近发展区”理论告诉我们，数学教学应着眼于学生的最近发展区，为学生提供带有难度的内容，调动学生的积极性，发挥其潜能。教师在指导学生时，应当由远及近的启发，让学生“跳起来，摘桃子”，而不是让学生被动地接受知识，这样的好处是能使学生的创造力和想象力得到充分发展。

在实际教学中，以“长方体和正方体展开图”一课为例，通过微信

公众号向学生推送本课的动画微视频，先请学生自己观看进行学习，自学结束后将学到了哪些知识以及所产生的困惑和问题在微信公众平台上留言、提问。教师根据学生的实际情况适时地对学生进行启发和指导，让学生能有的放矢地进行自主学习。这样一来，教师在课堂上能有充裕的时间放手让学生交流、展示，在不同学生的思维碰撞中引导学生一步步贴近目标。在这个过程中，往往是能力强的学生首先理解掌握，然后通过交流，帮助其他学生，从而都能有所收获，得到适合的发展。

（三）建立多元评价体系，保障个性化学习

《义务教育数学课程标准（2022 年版）》中提到，应采用多元的评价主体和多样的评价方式，鼓励学生自我监控学习的过程和结果。学生是数学活动中积极的参与者和合作者。因此，教师应建立开放、宽松的评价氛围，鼓励学生、教师和家长共同参与评价，建立评价主体的多元化体系。从而帮助学生在自我评价、互相评价、师长评价中不断反思，认识自我，从而实现长远发展。

在解决一些难题时，通过线上和课堂相结合的方式，组织学生开展交流展示、自评互评的活动。线下课堂上，教师鼓励学生向其他同学展示解决问题的方案，然后通过学生互评听取其他同学意见，再进行反思、自评，最后教师进行评价与指导；另外，在课堂上交流过后，可以请学生在家长的帮助下录制小视频上传到微信公众平台，在这个过程中，学生又获得了家长的评价，也可以在平台留言进行二次评价。最后，学生在经历了“线上＋课堂”的过程后，很大程度上锻炼了自己的表达能力，还能学会与他人分享交流和探讨。在疑难突破的环节，学生能够主动的与老师、同学交流，既认识到自己的薄弱点，懂得了如何能更准确、恰当、精炼地表达自己的想法，又树立了学好数学的信心。而教师，则在最后对不同性格、不同学习能力的学生进行分层评价，最终促使每一位学生都能向属于自己的“最近发展区”发展。

## 二、构建自主性学习平台

布卢姆的掌握学习理论提出，只要给予足够的时间和适当的教学，几乎所有的学生对几乎所有的内容都可以达到掌握的程度。换句话说，即便是学习能力差的学习者只要有足够长的时间，也能掌握知识。每个学生都需要适合自己的学习方式和节奏，教师应该积极创造条件，允许学生按照适合自己的方式，给予足够的耐心和时间，帮助他们进行自主性的个性化学习。因此，借助微信公众平台构建自主性学习平台，可以为学生提供多种学习渠道，给予学生充分自主的时间与空间进行适合自己的数学学习。

### （一）设计多层次学习栏目

在教学完长方体、正方体的表面积和体积之后，教师拓展了一些组合体的表面积、体积求解方法，在微信公众平台为学生设计了不同层次的学习栏目，例如“补充讲解”“聪明题”等。不同的学生选择的栏目也不一样，这源于每一个学生选择的学习方式不同。比如，有的学生空间几何能力稍弱一些，就选择“补充讲解”微视频，借助动画和教师讲解进行学习，遇到疑惑的地方还可以回放；而有的学生基础扎实、思维活跃，则直接选择“聪明题”，在解决实际问题的过程中再深入学习。在内容丰富饱满的基础上，根据每个学生的特点和实际情况，为学生设计不同层次的栏目内容帮助他们适合地学习。

### （二）提供充分自主的时间与空间

利用微信公众平台向学生推送学习资源，可以突破传统课堂中时间和空间的限制。“HQ 的数学电车小教室”微信公众号将“补充讲解”“微视频”“聪明题”“解题大作战”等栏目的内容推送给学生后，学生可以根据自身情况来安排和控制自己的学习时间。同时，学生在课外或回家看微视频，可以在比较轻松的氛围中进行，有利于学生创造力的发展，而不必像在课堂上一样担心遗漏要点，或因为分心而跟不上教学节奏。

## 三、打造内化的知识体系

建构主义学习理论认为，学习不是由教师把知识简单地传递给学生，而是由学生自己建构知识的过程。学生不是简单被动地接收信息，而是主动地建构知识的意义。借助微信公众平台打造内化的知识体系，可以达到先学后教、顺学而教的效果。通过开展前置性学习、强化课后练习、进行展示交流的方式，帮助学生回到线下课堂后针对具体问题情境对所学内容进行加工、再创造，使其对知识的理解更加丰富和全面，最终构建适合自己发展的知识体系。

### （一）开展前置性学习

建构主义学习观强调学习的社会互动性、主动建构性和情境性。学习过程常常需要通过与其助学者组成学习共同体来合作互动完成。因此，在课堂教学中组织学生进行小组合作，共同探究能有效完成对知识的内化。例如，在教学“角的度量”一课前，教师可以先通过微信公众平台推送简单的微视频资源，学生自主学习中呈现的问题有“量角器为什么有两圈？上面的刻度是什么意思？”“怎样用量角器量角的大小？怎样读数？”等。教师只需在课堂上围绕这些问题开展教学，并及时捕捉到共性问题，引导学生进行二次合作探究。在此过程中，帮助学生对知识进行内化和重构。

### （二）强化课后练习

有效的练习，可以帮助学生快速地掌握知识、提升能力。借助微信公众平台布置课后练习，使学生在进一步练习中内化所学知识，也能给予教师准确的反馈。例如，在“角的度量”一课中，教师通过微信公众平台设置了五道习题，从易到难，以闯关的方式呈现给学生，达到有趣生动的效果，从而有效促进学生内化所学的知识。同时，借助信息技术支持，教师能够在后台看到每位学生的解题情况、班级整体的情况分析以及进步或退步的学生名单等。根据这些数据，教师对个别学生进行一对一的指导，能更快地针对共性问题组织学生进行集体交流，从而大大提高教学效率。

（三）进行展示交流

展示，是学生学习最好的内驱力。因为学习不仅仅在于吸收知识的过程，更重要的是学生能独立完成重构知识、完善知识结构的过程。利用展示将教学内容落到实处，能够有效调动学生的学习积极性。学生在展示的过程中不仅得到了充分的肯定，同时表达能力和思维水平得到了发展。将微信公众平台打造成学生展示自己的平台，鼓励学生将自己的学习感悟、解题方法等成果，通过课堂或微信公众平台向同学、家长、老师进行展示，将学生的优秀作品与同学分享的同时，会不断激发学生新的灵感和创意，让所学知识在展示、交流中深度内化。

## 第三节　线上资源建设与推送

线上资源推送一方面需要开发内容丰富饱满的学习资源以满足不同学生的个性化学习需要，另一方面还需要搭建适合学生使用的线上平台进行推送。

### 一、学习资源的建设与开发

在小学数学教学中，教师可以通过深度挖掘教材内容、充分利用生成资源、自主设计内容等方法，对教学内容进行拓展，为不同层次、不同需要的学生提供丰富饱满的学习内容。

（一）围绕教材进行内容拓展

每年寒暑假，天正小学各学科教师会围绕教材进行内容拓展，经过多年的积累，学校现在已经建立起各学科资源包。以数学学科为例，为在日常教学中进行文化渗透，除了对苏教版教材中原有的“你知道吗”栏目内容进行扩充外，教师们还对每一册教材的每一单元进行了数学文化内容的拓展。以苏教版数学五年级上册部分单元拓展内容为例，如表16–1所示。

表 16–1

| 教材内容 | 补充内容 |
|---|---|
| 第一单元 负数的初步认识 | 1. 视频：负数简史<br>2. 视频：简单的正负数加减法 |
| 第二单元 多边形的面积 | 1. 视频：平行四边形面积<br>2. 视频：三角形面积<br>3. 视频：梯形面积<br>4. 视频：新疆到底有多大<br>5. 视频：中国七巧板的传承<br>6. 视频：中心对称图<br>7. 有趣的皮克定理（钉子板上的多边形） |
| 第三单元 小数的意义和性质 | 1. 视频：小数的由来<br>2. 视频：分数与小数<br>3. 视频：传说中最接近神的数字——圆周率 |
| 第四单元 小数加法和减法 | 1. 视频：小数加减法简便计算<br>2. 视频：位置原理 |
| 第五单元 小数乘法和除法 | 1. 视频：小数点的移动引起小数大小的变化<br>2. 视频：除数是小数的除法计算<br>3. 视频：分数与循环小数<br>4. 视频：循环小数化成分数 |
| 第六单元 统计表和条形统计图（二） | 1. 视频：统计表和直观统计图的利用<br>2. 视频：奥运会奖牌数国家排名变化（1896—2016 年） |
| 第七单元 解决问题 | 1. 视频：用列举法求概率 |

数学教师们以每一单元为单位进行内容拓展，并根据课时内容和进度将拓展的内容安排到对应的课时中来学习。这些拓展的内容可能是数学知识的起源、一个数学小故事，某位数学家的介绍等，为学生提供了丰富的数学文化知识。除此之外，天正小学的数学教师们还会结合每课的教学内容编撰“每日一题”，鼓励学生积极思考，促进高阶思维发展。

（二）充分利用课堂生成资源

在教师进行课堂教学的过程中，师生、生生的交流互动往往会“生成”一些新的资源，这就是我们所说的生成性资源。生成性资源主要有两类，一类是最常见的“错误”资源，还有一类是学生的新思路、新想法。合理开发课堂生成资源，有利于学生在课后及时回顾反思，提高学习实效。

1. 善用学生错误

对于个别学生课堂上出现的错误，一方面及时引导学生集体纠错、反思，另一方面，这样的“错误”也是学生课后需要及时回顾的重要内容。例如，在教学“分数的基本性质”一课中，一名学生在课堂上归纳时说：“分数的分子和分母同时扩大相同的倍数（0 除外），商不变”。教师在听到这样的错误答案后，首先在课堂上及时抓住机会，在纠错中沟通商不变规律和分数基本性质之间的联系，等到下课后再将知识点及时整理，在线上以视频讲解或习题变式等形式推送给学生，为学生的课后复习提供资源。

2. 捕捉学生灵感

在“越位”现象广泛出现的今天，课堂上生成了更多来自学生的新问题、新思路。这些不可预估的生成性资源对学生的数学素养发展有着积极的作用，但受困于课堂时间有限，无法让学生充分展开。针对这样的情况，教师可以鼓励学生在课后通过视频录制或数学小论文的形式记录下来，然后在线上进行推送，并鼓励其他学生利用课后服务或居家时间进行探究。

在教学“一亿有多大”时，一位学生在活动后的交流环节提出了这样一个问题“我想考一考同学们，假设 100 张报纸的厚度是 1 厘米，如果把 1 张报纸对折 30 次，你们觉得它会比珠穆朗玛峰还高吗？”其他学生听到问题都愣住了，面露难色，这个问题似乎有些复杂。涉及几何级数的计算，确实对四年级的学生有难度，但在之前学习“折纸的学问”中，学生其实已经初步探索过其中的规律，有一定的研究基础。因课堂时间有限，教师在课上并未展开讨论，而是在课后请提出问题的学生录制了研究视频，然后利用课后服务的时间鼓励其他学生一起研究。通过这样亲身经历解决这样复杂问题的过程，学生对“一亿”的体会更加深刻。

3. 自主开发学习资源

自主开发学习资源，一方面是以教师个人为主体，围绕教学内容，针对日常学习中出现的难题、易错题等对学生进行思路点拨。其中，学生的作业错题就是宝贵的资源，教师要充分加以利用。具体来说，教师一是要加强错题研究并充分利用研究成果，在日常教学中注意对学生错题的收集与整理，既可以针对典型错题录制讲解视频供学生课后回顾，还可以在错题积累到一定数量时进行分析、筛选，并将其编成错题集上传至线上平台，长此以往就能形成一个宝贵的错题资源库。

另一方面是以学生为主体，在教师或家长的帮助下对生活中的数学现象、课本中的数学知识或是练习中的数学难题进行自主探究所形成的内容。例如针对错题进行举一反三，自主出题、解题心得等学习经验分享；学完“用字母表示数”一课后对数学史进行调查“你们知道是谁这么聪明最先开始用字母表示数的吗？”在“角的度量”一课结束后探究“你知道量角器为什么是半圆形的吗？”等数学小研究。

总而言之，线上学习资源的开发建设既是教师智慧教学的体现，更是学生学习成果的展示。

## 二、资源的推送与使用

将线上学习资源上传平台主要根据不同的学习场景分为学校校园云盘、微信公众号以及 QQ 群。

校园云盘是基于学校内网建立的云存储平台，旨在为师生提供在线存储和分享文件等服务。通过校园云盘，用户可以上传、下载、编辑、分享各种类型的文件，包括文档、图片、音视频等，从而可将其广泛应用于学生作业、教师教学、科研项目等方面。天正小学每个教室的电脑以及所有教师的电脑都能被连接至校园云盘，教师通过个人账户也可实现外网登录，学生基本能熟练地在教室电脑的云盘内进行文件的查找和使用。目前，学校已经在云盘内建立起各个学科的资源包，还包括“缤纷社团”校本课程资源、校本题库、试卷库等，这种方式主要为课后服务时段学有余力的学生提供个性化的拓展学习。

微信公众号可以通过手机、平板电脑等电子移动设备进行一对多的媒体行为活动，包括消息群发推送、信息传播以及资料分享等。教师可以将学习资源通过微信公众平台发布，学生在关注微信公众平台后就能接收到相关的内容。相比校园云盘，微信公众号更适合学生在离校之后使用。值得一提的是，天正小学的许多教师在工作之外仍克服困难，坚持定期为学生提供学习资源，例如张伶俐和李华老师的“节日你好”微信公众号、杭慑晴和潘柯琪老师的“HQ 的数学电车小教室”等，方便不同的孩子在公众号内选择自己喜欢的内容自主学习。

QQ 群作为现在主流的社交通信软件，除了能进行家校联系外，还具有保存文件、收集作业等功能，教师可以将拓展的资源上传至群文件供家长和学生学习，学生也可以在群内提交作业。与微信公众号有所区别的是，QQ 群一般以班级为单位，可以方便教师有针对性地发布学习资源，同时也能及时收到学生的反馈。

# 参考文献


[1] 范良火，黄毅英，蔡金法，等 . 华人如何学数学 [M]. 南京：江苏凤凰教育出版社，2017.

[2] 王权 . 中国小学数学教学史 [M]. 济南：山东教育出版社，1996.

[3] 霍华德 · 伊夫斯 . 数学史概论 [M]. 6 版 . 欧阳绛，译 . 哈尔滨：哈尔滨工业大学出版社，2009.

[4] 张景中，曹培生 . 从数学教育到教育数学 [M]. 北京：中国少年儿童出版社，2005.

[5] 伍鸿熙 . 数学家讲解小学数学 [M]. 赵杰、林开亮，译 . 北京：北京大学出版社，2016.

[6] M · 克莱因 . 西方文化中的数学 [M]. 张祖贵，译 . 上海：复旦大学出版社，2004.

[7] 张维忠，唐恒钧 . 多元文化数学与多元文化数学教育 [M]. 上海：华东师范大学出版社，2023.

[8] 保罗 · 洛克哈特 . 一个数学家的叹息 [M]. 高翠霜，译 . 上海：上海社会科学院出版社，2019.

[9] 弗赖登塔尔 . 作为教育任务的数学 [M]. 陈昌平，唐瑞芬，等译 . 上海：上海教育出版社，1995.

[10] 单墫 . 单墫数学与数学教育文选 [M]. 上海：华东师范大学出版社，2021.

[11] 郑毓信 . 数学思维与小学数学 [M]. 南京：江苏教育出版社，2008.

［12］郑毓信．数学深度教学的理论与实践 [M]. 南京：江苏凤凰教育出版社，2020.
［13］喻平．数学教育基本问题研究 [M]. 南京：南京师范大学出版社，2019.
［14］王九红．学科教学智慧的课堂样态：基于“适合发展”教学的课例研究 [M]. 南京：江苏凤凰科学技术出版社，2022.
［15］代钦，松宫哲夫．数学教育史：文化视野下的中国数学教育 [M]. 北京：北京师范大学出版社，2011.
［16］章飞，凌晓牧，陈蓓，等．小学数学研究与教学指引 [M]. 南京：南京大学出版社，2016.
［17］吴正宪，张丹．让儿童在问题中学数学 [M]. 北京：教育科学出版社，2017.
［18］方明．陶行知教育名篇 [M]. 北京：教育科学出版社，2005.
［19］李定仁，徐继存．教学论研究二十年（1979—1999）[M]. 北京：人民教育出版社，2001.
［20］B.A. 苏霍姆林斯基．给教师的建议 [M]. 杜殿坤，译．北京：教育科学出版社，1984.
［21］马克斯·范梅南．教学机智：教育智慧的意蕴 [M]. 李树英，译．北京：教育科学出版社，2014.
［22］霍华德·加德纳．多元智能 [M]. 沈致隆，译．北京：新华出版社，1999.
［23］张新平，黄胜．波浪式推进：我国义务教育改革发展 40 年 [J]. 中小学管理，2018（11）：5-7.
［24］喻平．教学科学观与科学教学观：两种不同信念的教学追求 [J]. 湖南师范大学教育科学学报，2015，14（01）：58-64.
［25］喻平．数学教学的三种水平及其理论分析 [J]. 课程·教材·教法，2012，32（01）：63-69.

［26］蔡方鹿 . 中华和合文化研究及其时代意义 [J]. 社会科学研究，1997（06）：8.

［27］联合国教科文组织 . 教育中的人工智能：可持续发展的挑战与机遇 [R]. 巴黎：联合国教科文组织，2019.

［28］成尚荣 . 学科育人：教学改革的指南针和准绳 [J]. 课程·教材·教法，2019，39（10）：82–89.

［29］柳夕浪 . 学科本质与人格力量的相互激荡 [J]. 云南教育（视界时政版），2018（06）：43–47.

［30］叶澜 . 重建课堂教学价值观 [J]. 教育研究，2002（05）：3–7，16.

［31］鲍建生，黄荣金，易凌峰，等 . 变式教学研究（续）[J]. 数学教学，2003（02）：6–10，23.

［32］付天贵，宋乃庆 . 数学文化及其在小学素质教育中的价值 [J]. 教育研究与实验，2018（06）：58–63.

［33］郭学锐 . 给数学来点游戏精神 [J]. 人民教育，2016（06）：60–63.

［34］沈致隆 . 多元智能理论的产生、发展和前景初探 [J]. 江苏教育研究，2009（09）：17–26.

［35］刘杰，孟会敏 . 关于布朗芬布伦纳发展心理学生态系统理论 [J]. 中国健康心理学杂志，2009，17（02）：250–252.

# 后　记

写作本书的直接动机是完成江苏省教育前瞻性教改实验培育推广项目《适合发展：小学数学智慧教学实践研究》，为参加项目研究的联盟校老师们提供学习材料。因为这一研究与实践获得过江苏省教学成果特等奖和国家教学成果二等奖，所以无论理论建构和实践课例都有较为丰厚的积淀。原以为有团队伙伴协助，写作会顺利些，原定 2023 年 9 月完成书稿。事实是我们至今才得以完成。究其原因，主要是我们想在书中体现在“双减”背景下，“智慧教学促进学生适合发展”研究与实践在落实“双新”上的新思考和新成果。这是个艰巨任务，尽管我们做出了很大的努力，延长了写作时间，还是感到力不从心，需要后面的研究与创新。就此，我希望读者能够宽容并指正，让我们后面做得更好一些。

在书稿完成之际，我要感谢许多帮助过我的人。

首先要感谢杨九俊和喻平两位恩师，他们欣然为本书作序。两位恩师之序高屋建瓴，让我们更全面、更深刻地认识已有的研究与实践，有助于我们今后更好地行动。两位恩师温暖的鼓励和褒奖，令我们深深感动。他们的为人、为师、为学是我们终身学习的榜样。

其次要感谢我的团队，包括天正小学的老师（特别是数学老师们）和我的名师工作室的伙伴、徒弟。天正小学的老师们数年坚持不懈地在“智慧教学促进学生适合发展”的田野上耕耘，促进了天正学子的适合发展，积淀了丰厚的理论与实践成果。名师工作室的伙伴们和我已携手同行十余载，我和他们教学相长，获益良多。其中，丁维虎、仇学春、孟兆飞、张曼、蔡小倩、张婷、谢逸羚、陈丽、张皓和潘柯琪为本书撰写了部分章节，我要特别感谢他们。

再次，我要感谢南京市教科所刘大伟所长，是他青眼有加，将此书列入第三批南京教育文库出版。同时，感谢南京出版社编辑的用心打磨，为本书增色许多。

最后，真诚感谢我的家人。写作牺牲了很多陪伴爱人、与孙女游玩的时间，爱人身体不好但仍然默默操持着全部家务，使我得以集中精力工作与写作。感谢两个可爱的孙女，她们的纯真善良、活泼烂漫带给我无限快乐，让我忘记了写作的困难和疲劳。

写作确实辛苦，久坐腰和颈椎时时难受，然而我还是乐于写作，甚至又列出几本书的写作计划。因为写作是苦中有乐的事，它推着我学习、思考，把问题想得更明白，将工作做得更出色。

甲辰年正月初六于月安花园

# 南京教育文库

（已出书目）

**第一辑　生活·实践教育系列成果（9 种）**

| 序号 | 书名 | 作者 |
|---|---|---|
| 1 | 中小幼教师如何做好教科研 | 刘大伟 |
| 2 | 思辨性阅读——儿童思维品质的涵育 | 杨树亚 |
| 3 | 小学数学职初教师的专业发展 | 王　凌 |
| 4 | 数学课堂成长型思维培养 | 朱国军　李　冉 |
| 5 | 慢养语文 | 贾　卉 |
| 6 | 小学数学结构化学习教学指导 | 吴玉国　孙　谦 |
| 7 | 中小学“校－家－医协同”心育工作路径 | 王天文　张　燕 |
| 8 | 小数的意义 | 孙　谦　杨梅芳 |
| 9 | 用字母表示数 | 吴存明　姜梦莹 |

**第二辑　一线名师示范实践（23 种）**

| 序号 | 书名 | 作者 | 序号 | 书名 | 作者 |
|---|---|---|---|---|---|
| 1 | 小学语文 | 杨树亚　洪劬颉 | 13 | 初中英语 | 李爱云　尚媛媛 |
| 2 | 小学数学 | 吴玉国　毛文波 | 14 | 初中道德与法治 | 王存贵　王小叶 |
| 3 | 小学英语 | 韩佩玲　周春燕 | 15 | 初中地理 | 孙小红　张　静 |
| 4 | 小学道德与法治 | 唐隽菁　缪　青 | 16 | 初中历史 | 孙　进　王　伟 |
| 5 | 小学科学 | 冯　毅　成金燕 | 17 | 初中美术 | 张　屹　邵惠敏 |
| 6 | 小学美术 | 张　屹　张　静 | 18 | 初中生物学 | 岑　芳 |
| 7 | 小学体育与健康 | 倪晨瑾 | 19 | 初中体育与健康 | 周　云　戴守慧 |
| 8 | 小学信息科技 | 李有翔　王苏明 | 20 | 初中物理 | 孙留桥　季卫新 |
| 9 | 小学音乐 | 叶　军　何　伟 | 21 | 初中信息科技 | 高建君　董　苏 |
| 10 | 劳动 | 刘权华　王洪贵 | 22 | 初中化学 | 董　海　包义才 |
| 11 | 初中语文 | 王跃平　洪劬颉 | 23 | 初中音乐 | 何　伟　叶　军 |
| 12 | 初中数学 | 叶旭山　黄秀旺 | | | |

**第三辑　生活·实践教育系列成果（7 种）**

| 序号 | 书名 | 作者 |
|---|---|---|
| 1 | 理趣数学的价值意蕴与实践探索 | 余　颖 |
| 2 | 适合发展：小学数学智慧教学的理论与实践 | 王九红 |
| 3 | 简约语文的思与行 | 金立义 |
| 4 | 小学语文沉浸式教学——以小学古诗文教学为例 | 唐文国 |
| 5 | 中学语文整本书阅读教学探索 | 王跃平 |
| 6 | “一核三式”历史教学法——指向思维的历史教学 | 卞珊珊 |
| 7 | 和谐的古典舞——诚实教育与美好生活 | 李亚娟 |